रज़ा
पुस्तक माला

कठिन का अखाड़ेबाज़

और अन्य निबन्ध

रज़ा फ़ाउण्डेशन | THE RAZA FOUNDATION

कठिन का अखाड़ेबाज़

और अन्य निबन्ध

व्योमेश शुक्ल

राजकमल प्रकाशन

रज़ा पुस्तक माला : **आलोचना**
प्रधान सम्पादक : अशोक वाजपेयी। सम्पादक : पीयूष दईया
राजकमल प्रकाशन प्रा.लि. रज़ा फ़ाउण्डेशन का सह-प्रकाशन

ISBN : 978-93-89577-68-6

मूल्य : ₹ 695

पहला संस्करण : 2020

प्रकाशक : राजकमल प्रकाशन प्रा. लि.
1-बी, नेताजी सुभाष मार्ग, दरियागंज
नई दिल्ली-110 002

शाखाएँ : अशोक राजपथ, साइंस कॉलेज के सामने, पटना-800 006
पहली मंजिल, दरबारी बिल्डिंग, महात्मा गांधी मार्ग, इलाहाबाद-211 001
36 ए, शेक्सपियर सरणी, कोलकाता-700 017

वेबसाइट : www.rajkamalprakashan.com
ई-मेल : info@rajkamalprakashan.com

मुद्रक : यश प्रिंटोग्राफिक्स
नोएडा-201 301 (उत्तर प्रदेश)

KATHIN KA AKHARHEBAAZ AUR ANY NIBANDH
by Vyomesh Shukla

माँ

डॉक्टर शकुंतला शुक्ल

के लिए,

जो सब कुछ के होने के तर्क या प्रमाण की तरह थीं

आमुख

अशोक वाजपेयी

आमुख

कलाओं में भारतीय आधुनिकता के एक मूर्धन्य सैयद हैदर रज़ा एक अथक और अनोखे चित्रकार तो थे ही उनकी अन्य कलाओं में भी गहरी दिलचस्पी थी। विशेषत: कविता और विचार में। वे हिन्दी को अपनी मातृभाषा मानते थे और हालाँकि उनका फ्रेंच और अँग्रेज़ी का ज्ञान और उन पर अधिकार गहरा था, वे, फ्रांस में साठ वर्ष बिताने के बाद भी, हिन्दी में रमे रहे। यह आकस्मिक नहीं है कि अपने कला-जीवन के उत्तरार्द्ध में उनके सभी चित्रों के शीर्षक हिन्दी में होते थे। वे संसार के श्रेष्ठ चित्रकारों में, २०-२१वीं सदियों में, शायद अकेले हैं जिन्होंने अपने सौ से अधिक चित्रों में देवनागरी में संस्कृत, हिन्दी और उर्दू कविता में पंक्तियाँ अंकित कीं। बरसों तक मैं जब उनके साथ कुछ समय पेरिस में बिताने जाता था तो उनके इसरार पर अपने साथ नवप्रकाशित हिन्दी कविता की पुस्तकें ले जाता था : उनके पुस्तक-संग्रह में, जो अब दिल्ली स्थित रज़ा अभिलेखागार का एक हिस्सा है, हिन्दी कविता का एक बड़ा संग्रह शामिल था।

रज़ा की एक चिन्ता यह भी थी कि हिन्दी में कई विषयों में अच्छी पुस्तकों की कमी है। विशेषत: कलाओं और विचार आदि को लेकर। वे चाहते थे कि हमें कुछ पहल करनी चाहिये। २०१६ में साढ़े चौरानवे वर्ष की आयु में उनकी मृत्यु के बाद रज़ा फ़ाउण्डेशन ने उनकी इच्छा का सम्मान करते हुए हिन्दी में कुछ नयी क़िस्म की पुस्तकें प्रकाशित करने की पहल रज़ा पुस्तक माला के रूप में की है, जिनमें कुछ अप्राप्य पूर्व प्रकाशित पुस्तकों

का पुनर्प्रकाशन भी शामिल है। उनमें गाँधी, संस्कृति-चिन्तन, संवाद, भारतीय भाषाओं से विशेषतः कला-चिन्तन के हिन्दी अनुवाद, कविता आदि की पुस्तकें शामिल की जा रही हैं। पुस्तकों पर रज़ा साहब और उनके समकालीन मित्र चित्रकारों आदि की प्रतिकृतियाँ आवरणों पर होंगी।

हिन्दी में युवा आलोचना धीरे-धीरे बहुत बिरली हो गयी है : युवा कवि या कथाकार बहुत कम आलोचना लिखते हैं। लिखते हैं तो ज़्यादातर अपने समवयसियों पर ही हालाँकि ऐसी भाषा में जो या तो ख़ासी बासी पड़ चुकी है या जिसमें कोई नयी बात भी नयी अभिव्यक्ति नहीं अर्जित कर पाती। कवि और रंगकर्मी व्योमेश की आलोचना, सौभाग्य से, इन अक्षमताओं से मुक्त है। उनकी भाषा, रेंज और चिन्तन में ऐसा बहुत कुछ है जो आज की आलोचना में जगह नहीं बना पाता। थोड़ी समझ, थोड़ा जोख़िम, थोड़ी बेबाकी से भरी-पूरी एवं युवा कवि की पहली आलोचना-पुस्तक प्रस्तुत करते हुए हमें प्रसन्नता है।

अशोक वाजपेयी

नवम्बर २०१९, दिल्ली

प्रस्तावना

इस बीच आपसे कहने के लिए पर्याप्त बातें हैं–जिनके सिरे कविता की आलोचना से रंगकर्म तक उलझे हुए हैं। खेद है कि मैंने कोई शैली नहीं अपनायी और तय विषयवस्तु से दूर तक जाता रहा। मैंने इन निबन्धों को रोज़ बदलते समय और बढ़ती उम्र से बचाने की कोशिश भी नहीं की।

इन निबन्धों पर अपनी पसन्द और नापसन्द का कुछ दबाव भी है। ऐसी आदतों से उबरना बाक़ी है। दरअसल, अच्छा गद्य पढ़ते हुए और अच्छे गद्य के बारे में लगातार बात करते हुए ये उस आवेग में लिखे गये हैं जो पिछले पन्द्रह बरस की अकल्पनीय उथल-पुथल में किसी दोस्त की तरह साथ रहा है।

व्योमेश शुक्ल
दिसम्बर, २०१९
वाराणसी

क्रम

जीने की पद्धति

आलोचनात्मक निबन्ध

स्मरण मुश्किल

निराला का स्मरण मुश्किल है। उनकी स्मृति उनकी उपस्थिति की ही तरह मायावी है और पर्याप्त वैचारिक, कलात्मक, नैतिक और मानसिक दिक़्क़तें पेश करती हैं। मसलन, यही दिक़्क़त कि वह स्मृति है या उपस्थिति, या यही कि निराला के प्रसंग में स्मृति और उपस्थिति का इतना स्याह-सफ़ेद विभाजन मुमकिन या जायज़ है। एक तरफ़ पाठ्यक्रमों-शोधों-अनुसन्धानों-संस्थानों-समारोहों में उनके काव्य का जगमगाता हुआ स्वीकार है और दूसरी ओर कवि की ही सुदूर क्षुब्ध पुकार है जिसके मुताबिक वह हरेक जगह से बाहर कर दिया गया है। क्या जहाँ-जहाँ से कवि को बाहर कर दिया गया था, वहाँ-वहाँ उसे भीतर बुला लिया गया है? क्या जितना वह स्वीकृत है उतना ही समझ भी लिया गया है? क्या अब वह बिलकुल निरापत्ति और सतह पर उपलब्ध है? क्या वह चालू वक़्त की तर्कपूर्ण, मोहक और अक्सर अश्लील जीवन-व्यावहारिकताओं में पूरी तरह समा गया है? क्या वह पूरी तरह समा सकता है? उसकी स्मृति या उसकी उपस्थिति को कितनी दूर तक अनुकूलित या नियन्त्रित किया जा सकता है? उसके कृतित्व के विराट को धारण करने के लिए क्या एक भिन्न राजनीतिक-सांस्कृतिक ट्रेनिंग दरकार नहीं है?

लगातार पराजय, अपमान और दुखद असामयिक मृत्यु के बाद हिन्दी संसार ने अन्यान्य निधियों के साथ निराला को भविष्य के कवियों की चेतना की रखवाली और निगरानी का दायित्व भी सौंप दिया है और इस रूप में वह हिन्दी के हर अगले कवि के सिर पर पहरा देते हुए देखे जा सकते हैं या कम से कम उनकी झलक देखी जा सकती है। साहित्य-विवेक के सामूहिक

अन्तःकरण में वह नैतिकता का एक पैमाना हैं और उनकी झलक किसी असाधारण और नामुमकिन स्पेस में शक्ति और सौन्दर्य—जो निराला के सिलसिले में एक ही वस्तु के दो अलग-अलग नाम हैं—के विद्युत्कणों की तरह चमकती है और हमारी मदद कर जाती है।

अद्वितीय स्त्रष्टा शमशेर बहादुर सिंह के शब्दों में—

> भूलकर जब राह—जब जब राह...भटका मैं/ तुम्हीं झलके, हे महाकवि,/ सघन तम की आँख बन मेरे लिए,/ अकल क्रोधित प्रकृति का विश्वास बन मेरे लिए,/ जगत् के उन्माद का/ परिचय लिये,–/ और आगत प्राण का संचय लिये, झलके प्रमन तुम,/

ऐसे अनेक उदाहरण मुमकिन हैं और उनके भीतर मनमाफ़िक़ तरीक़े से भटका जा सकता है लेकिन उदाहरणों की बजाय संकल्पों और लक्ष्यों की शायद ज़्यादा ज़रूरत है इसलिए भटकने की प्रक्रिया को उदाहरणों से प्रतिश्रुतियों के सफ़र में बदल लेना चाहिए और यह बदलाव हमारा अहर्निश कार्यभार होना चाहिए।

निराला अपने रचनात्मक संघर्ष के दरम्यान ही राजनीतिक और सांस्कृतिक सत्ता-प्रतिष्ठान के साथ एक सम्बन्ध बना लेते हैं। यह सम्बन्ध विरोध का सम्बन्ध है, और एक मूल्य की तरह, प्रतिफल की तरह अर्जित किया गया है। जिस रचनाकार के काव्य में इतना अपूर्व वैविध्य, जटिलतायें और बारीकियाँ हैं, परम्परा, जीवन, प्रकृति और प्रतिकार की अनन्त रंगतें और तहें हैं, हैरत है कि उसका पक्ष उतना ही खुला, निर्भ्रान्त और आग्रही है। हमें, यानी आज की तारीख़ में कविता लिख रहे लोगों को अपना पक्ष तय करने में कितनी भी लौकिक और पारलौकिक तकलीफ़ क्यों न उठानी पड़े, निराला का पक्ष जानने में कोई मेहनत नहीं करनी पड़ती, और इस बिन्दु पर निराला मुक्तिबोध के उस अनोखे पार्टनर की तरह नज़र आते हैं जिससे उसकी पॉलिटिक्स के बारे में सवाल पूछने की कोई ज़रूरत नहीं है—वह राजनीति ख़ुद में ही अपना बयान है। यहीं पर, निराला के चाहे-अनचाहे, निराला का रचनात्मक संघर्ष उनके बाद हिन्दी के प्रत्येक आगामी कवि की आचार संहिता बन जाता है। निराला की अभिव्यक्तियों का एक बहुत बड़ा योगदान यह भी है कि उन्होंने अपने बाद की समूची कविता को प्रतिपक्ष की कविता बन जाने को प्रेरित और बाध्य किया है।

यों तो हर दौर में कविता का एक प्रमुख काम अपने वक़्त की ताक़तों की मीमांसा करना रहा है और निराला के पहले की कविता से भी इस धारणा के उत्कृष्ट प्रमाण इकट्ठा किये जा सकते हैं, लेकिन आधुनिक हिन्दी कविता में जो शहादत निराला को हासिल हुई उसकी मिसाल ढूँढ़ने के लिए या तो हमें आज़ादी की लड़ाई और उसके लड़ाकों की ओर रुख़ करना होगा या बाद के दौर के मुक्तिबोध, रघुवीर सहाय और धूमिल जैसी शख़्सियतों के जीवन और अन्त की ओर। इस बात की समाजवैज्ञानिक जाँच-परख अभी होनी बाक़ी है कि क्यों निराला, मुक्तिबोध और रघुवीर सहाय की ज़िन्दगियाँ और कार्यकलाप हिन्दी कविता के पाठक के कॉमन रेस्पॉन्स में किसी शहादत की तरह दर्ज हैं। और यह भी दिलचस्प है कि निराला अपनी पोज़िशन को बहुत ज़्यादा साफ़ और स्थिर बनाते हुए भी लेखक के साथ प्रतिष्ठान के रिश्ते की बहुआयामिता, बहुस्तरीयता और संश्लिष्टता को कभी भी ओझल नहीं करते। ऐसे लोगों, ऐसी प्रवृत्तियों की एक फ़ेहरिस्त बनायी जा सकती है जिनकी निराला ने मुद्दों के आधार पर भीषण तारीफ़ और बुराई की है। मिसाल के लिए चार नाम लिये जा सकते हैं– रवीन्द्रनाथ टैगोर, महात्मा गाँधी, नेहरू और सुमित्रानन्दन पन्त। दरअसल, निराला प्रतिष्ठानपरकता के अचूक आलोचक हैं। सामाजिक-सांस्कृतिक-राजनीतिक क्षेत्रों में वर्चस्वशाली विचार की अतियों, चूकों और अहम्मन्यताओं के सामने जितने निर्भीक और उद्धत निराला हैं उसकी तुलना के लिए कोई दूसरा नाम ढूँढ़ना दुश्वार है, और लगातार ज़्यादा दुश्वार होता जा रहा है। रवीन्द्रनाथ के काव्य और जीवन दर्शन का निराला की चेतना पर गहरा सर्वविदित असर है लेकिन यही उनके और रवीन्द्रनाथ के सम्बन्ध का एकमात्र आयाम नहीं है; गाँधी के वे कट्टर प्रशंसक हैं और चर्खे के रचनात्मक और राजनीतिक इस्तेमाल पर रवीन्द्रनाथ के व्यक्तिवादी-अभिजनवादी संशयों का तर्कपूर्ण विध्वंस करने में अग्रणी लेकिन ख़ुद गाँधी के व्यक्तित्व में साहित्य की सरलता के लिए जो दुराग्रह हैं, हिन्दी भाषा और उसके नव्यतम स्पन्दनों के प्रति जो उपेक्षाभाव है, उसकी निराला घनघोर भर्त्सना करते हैं। यों ही, नेहरू और पन्त के व्यक्तित्वों का वह अलग-अलग मुद्दों पर विरोध या समर्थन करते हैं और लोगों के इन प्रवृत्तियों के साथ एक तनावपूर्ण सम्बन्ध का आविष्कार और निर्वाह करते हैं जो आगे चलकर आधुनिक कविता के अस्तित्व की एक बुनियादी शर्त बन जाता है। निराला की प्रगतिवादिता की साहित्य संसार

में बहुत बड़ी हैसियत है, उन्हें प्रवर्तक और निर्माता माना गया है लेकिन आज की कविता में क्रोध और विरोध का जितना व्यापक अमूर्तन संक्रमित हो गया है, करुणा, क्रन्दन और मृत्यु के सरलीकरणों की जो दुकानें चारों तरफ़ खुली हुई हैं, और इन वजहों ने एक साथ मिलकर आत्मसंघर्ष से कतराने वाले हीनतर कवियों के लिए काव्यरचना को जितना सरल और मामूली बना दिया है—इस स्थिति को निराला के वस्तुपरक क्रोध की एक स्मृति से नक़ली साबित किया जा सकता है। 'प्रबन्ध प्रतिमा' नामक गद्य पुस्तक के शुरुआती चार निबन्धों को पढ़ने से मालूम हो जाता है कि निराला विरोध के फ़ैशन या रिवाज के फेर में विरोध की मौलिकता और खुलेपन को नज़रअन्दाज़ नहीं करते। राष्ट्रीय आन्दोलन के दौर के इन मूर्धन्यों को साहित्य के बुनियादी सवालों के आलोक में निराला ने अपने बिलकुल आमने-सामने लाकर खड़ा कर लिया है, और इस तरह हिन्दी के आगामी कवियों के लिए यह चुनौती भी खड़ी कर दी है कि उन्हें अपने दौर के राजनीतिक, सांस्कृतिक और कलात्मक प्रभुत्व के ख़िलाफ़ बेहद प्रत्यक्ष और पारदर्शी समर में उतरना होगा। और इस क्रम में सरलीकरण से भी बाज़ आना होगा। जैसे निराला के विरोधी का नाम और पता उनकी रचना में दिखायी देता है वैसा ही हमारी रचना में भी होना चाहिए। अगर ऐसा हो रहा है तो निराला हमारे बीच हैं और यदि नहीं हो रहा है तो वह हमसे बहुत दूर चले गये हैं।

निराला के काव्य का उत्तराधिकार भी एक जटिल सवाल है। कविता की विरासत ज़ाहिर है कि घरेलू सम्पत्तियों या भारत की राजनीति की तरह तय नहीं होती। वह बहुत से अन्तरालों और अवकाशों में ठिकाना बना लेती है। वह कभी-कभी किसी को हासिल नहीं होती और कभी सबको नसीब हो जाती है। कभी वह बहुत सख़्त और निश्चित हो जाती है कभी हवा की तरह पारदर्शी और तरल। उसकी अनगिनत शक्लें हैं और हर समर्थ कवि अपनी राजनीति और सौन्दर्याभिरुचि के लिहाज़ से परम्परा को अर्जित और निरस्त करता है। निराला ने भी ऐसा ही किया था। उनके पहले और बाद के कवियों ने भी। निराला ने अपनी दृष्टि के मुताबिक़ तुलसीदास के महाकाव्यात्मक विज़न को आयत्त किया। तुलसीदास से रिश्ता रखने के जो भी जोख़िम मुमकिन हैं, उन्हें उठाते हुए। तुलसीदास और निराला के सम्बन्ध के सामने सहमत या समर्पित होना तो सम्भव

नहीं है लेकिन निराला का रचनात्मक हौसला बेचैन कर देता है और विनय देखिये कि वह कभी भी अपने काव्य में तुलसी की उपस्थिति का दावा नहीं करते। लेकिन तुलसी के विराट से उलझने की परियोजना उनके काव्य की केन्द्रीय विशेषताओं में से है। इसी तर्ज पर निराला की व्यापकताएँ हमारे सामने हैं। उनसे उलझने, उसमें रोक-टोक और दख़लअन्दाज़ी करने और उसे पुनराविष्कृत करने की ज़िम्मेदारी हमारे लिए एक चुनौती है, लेकिन दिलचस्प है कि हमारी कविता का एक हिस्सा अपनी सहूलियत और युगानुकूल पॉलिटिकल करेक्टनेस के तकाजों के लिहाज़ से निराला की कविता के अत्यन्त सीमित दायरे को अपने लिए काम का मानता है। अपनी गद्य की एक किताब 'कविता और समय' में अरुण कमल कहते हैं :

> निराला ने जो सौन्दर्यबोध रचा वही सौन्दर्यबोध आज की कविता का आधार है, ऐसा मुझे लगता है, निराला ने अपने अनेक लेखों में लगातार इस बात पर बल दिया कि कविता एक अखण्ड इकाई है इसमें एक या दो पंक्ति या स्थल का अलग से महत्त्व नहीं, बल्कि प्रत्येक शब्द अपने पूरे वातावरण में ही अर्थवान होता है।...समकालीन कविता ने एक बार फिर कविता के समग्र संश्लिष्ट विन्यास का आग्रह सामने रखा। अकविता के दौरान और उसके बाद धूमिल तक में तथा धूमिल के ठीक बाद भी प्रायः ऐसा देखा जाता है। कविता की एक या दो पंक्ति, पद या बिम्ब सारा ध्यान लूट ले जाते हैं। बाद की कविता ने एक बार फिर निराला जैसी अन्विति और अखण्डता हासिल करने का यत्न किया। इसी का नतीजा है कि इन कवियों ने अधिकांशतः छोटी अथवा कम शब्दों की कवितायें लिखीं क्योंकि वहाँ शब्दों का पारस्परिक सम्बन्ध निर्वाह ज़्यादा सुगम था। ये कवितायें प्रायः हमें उन कविताओं की याद दिलाती हैं जो राम की शक्तिपूजा, सरोज स्मृति, तुलसीदास समूह से इतर हैं। निराला की कविताओं में जो सघनता है, वैसी ही सघनता इन कविताओं का भी अभीष्ट है ऐसा लगता है।

ग़ौरतलब है कि जिस तरह की कविताओं का पक्ष उद्धृत हिस्से में लिया गया है वह छोटी कवितायें हैं—निराला की छोटी कविताओं को अपना आदर्श और आधार मानने और बताने वाली छोटी कवितायें—ऐसी कवितायें, जिनमें शब्दों का पारस्परिक सम्बन्ध निर्वाह ज़्यादा सुगम हो। इस बात पर ध्यान दिया जाना चाहिए कि अरुण कमल यह भी स्वीकार

कर रहे हैं कि निराला की कविताओं जैसी अन्विति और अखण्डता छोटी कविता में ही मुमकिन है।

हो सकता है कि कुछ लोगों की चेतना और क्षमताओं के लिए छोटी और कम शब्दों की कविताओं का शिल्प ज़्यादा कारगर या आसान हो, लेकिन इस सुविधा को निराला का जायज़ और एकमात्र उत्तराधिकार मानना तो निराला के अलावा समकालीन कविता की अनोखी शक्तियों के साथ भी ज़्यादती होगी। निराला के यहाँ विराट और बेसँभाल काव्य संरचनाओं में जाने का जो दुस्साहस है, ख़ुद की ही अर्जित की हुई अन्विति और अखण्डता का ध्वंस कर डालने का जो औद्धत्य है, उसका उत्तराधिकार किसके पास है? निराला के यहाँ छन्द और अछन्द, गद्य और पद्य, प्रगति और प्रयोग, लघु और विराट, हाइकू और महाकाव्य का जो अद्वैत है, उसका उत्तराधिकार किसके पास है? अगर 'राम की शक्तिपूजा' और 'सरोज स्मृति' जैसी लम्बी कविताओं में निराला असफल हैं तो उनकी असफलताओं का उत्तराधिकार किसके पास है? अगर निराला अन्तर्वस्तु की पुकार पर, अन्तर्वस्तु की ज़रूरतों के मुताबिक़ अधिकतम सम्भव काव्यरूपों में जाने का अभियान छेड़ते हैं तो इस अभियानात्मकता का उत्तराधिकार किसके पास है? निराला की सम्पूर्णता का, उनके आरोहावरोह का, महाप्राणत्व का उत्तराधिकार किसके पास है? अगर निराला ने सिर्फ़ छोटी कवितायें नहीं लिखी हैं तो सिर्फ़ छोटी कवितायें न लिखने का उत्तराधिकार किसके पास है? दिक़्क़त छोटी कविताओं से नहीं, छोटी और लम्बी कविताओं को इस क़दर अलग-अलग मानने वाली जीवन-दृष्टि से है। दृष्टि की इस स्थूलता के सामने तो उपलब्ध और प्रचलित स्थूलतायें भी बारीक लगने लगती हैं।...और निराला की निर्बन्धता—जिस तरह झूम झूम और गरज गरज कर निराला ने निर्बन्धता का उद्घोष किया, वैसे ही पराक्रम से उसे चरितार्थ भी किया है। 'टूटें सकल बन्ध/ कलि के, दिशा ज्ञान गत हो बहे गन्ध' इस निर्बन्धता का उत्तराधिकार किसके पास है?

ज़ाहिर है कि कई सार्थक जवाब सम्भव हैं। देवीप्रसाद मिश्र की 'पहल ९०' में प्रकाशित कविता के एक हिस्से के उद्धरण से बात और साफ़ होगी।

> मैं भी क्यों इस तरह लिखना चाहूँ, मैं भी क्यों उस तरह कहना चाहूँ। तू मुझे देखकर अफ़सोस कर रहा होगा मैं तुझे देखकर वल्लाह न कहना चाहूँ।

> मैं जो हिन्दी में ही हिन्दी लिखा करता था। मैं वो हिन्दी में ही उर्दू में ही कहना चाहूँ। ये मेरा रास्ता है और मेरा वास्ता है। तू मुझे रोकता है क्यों जो मैं सहना चाहूँ।

यह कविता सुनने में ग़ज़ल है और पढ़ने में गद्य–कवि ने इसे ग़ज़ल के तरीक़े से नहीं, गद्य के विन्यास में लिखा है–यानी पंक्तियाँ एक के बाद एक लगातार आती रहती हैं, उनका प्रकाशित रूप गद्य का है और सुनाये जाने पर वह ग़ज़ल है और उल्लिखित हिस्सा अपने आप में पूरी कविता है और एक लम्बी कविता का छोटा-सा हिस्सा तो वह है ही। तय है कि इस कविता के सामने गद्य-पद्य, लम्बे-छोटे सरीखे विभाजन निरस्त और विघटित हो जाते हैं। यह विघटन क्या निराला का उत्तराधिकार नहीं है? उदयन वाजपेयी की कविता में परम्परा और समकाल का जितना गहन अद्वैत है और स्मृति की वर्तमानता के जितने मौलिक, कलात्मक और विवेकवान संस्तर हैं और वह कविता जिस शिद्दत से अनसुलझी जीवन-स्थितियों से उलझती है, उन्हें क्यों नहीं निराला का उत्तराधिकार माना जा सकता? अपनी सरासर गद्यमयता में कात्यायनी जिस तरह पतनशील राजनीति के ठीक सामने खड़ी हो जाती हैं अगर उससे भी लोगों को निराला के साहस की याद नहीं आती तो यह ख़ुद ऐसे लोगों की कायरता का दुखद प्रमाण है।

निराला की काव्य-भाषा के संगीत पर भी तरह-तरह से बातें की गयी हैं। उस संगीत का असर शाश्वत है। वह निरन्तर गुंजायमान है और उसके होने के तर्क निहायत अन्दरूनी हैं। लेकिन काव्य और संगीत के अनाधुनिक और सामन्ती बोध ने निराला के प्रसंग में काव्य और संगीत—दोनों का—अवमूल्यन किया है; अपनी किताब 'छायावाद' में नामवर सिंह लिखते हैं :

> गीत तो निराला ने भी लिखे हैं और 'गीतिका' उनके सौ गीतों का संग्रह है। परन्तु 'गीतिका' के अधिकांश गीत संगीत को ध्यान में रखकर लिखे जाने के कारण प्रगीत के गौरवपूर्ण पद से हटकर संगीत के आसन पर चले गये हैं।

इस वक्तव्य से प्रतीत होता है कि संगीत कोई हीनतर वस्तु है और उसे हमेशा प्रगीत से एक दर्जा नीचे रहना चाहिए और गाना-बजाना-भर ही संगीत है। जो टेक्स्ट गाया जा सके, गेय हो, उसे संगीत मान लेना चाहिए

और उसकी उपेक्षा होनी चाहिए। यह बयान ऐसा भी आभास देता है कि संगीत तुकान्तता, शब्दों की रुनझुन, वर्णों के दुहराव आदि से सम्भव होने वाली कोई चीज़ है। यहाँ संगीत के महान् मानवीय अमूर्तनों, उसकी व्याप्ति, गरिमा, अद्वितीयता और समान्तरता के साथ तो बेशक अन्याय किया गया है, लेकिन क्या कविता के साथ न्याय किया गया है? कविता या गद्य की भाषा में संगीत की उपस्थिति के क्या माने होते हैं, वह किन तर्कों से पैदा होता है और पाठक कैसे उसे अपने लिए अर्जित कर लेता है, इस समझने के लिए विष्णु खरे के कविता-संग्रह 'ख़ुद अपनी आँख से' की रघुवीर सहाय-लिखित समीक्षा के एक हिस्से का उद्धरण पर्याप्त होगा :

> ...हम इन कविताओं के दृश्यों को एक सम्पादित फ़िल्म की तरह देखते हैं। और अगर हमें आज के शिल्पजगत् से परिचय है तो हम उस नि:शब्द फ़िल्म के पीछे एक संगीत भी कल्पना में सुन सकते हैं। वास्तव में यह संगीत कविता की भाषा की झनकार से पैदा नहीं होता।

शायद यही कविता का संगीत है और निराला की कविता का संगीत भी, जिसे हद से हद, कल्पना में सुना जा सकता है और वस्तु संसार की सतह पर जिसके होने के निशान भी नहीं होते।

अन्त में, जिस 'गीतिका' पर 'संगीत' होने का आरोप लगाकर उसे कुछ कम साबित करने की कोशिश की जाती रही है उसी 'गीतिका' की कुछ पंक्तियाँ :

सखि वसन्त आया।
भरा हर्ष वन के मन,
नवोत्कर्ष छाया।
किसलय-वसना नव-वय लतिका
मिली मधुर प्रिय-उर तरु पतिका
मधुप-वृन्द बन्दी-
पिक-स्वर नभ बरसाया।

जहाँ तारे जुगनू होने चले गये हैं

''देखो, रात
बिछलन से भरी हुई है
(तारे जुगनू होने चले गये हैं :
चाँद, चाँद-सा दिल में है, बस :
दिल, कि बहकती हुई रात है...)
यह रात फिसलन से भरी हुई है।

हाँ,
शरमाओ न मानी में
तुम लफ़्ज़ नहीं हो; न
कठिन अर्थ हो कोई
तुम लय भी हो अगर,
पर्दा हो (मान लिया)
तुम
गीत खुले हुए हो, वही
जो मैंने
कल रात को गलियों में
गाया था (...काली उन
कीचड़ से भरी हुई, तनहा
गलियों में)

शरमाओ न धड़कन की तरह
दिल में तुम तो

धड़कन का इ ला ज हो
तुम तो हो महज़ अता-पता मेरा
अरे
वह नाम कहाँ हो
जो बूझ लिये जाओ शरमाओ मत।"

('सावन' शीर्षक कविता की कुछ पंक्तियाँ, शमशेर बहादुर सिंह)

१

शमशेर बहादुर सिंह की रचनात्मक शख़्सियत शब्द की ज़्यादातर सम्भावनाओं से मुख़ातिब है। ज़ाहिर है, शब्द और अर्थ के बीच के सम्बन्ध भी उनकी रचनावली में उतनी ही अनेकान्तता में खुले हुए और गतिमान हैं। इसे भ्रम, उत्पात, लीला या कलाकार का–'एक जेनुइन कवि' का वक्तव्य—कुछ भी कहा जा सकता है। यहाँ कुछ भी हो सकता है, 'कुछ नहीं' भी हो सकता है; लेकिन इतना तय है कि यहाँ कविता अर्थ, तात्पर्य या आग्रह की किसी ख़ास पद्धति में स्थिर न है, न हो सकती है। वह अग्रगामी है, उपलब्ध से अलग जाती है और दूर तक चली जाती है। यहाँ जो स्थिर है, शव है–'स्थिर है शव-सी बात'।

यहाँ कविता के शब्द रंग हैं या रेखाएँ हैं या चीनी जनता का लोकसत्तात्मक गणतन्त्र राज्य हैं या ग्रीक वर्णों के रूपाकार हैं। यहाँ कविता के शब्द, ख़ुद कवि के शब्दों में, 'शब्द कहाँ हैं?' यहाँ युगीन सुविधाओं से इनकार और 'कठिन' के रतजगे हैं। यह कविता मौन, संगीत और नूर की कविता है। वह हम तक किसी इलहाम या एहसास की तरह पहुँचती रही है। ऐसी कविता की शक्तियों या सीमाओं को, उसकी प्रक्रियाओं को, उसके भीतर बन रही सरणियों और समीकरणों को पुकार पाना, उनका नामकरण कर पाना, समीक्षा की भाषा के स्तर पर उसे साबित कर पाना दुश्वार और चैलेंजिंग है। बकौल श्रीकान्त वर्मा,

> शिल्पी शमशेर के लिए छोटा शब्द है। और भी कवि हैं और भी शिल्पी हैं। मगर कोई भी शमशेर नहीं। शमशेर के लिए एक शब्द की तलाश एक समूचे ब्रह्माण्ड की तलाश की तरह है। शमशेर का एक-एक शब्द

एक-एक अंक की तरह है। एक भी अंक ग़लत हो जाने से सारा हिसाब ग़लत हो जाता है। शमशेर की कविता का हर शब्द कविता है। खड़ी बोली में लिखी गयी हिन्दी कविता में किसी भी कवि ने भाषा से इस इण्टेन्सिटी के साथ प्यार नहीं किया है।

२

बड़े आविष्कार, यों, बुनियादी दिक़्क़तें खड़ी कर देते हैं। जैसे यह दिक़्क़त कि आप उन्हें शब्द की ओर से देखें या अर्थ की ओर से, प्रगति के पहलू से या प्रयोग के, विचार के कोण से या सौन्दर्य के नुक़्ते से। कथ्य और शिल्प के झमेले अलग हैं और बदस्तूर हैं। यहाँ वर्गीकरण की सुविधायें नहीं हैं और सराहनाओं के अतियों में बदल जाने के ख़तरे हैं। यह कविता अक्सर अर्थ के तयशुदा कॉमनसेन्स का, कविता पढ़ने के तर्कपूर्ण व्यावहारिक तरीक़े का, अर्थ की तथ्यात्मकता का, अर्थ को ही शब्द का एकमात्र गन्तव्य मानने की रूढ़ि का अतिक्रमण करते हुए ख़ुद को मुमकिन करती है। यहाँ हमेशा तथाकथित अर्थों के विकल्प मौजूद हैं, निष्कर्ष नहीं हैं या अनेक हैं, काव्यानुभूति की अनेक तहें साथ-साथ जीवन्त और सक्रिय हैं और समानान्तरों का एक मेला लगा हुआ है।

३

उनकी कविता 'उषा'।

शुक्र है कि यह शमशेर की उन कुछ कविताओं में से है जिसकी अन्तर्वस्तु बतायी जा सकती है। मसलन, ऐसे कि यह एक सुबह का वर्णन है, अन्यथा शमशेर अन्तर्वस्तु की सतह को, कथ्य के क्षणिक चालू वक्तव्य को गुम करके और रचना-विशेष के रेशों में उसे अन्त:सलिल करके कविता हासिल करने की प्रतिश्रुतियों के कलाकार हैं। इस कविता में ज़ाहिर है कि कई ख़ासियतें हैं जो एक-दूसरे से भिन्न दिशाओं में सक्रिय और द्वन्द्वरत हैं। इन ख़ूबियों की शक्ति इनके एक-दूसरे से अलहदा, विरोधी, समान्तर या परस्पर सम्बन्धहीन होने में भी है।

४

इस कविता में निहित वस्तुओं को देखें—वे कितनी रंग-मण्डित हैं। वे वस्तुयें औसत भारतीय ग्राम्यजीवन के रोज़मर्रा से जुड़ी हुई कभी अपने असल नैसर्गिक रंग और कभी अपने स्रष्टा कवि की कल्पना के रंग में रची हुई आती हैं। ये वस्तुयें कभी यथार्थ की कल्पनायें हैं, कभी कल्पना का यथार्थ। कवि के अन्दाज़ में कहें तो इस और ऐसी कविताओं का आसमान यथार्थ और कल्पना के बीच की धुँधली बादल रेखा पर टिका हुआ है। 'बहुत नीला शंख' 'ज़रा से लाल केसर से धुली हुई बहुत काली सिल' जैसे असम्भव-से उपमान और ज़िन्दगी के साधारणतम सामान—राख से लीपा हुआ चौका, स्लेट, लाल खड़िया चाक। लेकिन आप इनमें कोई दूरी, फाँक या वर्गान्तराल देखने की बजाय उनके बीच किसी घटना की तरह निर्मित और कविता के ज़रिये व्यक्त हो रहे नये मानवीय सम्बन्ध देखने लगते हैं। शमशेर सृष्टि में बिखरी हुई चीज़ों, लोगों, घटनाओं को अपनी अन्तर्वस्तु में, जैसा कि 'ध्वनिकार' ने कहा है, एक 'अपूर्ववस्तुनिर्माणक्षमा प्रतिभा' के साथ स्वीकार करते हैं।

इस कौशल को बहुधा उनके सुर्रियलिस्ट आग्रहों के साथ जोड़कर देखने की कोशिश की गयी है, जिसमें कोई हर्ज भी नहीं है, लेकिन बुनियादी चीज़ है वह सहोदरत्व या सहव्याप्ति, जो वैभिन्य के बावजूद उनकी काव्य-भाषा के भीतर तेजस्क्रिय तत्त्वों को ग़ैरबराबरी से आज़ाद करती है। उन्हें एक-दूसरे के बराबर और एक दूसरे के क़रीब ला देती है। उनके बीच की भौतिक दूरियाँ अपार्थिव नज़दीकियों में तब्दील हो जाती हैं। क्या प्रदत्त अर्थ की छाया से दूर हुए बग़ैर ये चीज़ें इतने आसपास आ सकती थीं? वे चीज़ें, जो ज़िन्दगी में एक-दूसरे से बहुत दूर और असम्बद्ध मानी जाती हैं, कविता के परिसर में परस्पर हो जाती हैं। कवि ऐसे ही काव्यात्मक और काव्येतर के फ़र्क़ को धुँधला करता है।

बहरहाल, हम कविता की ओर लौटें और उसे तनिक तालबद्ध शिल्प में, रिद्म में पढ़ें। यह शमशेर की प्रिय रिद्म है। संगीत की दुनिया में 'रूपक' नाम से मशहूर सात मात्राओं का यह छिप्र चंचल ताल, 'तीन ताल', 'कहरवा' और 'दादरा' के बाद चौथा सर्वाधिक लोकप्रिय ताल

है। इसके बोल हैं 'ती ती ना धी ना धी ना'। कोई चाहे तो इस सिम्फनी को चौदह मात्राओं के ताल 'धमार' में भी विन्यस्त कर सकता है, लेकिन बात वही होगी। सात मात्रा के रूपक को दो बार, अर्थात् दो आवर्तनों में बजा लिया जाय या चौदह मात्राओं के धमार को एक बार, कोई ख़ास फ़र्क़ नहीं पड़ता।

ख़ैर, सात मात्राओं का यह रिद्म शमशेर को प्रिय है और उनके वाङ्मय की अनेक कवितायें इस ताल में निबद्ध हैं। 'भूलकर जब राह–जब-जब राह...भटका मैं/तुम्हीं झलके, हे महाकवि'; 'मौन आहों में बुझी तलवार/ तैरती है बादलों के पार'; 'शाम का बहता हुआ दरिया कहाँ ठहरा/ साँवली पलकें नशीली नींद में जैसे झुकीं'। उदाहरण पर्याप्त हैं और उनमें ख़ूब भटका भी जा सकता है। यों ही, कहरवा, तीनताल और दादरा में लयबद्ध रचनाओं की संख्या भी ज़्यादा है।

पहली नज़र में इन लयनिबद्ध रचनाओं को देखने पर गद्यपरकता दिखती है, जबकि यहाँ मौजूद खड़ी बोली के पूरे-पूरे-से वाक्य दरअसल एक सघन आन्तरिक संगीत का निर्वाह करते हुए आये हैं। इनके होने का तर्क संगीत और ताल की योजनाओं पर स्थित है। कविता की भाषा में संगीतबद्ध वाक्य—जो संख्या तथा गुणवत्ता—दोनों के लिहाज़ से बहुत ज़्यादा, बहुत वज़नी हैं, सतही, छद्म, सिनेमाई, सरल और अहर्निश जनता की चापलूसी में लिप्त तुकान्तता और इस तुकान्तता को छन्द मानने और मनवाने वाली अल्पज्ञ और अफ़वाहबाज़ सत्तात्मक आलोचना का विध्वंस कर देते हैं।

ये वाक्य इस प्रकार आधुनिक युग में ही रोग की तरह फैल गये गेय और गद्य को अलग-अलग मानने वाले भ्रमित बोध को अप्रासंगिक कर डालते हैं। शमशेर की काव्य-भाषा का गद्य इस अर्थ में कितना पद्यमय है कि उसे गाया जा सकता है। उस पर तबला, ढोलक, नाल, मृदंग, पखावज, ड्रम, आक्टोपैड–कोई भी तालवाद्य बजाया जा सकता है। इस बिन्दु पर यह कहा जा सकता है कि शमशेर की भाषा का एक स्वप्न संगीत है। यह भाषा संगीत का सपना देखती है और बेशक, उसे पूरा भी करती है। संगीत और भाषा को इस चरम अभेद पर हासिल कर पाने वाले आत्मविश्वास ने ही शमशेर जैसे सुख्यात विनम्र को वह औद्धत्य प्रदान किया है जिसकी शक्ति से वह हिन्दी साहित्य संसार में पूरे वाक्यों वाली रचना के रूप में

स्थापित त्रिलोचन की अप्रतिम कृति 'धरती' के बारे में अपनी एक कविता में यह कुछ उलटा-सा लगता सवाल पूछते हैं कि 'तुमने धरती का पद्य पढ़ा है? उसकी सहजता प्राण है।'

५

शमशेर गद्य को पद्य कहकर पुकारते हैं और गद्य को संगीत के कायदों में-से खोज पाते हैं। शमशेर के किरदार में, एक स्तर पर पद्य का अर्थ गद्य है और उनकी कविता का गाया जा सकने वाला अंश ऐन उसी मौक़े पर सर्वोत्तम गद्य भी है। भारतीय कवि-दृष्टि में काव्य का गद्य हो जाना कोई नयी बात नहीं है। कई बार गद्य हमारे महाकाव्य में सम्भव भी हुए। कविता का गद्यपरक स्वभाव महाकाव्यात्मकता के एक लक्षण की तरह उपलब्ध हो सकता है। ऐसे ही शमशेर 'महाभारत' की सरासर गद्यात्मक परम्परा को अपनी प्रयोगशीलता के ज़रिये अद्यतन और प्रासंगिक कर लेते हैं।

लेकिन हम एक बार फिर 'उषा' शीर्षक कविता की ओर लौटें। ''प्रात नभ था बहुत नीला शंख जैसे/ भोर का नभ/ राख से लीपा हुआ चौका / (अभी गीला पड़ा है)/ बहुत काली सिल/ ज़रा से लाल केसर से कि जैसे धुल गयी हो/ स्लेट पर या लाल खड़िया चाक/ मल दी हो किसी ने/ नील जल में या किसी की गौर झिलमिल देह/ जैसे हिल रही हो/ और.../ जादू टूटता है इस उषा का अब.../'' इन तेरह पंक्तियों के बाद एक पंक्ति बाक़ी है। लेकिन दिलचस्प है कि कविता में जैसे ही उषा का जादू टूटता है, वैसे ही यहाँ तक चली आयी तालबद्धता भी टूटकर बिखर जाती है। जैसे उषा के जादू के टूटने के क्षण-विशेष में ही 'सम' का आना निश्चित हो, जैसे यहाँ आकर किसी चक्करदार परन की तिहाई पूरी हो गयी हो, जैसे उषा के जादू के टूटते ही ताल के जादू के भी टूट जाने का वक़्त हो। यह ख़ुद कविता के जैविक ऐक्य का कमाल है कि जैसे ही कविता का कथ्य पूरा होता है, वैसे ही उसका शिल्प और उसमें निहित संगीत भी सम्पन्न हो जाता है। इस टूटन के बाद सूर्योदय मानो किसी बे-ताल या बे-हद में हो रहा है।

और सात मात्राओं वाले इस ताल 'रूपक' की लयगति में कितनी व्यंजना है। भारतीय काव्य के न जाने कितने अमर पद इसमें निबद्ध हुए हैं। इस ताल में उन अमर पदों की भी आभा है। तुलसीदास की प्रसिद्ध राम वन्दना – 'श्री रामचन्द्र कृपाल भजमन् हरण भवभय दारुणम्' इसी ताल में है। इस राम वन्दना की उपस्थिति के वैभव और इसके आगमन की आहट को शमशेर की कविता 'उषा' में महसूस किया जा सकता है। हिन्दी दृश्य में आम तौर पर कविता को भाषा की, काव्य-भाषा की, बल्कि अभिधा की स्मृति मान लिया गया है, जबकि पूर्वज कविता की स्मृति के प्रकार कुछ इसी तरह 'अण्डरग्राउण्ड' रहकर कविता में दर्ज होने चाहिए।

६

इस राह पर चलते हुए शमशेर आधुनिक हिन्दी कविता और संगीत के रिश्ते की अधुनातन नियमावली भी तैयार कर रहे हैं। गीत-नवगीत आदि में गायी जाने वाली सरल राग-रागिनियों ने हमेशा कविता के शिल्प और कथ्य को अपनी संरचना और दूसरी भौतिक ज़रूरतों के हिसाब से नियन्त्रित करने की चेष्टा की है। यह तुकों वग़ैरह के ज़रिये लोकप्रिय और युगानुकूल का आधिपत्य है। यह कविता में आसानियत के संगीत की तानाशाही है। यह मंच की वाहवाह गलेबाज़ी और हिन्दी फ़िल्मों के गाने हैं। शमशेर के संगीत के प्रयोग इस तदर्थता का प्रत्याख्यान हैं। उन जैसी लम्बी अप्रतिहत साँसें गिरफ़्त में नहीं आतीं। ये साँसें ताल के छोटे-छोटे मीटर्स में नहीं अँटतीं और निरंकुश और बेसँभाल के निर्माण में लग जाती हैं।

अगर इस ख़याल से कवि की रचना-प्रक्रिया को सोचें तो यह साफ़ दिखायी देता है कि शमशेर छन्द, लय या ताल का कोई पूर्वनिर्धारित ख़ाका हाथ में लेकर कविता लिखना नहीं शुरू करते, बल्कि काव्य का संगीत उनकी रचना-प्रक्रिया के अप्रत्याशित का अनिवार्य हिस्सा बनकर, रचना के पदार्थ की ज़रूरतों के मुताबिक़ निर्मित होता है। यह संगीत कविता की आत्यन्तिक अनिवार्यताओं की वजह से है, कविता के कारण है और कविता के बाहर की किसी पहले से तय चीज़ का अनुकरण करते

हुए नहीं आया है। उसमें महान् भक्ति कविता की तरह बढ़त के अवकाश हैं। इस मक़ाम पर शमशेर की कविता का संगीत अतिनिश्चित छायावादी लयबद्धता और गेयता से आगे की बात है। यह संगीत वर्णों की कोमलता, भाषा की झंकार, तुकों के दोहराव और गाने की सरलता के पार है। यह चेतना में गूँजता हुआ संगीत है। यह गद्य की विषण्णता का संगीत है। यह उचित ही बार-बार कहा गया है कि शमशेर में छायावाद सर्वाधिक उत्तरजीवित है लेकिन ऐसी अमर कार्रवाइयों से छायावाद का पटाक्षेप भी उनसे ज़्यादा किसने किया है?

७

वैसे शमशेर के यहाँ स्मृति और कल्पना में ज़्यादा फ़र्क़ नहीं है। आख़िर यथार्थ का अनुभव क्या है? वह या तो स्मृति है या कल्पना। उनकी कविता में से स्मृति और कल्पना के तत्त्वों को अलग-अलग कर पाना प्राय: नामुमकिन है। ऐसे में यह सरलीकरण सहज सम्भव है कि शमशेर स्मृति और कल्पना या शब्द और अर्थ या कथ्य और शिल्प के अद्वैत के कवि हैं, लेकिन ऐसा है नहीं। यह कहा गया है कि शमशेर कई बार रूप को ही एक समृद्ध कथ्य की तरह व्यवहार में ले आते हैं या रचना के माध्यम यानी भाषा को ही रचना का वक्तव्य बनाकर पेश कर देते हैं। मलयज भी कहते हैं कि 'भाषा भी शमशेर जी के लिए कविता है, सिर्फ़ माध्यम नहीं।' और यह तो उनकी कविता ही कहती है कि 'ओ माध्यम! क्षमा करना कि मैं तुम्हारे पार जाना चाहता रहा हूँ।'

लेकिन ऐसा करते हुए वह माध्यम की गरिमा को नहीं भूलते। मंगलेश डबराल ने एक ख़ूबसूरत थीसिस में यह प्रतिपादित किया है कि शमशेर अगर सुन्दरता के लौकिक और ऐन्द्रिक आकारों को अनदेखा करके या उन्हें उपेक्षणीय मानकर चले होते वह ज़्यादा से ज़्यादा एक उत्तर छायावादी या एक आध्यात्मिक कवि होते लेकिन वह उनसे गुज़रकर, उनमें से होते हुए उनका अतिक्रमण करने की आकांक्षा रखते हैं। कई बार वह रचनाकार की शख़्सियत को भी एक माध्यम के रूप में प्रस्तुत कर देना चाहते हैं, लेकिन ग़ौरतलब है कि किस क़ीमत पर—रामविलास शर्मा

को लिखे एक पत्र में वह कहते हैं,

> कलाकार स्वयं को बदलेगा, बदलेगा, एक माध्यम बनाने के लिए, अपने को एक अत्यधिक sensitive माध्यम, सक्षम द्रष्टा, poet in ancient sense, a maker घोर रूप से–तभी...और इसी हद तक वह अपने पाठक को–अपना जितना भी छोटा या बड़ा परिवेश है, उसे प्रभावित कर सकेगा, कुछ बदलने के लिए।

यों, यह साफ़ है कि शमशेर कोई अद्वैतवादी रचनाकार नहीं हैं, उनके रचना-संसार में वस्तुओं की भिन्न-भिन्न सत्ताएँ हैं जो निरन्तर द्वन्द्वरत हैं और एक अपूर्व जैविक संहति में एकाग्र।

८

शमशेर ने हमारी, यानी वृहत्तर अर्थों में हिन्दी जाति की काव्यानुभूति के केन्द्र में भाषा की अविभाज्य मानवता को प्रतिष्ठित किया है। यह नयी कविता के दौर में हुए रचनात्मक समर का समवेत प्रतिफल है। इसका श्रेय अकेले शमशेर को नहीं है, लेकिन विजय का ध्वज उनके भी हाथ में है। अशोक वाजपेयी ने काव्यानुभूति के केन्द्र में भाषा की अनिवार्यता को रेखांकित किया है। बहुत दूर तक शमशेर इस रेखांकन का सबब होंगे। आजकल जब हम सामाजिक सद्भाव को किसी सुविधाजनक यान्त्रिकता या किसी आधारहीन यूटोपिया से उपलब्ध कर लेना चाहते हैं, शमशेर की याद हमें बड़ी चुनौतियों में डाल सकती है जहाँ स्रष्टा अपनी समूची आत्मवत्ता को ही भिन्न-भिन्न भाषाओं के संश्लेषण की तरह—एक दोआब 'दो आब' की मानिन्द विकसित करता है।

वैसे शमशेर के यहाँ ऐसे अनेक तथाकथित 'विरुद्ध' एक-दूसरे में अपूर्व अप्रत्याशित कलात्मक योजना के साथ निमज्जित होते रहे हैं। उन्होंने अपनी एक कविता में ख़ुद माना है कि 'कवि घँघोल देता है/ व्यक्तियों के जल/ हिला-मिला देता/ कई दर्पनों के जल' इस पारस्परिकता में कला की जागती आँखों से एक आदर्श राजनीति और समतामूलक समाज के ख़्वाब देखे गये हैं। यह संश्लेषण 'सद्भाव' की सिर्फ़ अन्तर्वस्तु या सदिच्छा नहीं है, उसका शिल्प, उसकी भाषा—उसकी चरितार्थता भी है। शमशेर की

रचनात्मक शख़्सियत सेकुलर कविता लिखने की ख़ातिर सेकुलर भाषा ईजाद करती है। यों, समसामयिक हिन्दी कविता में एक मुद्दे के तौर पर 'सेकुलरिज़्म' को जो सर्वोच्चता हासिल हुई है और उसे लेकर कविता के कार्यकर्ताओं में जितना अभियानात्मक जज़्बा है, शमशेर उसके भी 'आर्किटेक्ट' हैं।

एक नीला आईना

अपनी अपूर्व बुनावट में आलोचना ऐसी है–एक नीला आईना बेठोस[१]–कि समय की अनेक रंगतें उसमें झिलमिलाती हैं और वह ख़ुद भी उसकी अनेक तहों में शामिल है। 'आज की आलोचना' शीर्षक में विकट आत्मसंघर्षशील मुक्तिबोधीय आलोचना समूची है और लिखे जाते ही अतीत के गर्त में गिर रही फ़िलहाल की समीक्षायें नहीं हैं। निन्दा और प्रशंसा की शब्दावली में बिलकुल सपाट और मूर्त होकर एक आलोचना दृश्य पर मौजूद है और दूसरी सभ्यता समीक्षा की तरह साहित्य विवेक के इतिहास, वर्तमान और भविष्य में अन्त:सलिल और अदृश्य है। एक आलोचना पेशेवर, विश्वविद्यालयीय और निजी राय होकर समकालीन रचनाशीलता के सामने अप्रासंगिक हो गयी है, और एक और आलोचना समय और समाज की मीमांसा की अपनी अदम्य उत्कटता में दूसरी साहित्यिक अभिव्यक्तियों में ढल गयी है जहाँ एक कवि कहानी लिखता हुआ दृश्य पर इस तरह हस्तक्षेप करता है :

> ...चावल का स्वाद फ़र्टिलाइज़र की वजह से बिगड़ गया था और जिसकी वजह से उन्होंने चावल खाना कम कर दिया था। फ़र्टिलाइज़र के पहले का चावल ललछहूँ था, वह मीठा था और मुँह में जाते ही मुँह में तरह-तरह के तरल निकलने लगते थे। मुँह में चावल इस तरह से भर जाता कि जैसे मुँह में हँसी भरी हो। लेकिन जब से गोबर की जगह दूसरी तरह की खादों का इस्तेमाल शुरू हुआ था—चावल सफ़ेद हो गया था, वियतनाम या इराक में मरे हुए अमेरिकी के चेहरे जैसा।[२]

क्या ऐसे किसी वक्तव्य को आलोचना माना जा सकता है जो हमारे

समकालीनता बोध को संश्लिष्ट और दुरुस्त न करता हो। आज की आलोचना पर यह तर्कसंगत आरोप अक्सर लगता है कि वह समकालीनता से ग्रस्त है। ठीक है कि आलोचना को समकालीनता तक सीमित नहीं होना चाहिए और वैसी आलोचना हमारा अभीष्ट भी नहीं है, लेकिन परम्परा और सैद्धान्तिकी के नाम पर समय के सुरक्षित कोनों में विहार करना तो निहायत विचित्र है। आख़िर आलोचना कोई पुरातात्त्विक गतिविधि नहीं है। एक सार्थक रचनात्मक हस्तक्षेप अतीत की सभी साहित्यिक कृतियों के साथ वर्तमान के सम्बन्ध को बदलते हुए एक नये विन्यास में संयोजित कर देता है। इस तरह एक विश्वसनीय आलोचना भी, वर्तमान से भविष्य में तो जाती ही है, अतीत में भी चतुर्दिक उथल-पुथल करती है। तो हमारे समय में जिन लोगों के होने के तर्क विगत के वैभव और वर्तमान की यथास्थितिवादिता में हैं वह आलोचना की समकालीनता से सर्वाधिक घबड़ाते हैं।

और आलोचक! समाज द्वारा प्रदत्त कोई पद वह नहीं है, बल्कि रोलां बार्थ के शब्दों में कहें तो यह एक 'ख़ास तरह से जीने की पद्धति'[३] है। कोई भी लेखक अपने महत्त्व या अपनी भूमिका की वजह से नहीं, बल्कि इस तथ्य से पहचाना जाता है कि वह बहस में कितना शामिल है, और विषय के साथ भाषा के सम्बन्धों को कितने संश्लेष में सोच पाता है। और इस तरह किसी भी विधा में लिख रहा व्यक्ति उपन्यासकार, कहानीकार, आलोचक या कवि होने की बजाय लेखक ज़्यादा है। लेखक यानी वह जो भाषा के सौन्दर्य की अपेक्षा उसकी गहराई से सम्बोधित है। इस बिन्दु पर आलोचना बिलकुल साहित्यिक अभिव्यक्ति है, और संस्थाओं या संगठनों या किसी के भी दबाव के बाहर एक आलोचक का एकान्त भी उतना ही वांछित और ज़रूरी है जितना किसी भी लेखक का एकान्त। इसी बिन्दु पर लेखक और आलोचक एक ही आदमी हैं।

अजब तौर पर हिन्दी साहित्य का वर्तमान पर्यावरण इस धारणा से न तो सहमत दिखता है और न इस राह पर चलने की कोशिश करता हुआ। बल्कि यह कहना भी अतिरंजना ही है कि हिन्दी साहित्य का कोई एक वर्तमान पर्यावरण है। इस स्थिति के लिए यह कहना ठीक होगा कि यहाँ एक साथ अपनी अपनी संवादहीनता में निमग्न कई वर्तमान पर्यावरण हैं। हर पर्यावरण के अपने कवि हैं, अपने कथाकार और अपने आलोचक।

इस समूचे दृश्य को सम्बद्ध करने वाले सूत्र यदि कहीं हैं तो सतह पर नहीं हैं। आलोचना ही इस अभाव को दूर करती आयी है, लेकिन फ़िलहाल वह यह नहीं कर रही है या नहीं कर पा रही है। यह आलोचना की क्षमता से जुड़ा सवाल है कि वह पूरे परिदृश्य का संज्ञान लेने में, उसके सामान्यीकरणों में जाने का जोख़िम उठाने में असमर्थ सिद्ध हो रही है। यह आलोचना समकालीन रचनाशीलता के बारे में मूल्यवान अन्तर्दृष्टियाँ नहीं दे पा रही है। इस असमर्थ आलोचना से ज़ाहिर है कि आज का रचनाकार खिन्न है; जैसा कि मंगलेश डबराल ने कहा है :

> हिन्दी आलोचना के साथ सबसे बड़ी दिक़्क़त यह है कि उसकी माँग होती है कि उसे महत्त्व दिया जाये। उस रचना से भी ज़्यादा जिसकी वह आलोचना है। आलोचना महत्त्वपूर्ण होने की कोशिश या दिखावा करती है। जबकि वह होती नहीं है। हिन्दी कविता की आलोचना ने अच्छी और रद्दी कविता का घालमेल करने, नामों की सूची गिनाने, इधर-उधर से जाँच करने और घपला करने के अलावा ज़्यादा कुछ नहीं किया है। हिन्दी आलोचना विश्लेषण प्रस्तुत करती है या उसका दावा करती है। कविता का विश्लेषण किया नहीं जा सकता, उसे सिर्फ़ समझा जा सकता है और समझने का कोई अन्त नहीं होता। हिन्दी के ज़्यादातर आलोचकों में यह समझ नहीं है और जब भी वे नाम गिनाते हैं तो आशंका होती है कि उनका उद्‌देश्य क्या है।[४]

विश्लेषण के नाम पर फ़िलहाल चल रही कोशिशों का एक बड़ा हिस्सा इस रिवाज का भी शिकार है कि व्याख्या करने की कोशिश में वह कविता की अन्तर्वस्तु बताने लगता है। इस क्रम में विषय भिन्न सरलीकरण करता है, कविता की विलक्षण संरचना को यादृच्छिक बखान में विघटित कर देता है और स्थूल समाजशास्त्रीय तथ्यों को व्याख्या पर चिपकाता हुआ अन्ततः संदिग्ध हो जाता है।

सराहना की ऐसी निरीहता की वजह से एक उत्कृष्ट कविता भी अन्ततः एक हीनतर परिवेश का हिस्सा हो जाती है। इस विचित्र स्थिति में कवि के आलोचनात्मक हस्तक्षेप की एक सूरत यह है कि उसकी कविता अपनी संरचनागत ताक़त में अन्तर्वस्तु मात्र में विघटित होने से इन्कार कर दे। उसकी कोई टीका या भाष्य न सम्भव हो। मिसाल के लिए, विष्णु खरे की कविता 'नेहरू-गाँधी परिवार के साथ मेरे रिश्ते' को सोचा जा सकता है।

इस कविता का अर्थ नहीं बताया जा सकता। इसके गूढ़ार्थों को डीकोड करने के लिए सुधी समालोचकों को श्रम करने की ज़रूरत नहीं, और पाठक और रचना के बीच किसी उपस्थिति की कोई गुंजाइश भी यहाँ मुमकिन नहीं। इस कविता में एक संश्लिष्ट मानवीय अनुभव की जो प्रत्यक्षता दर्ज है वह किसी भी व्याख्या या टीका के पार जाती है।

जब पूँजी और तकनीक की चतुर्दिक व्याप्ति की वजह से आदमी का जीवन अप्रत्याशित दिशाओं और गन्तव्यों की ओर चाहे-अनचाहे बढ़ रहा हो, समय और समाज की आलोचना किसी भूतपूर्व बिन्दु पर स्थिर नहीं रह सकती। हिन्दी आलोचना के एक बड़े तबके की यह अजब समस्या है कि उसने ख़ुद को छठे और सातवें दशक की कुछ सर्वस्वीकृत, सर्वमान्य स्थापनाओं में, प्रायः बिना उनके ठोस सन्दर्भों के समुचित बोध के, विलीन कर लिया है। नवलेखन के दौर में उन मूल्यों की पहचान और प्रतिष्ठा के लिए जो साहित्यिक संग्राम हुआ था, वह हमारी परम्परा का सुनहला अध्याय है। हमें उनसे प्रतिकृत होना चाहिए, इससे कोई इनकार नहीं है, लेकिन उन्हें अन्तिम, अकाट्य, अपरिवर्तनीय बनाकर आज की रचनाओं पर इस्तेमाल करना तो प्रतिगमन होगा। मुक्तिबोध की आलोचना के अनेक अवदानों में से एक यह भी है कि उसने नयी कविता के भीतर सक्रिय और संघर्षरत अनेक वर्गदृष्टियों को पहचाना और उनके नैतिक महत्त्व को प्रत्यक्ष किया था। आज उसी समाजचिन्तक आलोचना के नाम पर जिस तरह अप्रासंगिक सरलीकरण किये जा रहे हैं और उन्हें रचनाओं पर थोपा जा रहा है वह रचनाओं के साथ-साथ उन महान् मूल्यों के प्रति भी एक धोखा है। आलोचना की महत्त्वपूर्ण होने की कोशिश पुराने मानदण्डों के दम पर फतवों, सरलीकरणों और चालाक अतिरेकों का तात्कालिक विमर्श चलाने से नहीं सिद्ध होगी। उसे रचना और इसलिए समय के भीतर स्पन्दित हो रहे यथार्थ के नये तत्त्वों को चुनौती की तरह लेना होगा। अन्यथा वह आज जितनी ही अविश्वसनीय बनी रहेगी। ऐसी आलोचना साहित्य को मात्र 'लिटरेरी कन्स्ट्रक्ट नहीं सोशल कन्स्ट्रक्ट या सोशल क्रिटीक' मानने का दावा करती है और टैरी ईगल्टन और एडवर्ड सईद जैसे आलोचकों को अपना आदर्श बताती हुई किसी बहुत बड़े विचारधारात्मक उच्छेद का प्रस्ताव करती है। उसके ऐसे प्रस्तावों में निहित रूढ़ि का पर्दाफाश हालाँकि तभी हो जाता है जब वह 'नौकर की

कमीज़' के मुक़ाबले 'धरती धन न अपना' को श्रेष्ठ उपन्यास सिद्ध करने में गर्क होती है।[५] इस आलोचना में कहने की क्रान्तिकारिता ख़ूब है, लेकिन विषयवस्तु के साथ भाषा का व्यवहार यदि ज़रा भी उसके साहित्य-बोध से भिन्न हुआ तो तुरन्त वह रचना के साथ किसी सामन्त की तरह पेश आने लगती है। अपने समय के साहित्यिक आचरण को न समझ पाना भयानक अक्षमता तो है ही, एक तरह का अपराध भी है। प्रगतिवादी आन्दोलन के दौर की आलोचना ऐसी ही जड़ता और अहंकार का शिकार हुई थी। रचना और आलोचना के बीच तब कोई द्वन्द्वात्मक सम्बन्ध नहीं रह गया था और कुछ पूर्वनिर्धारित सिद्धान्तों के दबाव में रचना को स्वीकृत या ख़ारिज किया जा रहा था। एक ऐसे दौर में जब रामविलास शर्मा, शिवदान सिंह चौहान और प्रकाशचन्द्र गुप्त नयी कविता को नहीं समझ और सराह पा रहे थे, एक कवि ने अपने हस्तक्षेप के ज़रिये पिछले दौर की आलोचना की भूलों, चूकों और अहम्मन्यताओं को संशोधित किया।

वैचारिक और कलात्मक सक्रियतायें एक ही समय में भिन्न-भिन्न आयामों और दिशाओं में गति करती हुई परस्पर संवादरत और संघर्षरत रहती हैं, और यह सब चेतना के स्थूल से सूक्ष्मतम विभिन्न स्तरों पर साथ-साथ सम्भव होता है। यह एक लगातार प्रक्रिया है जिसमें बुरे और अच्छे के बीच संघर्ष तो होता ही है, अच्छे और अधिक अच्छे के बीच का कहीं उग्रतर संगर भी होता रहता है। यह दीगर है कि कभी इन द्वन्द्वों को कुछ सूत्रों और प्रत्ययों में परिभाषित कर लिया जाता है कभी नहीं किया जा पाता। लेकिन इनकी उपस्थिति और व्याप्ति असंदिग्ध है। अपने होने में यह समय का चरित्रलक्षण है। किसी जैविक ज़रूरत की तरह एक समाज का विवेक इस समूची प्रक्रिया को अपने में जज़्ब कर लेता है और यह क्रियाशीलतायें भीतर और बाहर, दोनों की हो जाती हैं। इस विशद बाह्य के आभ्यन्तरीकरण से रचनात्मक दृश्य के प्रति एक कॉमन रेस्पॉन्स तैयार होता है। यह कोई ठोस बीजगणितीय रेस्पॉन्स नहीं है जो तैयार उपभोक्ता उत्पाद की तरह साहित्य की दुकानों, मन्दिरों और मठों में विचारहीन, व्यक्तित्वहीन, आत्महीन भक्तों को बतौर प्रसाद उपलब्ध है। यह रेस्पॉन्स मौसम या हवा या नदी की तरह हमारे समय में अदृश्य होकर प्रवाहित है। आलोचना इस रेस्पॉन्स को सिद्धान्तों, मूल्यांकनों, विश्लेषणों, प्रतिक्रियाओं और विमर्शों में ढालती है। अनेक निजी रायें

इस तरह संगठित होकर एक सामाजिक समझ बनती हैं। निजी रायों का सामाजिक समझ में रूपान्तरण—यह आलोचना का कार्यभार है। इसी काम की बदौलत इतिहास और समकाल के जटिल अँधेरे रचनात्मक कोने अर्थ के आलोक में जगमगाने लगते हैं और इसी आलोचकीय कोशिश से किसी वक़्त की इण्टेलेक्चुअल सामर्थ्य तय होती है और जटिल माने जाने वाले रचनाकार भी लोकप्रिय हो उठते हैं। लेकिन क्या आजकल लिखी जा रही हिन्दी आलोचना पाठकीय प्रतिक्रिया से इस तरह प्रतिकृत हो पा रही है? क्या पाठक के रूप में उपलब्ध समाज से अन्त:क्रिया करती हुई वह कुछ ख़ुद को, कुछ अपने पाठक को, बदल पा रही है? क्या उसमें एक असहमत ऑडिएन्स को सम्बोधित करने की नैतिक और बौद्धिक ताक़त है जो आलोचना की अनिवार्य आवश्यकता है। एडवर्ड सईद का ज़िक्र इस बिन्दु पर ज़रूरी है। 'सैटेनिक वर्सेस' से उपजे विवाद के दौरान सईद अभिव्यक्ति की आज़ादी के पक्ष में खड़े हुए थे। विवाद के दौरान ही वह मिस्र गये जहाँ पुस्तक प्रतिबन्धित थी और सर्वत्र निन्दित हो रही थी। लेकिन ज़ाहिर है कि इस मुद्दे पर ख़ुद से असहमत एक समाज से संवाद करते हुए उन्होंने पुस्तक का पक्ष लिया। इस घटना का उल्लेख करते हुए उन्होंने लिखा है कि :

> अगर कोई धारणा अलोकप्रिय है या कुछ ऐसा है जो नहीं कहा गया है तो उसे कहने की कोशिश में आप एक नयी ऑडिएन्स बना लेते हैं जिसका वजूद उसके पहले शायद नहीं था।[६]

राजनीति या किसी भी दूसरे विषय या विचार से साहित्य का रिश्ता, वरिष्ठ कवि कुँवर नारायण के शब्दों में कहें तो, 'बहुत सटकर नहीं, थोड़ा हटकर, सन्दर्भपरक और वक्र बनता है क्योंकि विचारों की गति तर्कमूलक और बौद्धिक होती है इसीलिए किसी हद तक योजनाबद्ध और बेलोच, जबकि साहित्य के मूल अवयव कल्पना और अनुभूति हैं।' समीक्षा भी जब साहित्य के अलावा किसी और चीज़ की ज़्यादा तरफ़दार हो जाती है तब साहित्य के साथ उसका सम्बन्ध असहज हो जाना स्वाभाविक है। समीक्षा के भी साथ किसी भी अवधारणा का सम्बन्ध हमेशा के लिए तय नहीं किया जा सकता। ऐसे तयशुदा सम्बन्ध यथास्थिति के पक्ष में क़ुर्बान हो जाने को अभिशप्त हैं। भोपाल गैस त्रासदी और नर्मदा बचाओ सरीखे अहिंसक आन्दोलनों ने बीते दशकों में देश की सभी लोकतान्त्रिक

संस्थाओं का दरवाज़ा खटखटाकर अपना हश्र देख लिया है। लोकतन्त्र के उपलब्ध ढाँचे में प्रतिरोध के सारे अहिंसक तरीक़े नितान्त व्यर्थ सिद्ध हो रहे हैं। मशहूर लेखिका अरुंधति राय के ख़याल से 'जिस देश में अन्यथा भी लोग लगातार भूखे मर रहे हैं, एक राजनीतिक हथियार के तौर पर भूख-हड़ताल का इस्तेमाल भी ख़ासा विडम्बनामूलक है।'[७] स्पेशल इकोनॉमिक जोन्स के विरोध के लिए हो रही बैठकों में पाया गया है कि स्पेशल इकोनॉमिक जोन्स के सबसे बड़े प्रमोटरों का धन लगा हुआ है। हमारे इस नवउदारवादी लोकतन्त्र में विरोध के सारे मौजूदा तौर-तरीक़े एक आभासी सचाई हो गये हैं और दुर्भाग्यपूर्ण ढंग से सत्ता उनका इस्तेमाल कर रही है। इस जटिल सामाजिक दृश्य में व्यापक इनसानी त्रासदी की एक कील कहीं न कहीं से रोज़ निकल आती है, और यह ऐसा दुख है जिसे रोज़ समझने का ऐतिहासिक कार्यभार रघुवीर सहाय हमें दे गये हैं।

आजकल लिखी जा रही कविता पुस्तकों की समीक्षाओं ने सार्थक हिन्दी आलोचना को हतप्रभ और अवाक् करने का काम ज़्यादा किया है। यह ताक़त, महत्त्वाकांक्षा और लालच के घालमेल से तैयार एक ऐसी चीज़ हो गयी है जिसमें किसी भी रचना और रचनाकार को कुछ भी बताया जा सकता है। यहाँ लोकतन्त्र का सर्वाधिक विकृत इस्तेमाल है। यह त्रासद है कि जब हरेक को कुछ भी कहने की छूट मिली है, समीक्षा महत्त्वहीनता का शिकार हो रही है। मुक्तिबोध ने कहा था कि 'रिव्यू करना आग से खेल करना है।' आज कौन यह खेल रहा है? देवीशंकर अवस्थी का भी मानना था कि इस महत्त्वपूर्ण क्रिटिकल एक्टिविटी को साहित्य सृजन के केन्द्र में लाकर ही पाण्डित्यधर्मी और ठेठ जड़ आलोचना को अपदस्थ किया जा सकता है। लेकिन आज कौन 'विवेक के रंग' सरीखे पुस्तक समीक्षा संकलन का आयोजन कर रहा है? आलोचना को विश्वसनीय बने रहने के लिए पुस्तक समीक्षा के मोर्चे पर स्वयं को लगातार सिद्ध करना है, यह तथ्य परम्परा ने हमें बताया है और यह आज की आलोचना की क्षमता से जुड़ा एक ज़रूरी सवाल भी है।

जब दृश्य पर परस्पर विरोधी अनेक रचना दृष्टियाँ एक साथ सक्रिय हों तो अपना पक्ष रखने का नैतिक दबाव भी कवियों के आलोचना लिखने का कारण, बीते दौर में बना है। फ़िलहाल ऐसा दबाव मौजूद

नहीं है तो इसका कारण यही है कि रचनात्मक विरोध विकसित नहीं हो पा रहे हैं और असहमतियाँ खीजों में बदल जा रही हैं। आलोचना के नाम पर इतना सब कुछ बड़ी मात्रा में लगातार छपने के बावजूद समकालीन कविता से जुड़ा कोई एक मुद्दा आज निर्मित नहीं हो पाया है। अपवादस्वरूप कुछ फतवे गुपचुप सुनायी दे जाते हैं। इन फतवों में एक विशृंखलित समय में अपनी राय को जारी कर देने की चालाकी तो है, स्पष्टता और विस्तार के साथ अपना पक्ष रखने का साहस नहीं है। आलोचकों का एक बड़ा तबका हर तरह की ताक़त का सहयोगी और स्वयं में एक हीनतर क़िस्म का सत्ता प्रतिष्ठान बना हुआ है। यहाँ से निकलने वाली प्रतिष्ठानपरक आलोचना निर्णय सुनाती है या आदेश देती है। यह आलोचना मूल्यांकन करने का दावा करती है लेकिन मूल्यांकन के इसके औज़ार कभी सामने नहीं आते। एक महत्त्वपूर्ण माने जाने वाले आलोचक दस पन्द्रह वर्षों तक अरुण कमल की बेहद तारीफ़ करने के बाद, सम्प्रति, अरुण कमल को ख़राब और आलोक धन्वा को सर्वोत्तम कह रहे हैं। दशकों तक आलोक धन्वा की सुचिन्तित उपेक्षा और अब इस अभिनव प्रस्थान के तर्क उनकी आलोचना में कहीं मौजूद नहीं हैं। आलोक धन्वा या अरुण कमल की कविता के उत्कर्ष की वास्तविक वजहों से बहुत दूर इस रुचि परिवर्तन के कारण भय, प्रलोभन और ताक़त के साहित्येतर संसार में हैं।

चिकित्सा शास्त्र की शब्दावली में कहें तो ये आलोचना एक ऐसे डॉक्टर की तरह पेश आती है जो रोगी शरीर की चीर-फाड़ तो कर डाले लेकिन चीर-फाड़ के जायज औज़ार या तो उसके पास हों ही नहीं, और हों भी तो सार्वजनिक रूप से दिखाने लायक न हों इसलिए ताक़त के परदे में छिपे रहते हों। हालाँकि चिकित्सा और चिकित्सकों का रूपक यहाँ नाकाफ़ी साबित हो सकता है क्योंकि तमाम पतन के बावजूद ऐसे डॉक्टर खोजना असम्भव है जो ऑपरेशन तो कर डालें लेकिन ऑपरेशन के उपकरण उनके पास न हों, या दिखाने लायक न हों।

कुँवर नारायण की एक मशहूर कविता है जिसमें अस्पताल अस्पताल नहीं है, डॉक्टर डॉक्टर नहीं है, नर्स नर्स नहीं है और ऑपरेशन थियेटर ऑपरेशन थियेटर नहीं। अन्त में वहाँ एक मरीज को लाया जाता है, जो बीमार नहीं, बल्कि भूखा है। उसके पेट में ऑपरेशन नाइफ़ की बजाय

एक जंग लगा भयानक छुरा भोंकते हुए वह डॉक्टर, जो दरअसल डॉक्टर नहीं है, कहता है कि अब यह बिलकुल ठीक हो जायेगा।

यह आलोचना भी विश्लेषण की बजाय ठीक करने का काम करती है। अशोक वाजपेयी ने अपनी आलोचना पुस्तक 'फ़िलहाल' में लिखा है कि :

> नवलेखन के दौर में रचना प्रक्रिया पर जो बहस हमारे यहाँ हुई उससे कम से कम एक बात साफ़ देख सकने की ओर हम प्रवृत्त हुए और वह यह कि भाषा एक माध्यम मात्र नहीं है। वह अनुभव को सम्प्रेषित भर नहीं करती, बल्कि स्वयं रचनात्मक अनुभूति का अंग है। इसका सीधा-सा मतलब है कि अब तक कथ्य और शिल्प, अनुभूति और अभिव्यक्ति के बीच जो मोटा-मोटा सा विभाजन हम करते थे, वह बदल गया है, उसमें निहित द्वैत रचनात्मक सत्ता के लिए अप्रासंगिक हो गया है।

जो लोग आज आलोचना में कथ्य और शिल्प के रेशे-रेशे बिखेर रहे हैं, क्या उन्हें मूल्यों के लिये हुए उस महान् संघर्ष की ज़रा भी याद है?

समकालीनता का प्रतिरोध

इतिहास और परम्परा के प्रवाह में हमारा आज और अब भी व्यतीत हो जाता है। प्रवाह की, ज़ाहिर है कि अपनी ताक़त है और ऐसी ताक़तवर सत्ता के सामने हरेक समकालीनता को एक मौलिक प्रतिरोध के ज़रिये खड़े होना होता है। नैरन्तर्य किसी दौर के विवेक को सपाट और रुग्ण भी करता है और क्यों उसे हमेशा स्वीकार्य होना चाहिए? कलाओं का उत्कर्ष, स्वीकार और संघर्ष के इस विचित्र झंझावात के दरमियान ही होता है। दृश्य पर उपलब्ध कविता के प्रति नकार के दृष्टिकोण के दम पर पतनशील उत्तरछायावादी काव्य प्रवृत्तियों के अन्दर से प्रगतिवाद, प्रगतिवाद से नयी कविता, नयी कविता से एक व्यापक जनपक्षधर कविता और यों ही अपने पूर्ववर्तियों से आगामी काव्य-युग सम्भव होते हैं और हर दौर सर्जनात्मक संघर्ष से परम्परा को अपने लिए प्रासंगिक बनाता है। मसलन, अस्सी के दशक की कविता के दृश्य पर आते ही शमशेर, नागार्जुन, त्रिलोचन और केदारनाथ अग्रवाल की कविता एक नये सिलसिले में मूल्यवान् हो उठती है। कलात्मक अग्रगामिताएँ कुछ ऐसे ही दिक् और काल का विध्वंस

करती हुई रास्ता बनाती हैं। एक युगबोध से आगामी में दाख़िल होने के संक्रान्ति काल में सर्जनात्मकता के विभिन्न आयामों से पैदा दबाव की वजह से साहित्य रूपों की शुद्धता का ख़याल नहीं रखा जा पाता और नहीं रखा जाना चाहिए। लेकिन ऐसी हालत में रचनात्मकता की प्रशंसाओं को नैतिक, या आगे बढ़कर राजनीतिक होना होता है और आलोचना पर बड़ी ज़िम्मेदारी आ जाती है। ऐसे समय में मान लीजिये कि एक कृति विलक्षण सौन्दर्यात्मक आनन्द (एस्थेटिक प्लीजर) दे रही है तो यही उस कृति का यथार्थ नहीं है, बल्कि एक बड़े यथार्थ का लक्षण मात्र है। इस कृति की सौन्दर्यात्मकता को आस्वाद में घटाकर पहचानने का आलोचनात्मक तेवर भी राजनीति करता है और यथास्थिति की राजनीति करता है। आस्वाद से शुरुआत भर हो सकती है, लेकिन आस्वाद में ही यदि अन्त भी हो तो इसमें विवेक का अन्त भी शामिल है क्योंकि वही कृति प्रदत्त अवधारणाओं से टकराती हुई नितान्त व्यावहारिक उलझनें खड़ी करती है, और रचनात्मक सुख को विरोध की बौद्धिकता में रूपान्तरित करने की चुनौती आलोचना पर अब आ जाती है। एक बड़ी रचना चुनौती का नया परिसर बनाती है और आलोचना को उसमें दाख़िल होना होता है। लेकिन जिस आलोचना का उद्देश्य अपनी काव्य-दृष्टि का डिफेन्स भर करना हो, उससे नयी चुनौतियों के स्वीकार के उपर्युक्त साहस की उम्मीद एक ज़्यादा बड़ी उम्मीद हो जायेगी।

हिन्दी की हर आगामी कविता इस दिलचस्प अवरोध से टकराती हुई आयी है कि उसे क़दम-क़दम पर नकारात्मक सम्मतियाँ मिली हैं। मसलन, १९८५ के बाद की कविता। उसे अराजनीतिक और छोटे-छोटे विषयों और आशयों की कवितायें कहा गया है। 'घर, परिवार, गृहस्थी, प्रकृति-लोकजीवन के सुकोमल दृश्य और बिम्ब जो दृश्यपटल पर ज़रा-सा ठहरकर विसर्जित हो जाते हैं, इधर की कविता में लगातार बढ़ते गये हैं। कह सकते हैं कि कविता ज़्यादा घरेलू और पालतू हो गयी है। एक सीमा तक यह अच्छा है, लेकिन यही यदि मुख्य कर्तव्य बन जाये तो अधिक से अधिक कनिष्ठ कविता (माइनर पोएट्री) का सृजन हो सकता है'।[८] यहाँ यह बताना काफ़ी दिलचस्प होगा कि ख़ुद अरुण कमल के दौर की कविता के बारे में मैनेजर पाण्डेय का मानना है कि 'वहाँ पालतू प्रकृति कविता पर छा गयी थी और राजनीतिक और सामाजिक चिन्तायें कविता

से बाहर हो गयी थीं।'[९] ख़ैर!

हो सकता है किन्हीं कवियों पर ये आरोप चरितार्थ होते हों, लेकिन किसी भी तर्क से उन्हें युवा कविता का प्रतिनिधि चेहरा मानना कठिन होगा। तब इन अपवादों को युवा कविता के खाते में रखकर क्यों गिना जा रहा है? यह आरोप जिस कविता पर लगाये गये हैं उसके यहाँ लोक का आलोचनाहीन तेवर है, प्रकृति और ज़िन्दगी के अबोध ताज़ा टटके अभिनव बिम्ब हैं, चीज़ों, व्यक्तियों और घटनाओं में सरल एकरेखीय सम्बन्ध हैं और मासूमियत का विकराल विमर्श है। यह जानना भी कठिन नहीं है कि कौन से लोग इस कविता को प्रोत्साहित कर रहे हैं, और यह जानना भी कठिन नहीं है कि पूरी युवा कविता की अवास्तविक तस्वीर पेश करने के लिए ही ऐसे अपवादों को क्यों स्थापित किया जा रहा है—भले ही उनकी भर्त्सना करते हुए। दरअसल, हमारा विमर्श समूची युवा कविता के ग़लत सिरे सम्बोधित है और इस चालाक ग़लती में युवा कविता की ताक़त के बिन्दुओं की उपेक्षा का रिवाज जारी है और मौलिकता हलाक हो रही है।

युवा कवियों पर एक आरोप यह लगता है कि वह आलोचनात्मक गद्य नहीं लिखते। यह आरोप एक ओर तो नवें दशक के कुछ प्रमुख कवियों–कुमार अम्बुज, लीलाधर मण्डलोई, पंकज चतुर्वेदी, बद्रीनारायण, आशुतोष दुबे और एकान्त श्रीवास्तव के सर्जनात्मक गद्य के ज़रिये किये गये आलोचनात्मक हस्तक्षेप की उपेक्षा करता है, वहीं दूसरी ओर एक उत्कृष्ट कवि से उत्कृष्ट गद्य की भी अनावश्यक माँग करता है। मेरे एक अग्रज मित्र इस अतर्क्य आलोचनात्मक व्यवहार पर एक रोचक वाक़या सुनाते हैं कि अमृतलाल नागर के निधन के बाद उनके कृतित्व की चर्चा करते हुए किसी ने कहा कि बाक़ी सब तो ठीक है लेकिन नागर जी ने ग्राम्य जीवन को केन्द्र में रखते हुए कोई उपन्यास नहीं लिखा। मित्र यहाँ जोड़ते हैं : भले आदमी, जो कुछ किया है उसके गुण-दोषों पर तो बातचीत की जा सकती है, लेकिन जो नहीं किया गया उस पर बात करना कहाँ की समझदारी है? और यदि किसी आलोचना का विन्यास इस तरह के स्थूल आरोपों से तय होता हो तो ऐसी आलोचना लिखने से तो आलोचना न लिखना ही बेहतर होगा।

दरअसल, फ़िलहाल हिन्दी कविता ने जो आन्तरिक स्वभाव अर्जित किया है उससे प्रतिष्ठानपरक और प्रगीतात्मक कविता का एक हिस्सा यदि

अपने भविष्य को लेकर आशंकित है तो इसे समकालीन रचनात्मकता की ताक़त का एक सन्दर्भ बिन्दु माना जाना चाहिए। जो लोग कविता के विमर्शात्मक व्यवहार, अप्रत्याशित राजनीतिक और मानवीय क्षेत्रों में जाने के साहस, लोक के प्रति घनघोर आलोचनात्मक तेवर और निकटवर्ती परम्परा को अपने लिए प्रासंगिक करने की ईमानदारी से भयभीत हैं, प्राय: वही युवा कविता को लेकर हमलावर हैं।

विजय कुमार एक आरोप लगाते हैं कि 'विष्णु खरे के काव्य पैटर्न बाद के बहुत सारे कवियों को सहज उपलब्ध हो गये हैं लेकिन अब उन्हें दोहराया नहीं जा सकता।'[१०] वे कहते हैं कि 'कला में कोई भी हिकमत कुछ समय बाद एक रूढ़ि बनने लगती है, इसलिए आज की हमारी कविता में क्लिशों की कमी नहीं है।'[११] प्रसंगवश, कुँवर नारायण ने लिखा है कि विष्णु खरे की कविता प्रचलित कविता के 'अस्वीकार के तेवर से पैदा हुई है।'[१२] यह तेवर यदि आज की कविता में भी दिखता है तो यह तय है कि विष्णु खरे के काव्य व्यक्तित्व को वह अपनी परम्परा के तौर पर स्वीकार कर रही है। बाद की कविता पर विष्णु खरे के काव्य पैटर्न का प्रभाव या दबाव यदि हमारे विश्लेषण का मुद्दा है तो इसी जगह यह भी जानना होगा कि उस पद्धति की मदद से या उस पद्धति के बावजूद कोई कविता भिन्न अन्तर्वस्तु उत्पादित कर रही है या नहीं। कथन के तमाम ढंग के अलावा यदि कथ्य के नये-नये तत्त्व हमारे लिए ज़रूरी हैं तो कोई भी प्रभाव वर्जित नहीं है। मुक्तिबोध की कविता का महाकाव्यात्मक विन्यास यदि आगामी कविता को काव्यरचना का एक मॉडल उपलब्ध कराता है, तो इतने भर पर कैसी कोई आपत्ति? इस तरह की आपत्ति में यह अन्तर्निहित है कि कविता के विन्यास को जीवन-दृष्टि और रचनात्मक साहस से अलग कुछ समझा गया है। यदि भगत सिंह का उद्दण्ड साहस हमारे काम का है, तो निराला और मुक्तिबोध का क्यों नहीं। नयी संरचनाओं में दाख़िल होने और उपलब्ध संरचनाओं में जाने, उन्हें नया करने के नितान्त नैतिक कार्यक्रम को दृश्य पर मौजूद चातुर्यपूर्ण आक्षेपों की परवाह करते हुए स्थगित नहीं किया जा सकता। मुक्तिबोध अपनी डायरी में एक जगह किसी विचारक को उद्धृत करते हैं : "औद्धत्य की अपनी प्रतिभा है।" फिर इस वाक्य को उलट देते हैं और उसे भी वैसा ही सत्य मानते हैं। संरचना की समस्याएँ कविता में अनुस्यूत राजनीति की भी समस्याएँ हैं, यह बात हर समझदार

आदमी जानता है और अपनी समझदारी में चुप रहते हुए संरचना मात्र पर बात करता है जैसे संरचना के इस्तेमाल के राजनीतिक आशय हों ही नहीं। यह राजनीति प्रत्येक कविता और प्रत्येक व्याख्या में चुपचाप अपना काम करती रहती है। शिल्प को उसकी सामाजिक अपरिहार्यता से काटकर कुछ तकनीकी अन्दाज़ में बात करने वाली समझ आत्मरक्षा की यथास्थितिवादी फ़र्श पर फिसलती रहती है और इसके उलट हर नयी पुरानी संरचना अतीत, वर्तमान और भविष्य के सिलसिले में एक विशुद्ध अपनी और प्रासंगिक राजनीति का निर्वाह करती जाती है। देवी प्रसाद मिश्र इसलिए पहल ८२ में प्रकाशित अपने साक्षात्कार में कहते हैं :

> नयी संरचनाओं की सूझ ने एक नये नैरेटिव के लिए उत्पात किया और नये नैरेटिव ने विज़न की विस्तारधायिता दी। नयी संरचना ने नया साहस भी दिया। पोएटिक ड्रेजरी से बाहर आने के लिए मन हुमकने लगा। कविता में थोड़ी सी जगह में मेरा काम चलना बन्द हो गया—मैं ज़्यादा जगह की माँग करने लगा। मैं शहरों, सम्बन्धों, विचारधारा, सर्वानुभूति, विग्रह, राग, पूँजी, जातीयता, निर्मितियों वग़ैरह की पर्तों में जाने की सोचने लगा। जगह कम लगने लगी तो हाशिये पर भी चला गया। यह कुछ ऐसा था कि आप संवेदनशून्य शहर को जगाने के लिए पूरे शहर में पोस्टर चिपका दें। इसे आप एक असहमत का नैतिक उपद्रव समझ लीजिये।... असल में यह जो विकल्प की खोज है, यह एक सतत प्रक्रिया है।...जो प्रदत्त इतिहास या साहित्येतिहास है उसका विकल्प पाने का यत्न है। तो यह प्रदत्त विनम्रता की कायरता से बाहर आना है। इस तरह से देखें तो यह अल्टरनेटिव ऑफ़ पोएटिक्स ही नहीं, अल्टरनेटिव ऑफ़ पॉलिटिक्स की भी तलाश है।

सामान्यीकरण से सरलीकरण तक

बड़े कवि प्राय: अपने काव्ययुग से बाहर रहते हैं—भविष्य की कविता में। वे अपने युग के औसत सामान्यीकरणों में पूरे के पूरे कभी पहचाने नहीं जा पाते–उनकी कविता किसी दौर की सामान्य विशेषताओं का निर्वाह करने में सीमित नहीं होती। इसलिए जब भी कुछ सूत्रों में पूरे समय को ढालने

की कोशिश की जाती है तो विलक्षणताओं की क़ीमत पर।

रघुवीर सहाय ने कहा है किसी कृति का शिल्प उस कृति पर ही प्रतिफलित होकर आगामी रचनाओं के लिए अप्रासंगिक हो जाता है। आलोचना या कृति की व्याख्या को भी ऐसा ही होना चाहिए। वह किसी कृति को अद्वितीय तरीक़े से पहचाने और फिर तबाह हो जाये–उसमें निहित मूल्यदृष्टि, विचारशीलता, तर्कपद्धति भले ही अतीत से भविष्य तक प्रवहमान हो, लेकिन उस व्याख्या की हिस्टोरिकल प्लेसिंग को दुहराना असम्भव हो, आलोचना प्रक्रिया के जिन क्षणों में एक कृति का सत्य व्यापक सार्वभौमिक सत्य के साथ एक विशेष संश्लेष में चमके, उसके बाद वह क्षण बिलकुल वैसे दुबारा घटित न हो, आइन्दा वह किसी और तरीक़े से हो पाये। जब भी आलोचना किसी कृति के पाठ से हासिल अन्तर्दृष्टि को अपने औज़ारों में स्थायी कर लेती है, वह एक ओर एकतरफ़ा, प्रतिक्रियावादी और सत्तापरक होने का ख़तरा उठा रही होती है, तो दूसरी ओर निर्दोष पाठकीय संवेदना से ख़ुद को वंचित भी करती है।

किसी आगामी रचना की समय सापेक्ष गत्यात्मकता में शामिल होने के लिए आलोचना को भी एक लगातार सफ़र में रहना होगा अन्यथा वह एक प्रतिष्ठान में रूढ़ हो जायेगी। अवधारणात्मक सच्चाइयाँ अपने आप में ज़रूरी तो हैं ही, लेकिन उनका सर्वोत्तम काम है रचना की व्यावहारिकताओं में उतरना, और यह एक अविराम प्रक्रिया है जिसमें दोनों सिरे कभी न रुकने के लिए प्रतिश्रुत हैं। पुराने और स्वीकृत मानमूल्य नयी सर्जनात्मक उलझनों में घुल जाते हैं और अपने सारतत्त्व को किसी आगामी प्रासंगिकतम प्रतिमान में घोल लेते हैं। शमशेर के शब्दों में, इस नवीन आलोचना में कई दर्पनों और व्यक्तियों के जल हिले-मिले रहते हैं। ऐसा न होने पर स्थगन और गतिहीनता के पुराने निकषों पर नयी रचना को कसा जाने लगता है और आलोचना भूतपूर्व और कविता विरोधी होने लगती है। विनोद कुमार शुक्ल की कहानी 'गोष्ठी' आलोचना की ऐसी ही हालत पर है। उस कहानी का केन्द्रीय चरित्र एक आलोचक हमेशा एक ऐसी गोष्ठी करता है जिसमें शामिल होने वाले प्रत्येक कवि को अपनी कविता में आने वाले सभी प्रतीकों को वहाँ ले आना पड़ता है और आलोचक के गोदाम में जमा करना पड़ता है और क्रमवार, मात्रावार ढंग

से आलोचक के सामने सजाना होता है। जो ऐसा नहीं कर पाता, ज़ाहिर है कि आलोचक के कोप का शिकार होता है। एक दिन गोष्ठी में आने वाले एक कवि की कविता में एक पंखुड़ी का गुलाब है जिसे वह नहीं ला पाया है। इस पर आलोचक डपटता हुआ उससे कहता है कि

> आख़िर तुम इतनी लम्बी कविता क्यों लिखते हो। फिर टूट-फूट ही आदमी की ज़िन्दगी नहीं है। इसके पहले तुम ट्रक का बहुत पुराना सड़ा हुआ टायर लाये थे।... उस टायर से एक जोड़ी चप्पल भी नहीं बन सकती।...कल मैं अपने गोदाम से उस टायर को निकलवाकर किसी घूरे में फिंकवा दूँगा। जान लो कविता कोई घूरा नहीं है।...इस बार भी तुम सड़ी-गली चीज़ें लाये होंगे। क्या तुमने कोई भी चीज़ साबुत नहीं देखी। फिर एक पंखुड़ी का गुलाब कहाँ होता है। मान लो तुम एक पंखुड़ी का गुलाब लाते भी हो, तो भी तुम्हारी कविता में कुछ स्थायी नहीं होगा। क्योंकि तुम्हारा वह क़ीमती प्रतीक कुछ ही घण्टों बाद मुरझा जायेगा। तुम्हें अपनी कविता से वह हिस्सा निकालना होगा जिसमें एक पंखुड़ी का गुलाब है।

ग़ौरतलब है कि ताक़त से सम्भव होने वाली इस गोष्ठी में एक मज़दूर कवि पिछले दो साल से नहीं आ पाया है क्योंकि उसकी कविता के प्रतीक रोटियाँ ही रोटियाँ होती थीं। 'दिन भर काम करने के बाद शाम को जब वह कविता सुनाने के लिए रोटियाँ लेकर चलता था तो रास्ते में इतनी ज़ोर की भूख लगती थी कि वह सभी रोटियाँ खा जाता था और बीच रास्ते से घर लौट जाता था।' एक अन्य कवि की कविता में मरे हुए साँप का ज़िक्र है लेकिन जो मरा हुआ साँप गोष्ठी में लाया गया है उसके मुँह में चींटियाँ लगी हुई हैं तो आलोचक कवि से साँप के मुँह पर लगी चींटियाँ धुलवाता है। एक मारवाड़ी युवक कवि से आलोचक बहुत ख़ुश है।

> वह प्राय: छोटी-छोटी कवितायें लिखता था। चूँकि वह चाँदी के गिलास में पानी पीता था, इसलिए उसकी कविता में एक चाँदी का गिलास था। अपनी जेब से एक चाँदी का गिलास और दो गज जरी की किनार और कुछ छोटे-छोटे धागे निकालकर उसने सामने रख दिया और कविता पढ़ी।

चूँकि कविता में केवल दो गज किनार का उल्लेख था, इसलिए आलोचक बाक़ायदा गज से किनार को नापकर देखता है, कि वह दो गज है या नहीं।

सत्ता प्रतिष्ठान के अन्त:कक्षों में सामाजिक आत्म के रेशे-रेशे को पहले बिखेरकर, फिर उस बिखरे हुए को अपनी नापाक सहूलियतों के लिए कैसे करीने से सजाकर रखा जाता है, आलोचक का गोदाम उसका दिलचस्प रूपक है। वहाँ पिछली सारी कविताओं के प्रतीक कवितावार, पंक्तिवार रखे हैं। इस अजीब बीहड़ कमरे से चिढ़कर, अपने प्रतीक वहाँ रखने आया कवि, किसी कविता में आये पेट्रोल के डिब्बे से चारों ओर पेट्रोल छिड़ककर, एक दूसरी कविता में इस्तेमाल हुई माचिस की तीली से प्रतीकों के गोदाम में आग लगा देता है और भाग जाता है। लेकिन तभी आलोचक वहाँ आता है और प्रतीक के रूप में रखे हुए आग बुझाने के यन्त्रों से आग बुझा देता है और बचे हुए कवियों को प्रतीकों की प्रत्यक्ष उपयोगिता समझाने लग जाता है।

यहाँ देखा जा सकता है कि सत्ता संरचनायें साहित्य क्रियाओं में अपनी भूमिकायें अदा करती हुई किस हद तक अन्यायी और हिंसक हो जा सकती हैं, लेकिन एक सशक्त कविता या एक निर्भीक व्याख्या अपनी अपील से सारे कुपाठों को ध्वस्त भी करती रहती है जैसे यही कहानी।

असुरक्षितों का संलाप

दिलचस्प यह है कि कुछ लोग ख़ुद प्रभाव ग्रहण करते ही हास्यास्पद और कातर हो उठते हैं और युवा कविता पर प्रभाव का सर्वाधिक आरोप वे ही लगाते रहे। वार्तालाप की शैली में लिखी गयी मुक्तिबोध की महान् आलोचना की नक़ल करते हुए वह इतिहास को किसी ट्रैजेडी या कॉमेडी की तरह दुहराते हैं और इस सिलसिले में उनका पहले से विभाजित आत्म सतह पर तिरने लगता है और जिन कुत्साओं को अपने नाम से कहने का साहस नहीं होता उन्हें उपाध्याय जी[१३] नामक कल्पित मात्रा से कहलवाया जाता है। इस तरह एक संवाद का आभासी चँदोवा तान देने के लिए बाद लगाये गये आरोपों का सतहीपन और भी चमकीला हो उठता है। ऐसे लोग पीढ़ियों की शब्दावली में सोचने के पिटे हुए पैटर्न में नाहक फिर से उलझ रहे हैं। ग़ौरतलब है कि आठवें और नवें दशक की दुहाई देकर ऐसे लोगों ने दोनों दशकों में लिखी गयी अच्छी और बुरी कविता का अप्रत्याशित

घालमेल करने और रचनात्मकताओं को आपस में लड़ाने की कोशिश की है। यह रणनीति, हालाँकि दृश्य पर मौजूद सभी लोगों को अपने बौद्धिक स्तर का समझने की ग़लतफ़हमी के आधार पर तैयार की गयी है जिसका अन्तिम लक्ष्य बहुतेरी कमज़ोर कविताओं को दशक के नाम पर बचा लेना भर है। क्या यह बात किसी से छिपी हुई है कि आठवें और नवें दशक– दोनों में बहुत कुछ नितान्त त्याज्य और बहुत कुछ उत्कृष्टतम है। इस बोध के बाद किसी पीढ़ी की वकालत क्या कोई प्रासंगिक उद्यम रह जाता है? इस बिन्दु पर यह भी रेखांकित किया जा सकता है कि अपने दौर की कविता के पक्ष में मंगलेश डबराल, वीरेन डंगवाल, आलोक धन्वा, असद जैदी या उदय प्रकाश नहीं बोलते। बोलने के लिए सामने आते हैं विजय कुमार। क्या यही वह सन्दर्भ बिन्दु नहीं होना चाहिए जहाँ से विजय कुमार के काव्य व्यक्तित्व का सम्यक् विवेचन तुरन्त किया जाना ज़रूरी ही उठे।

जिस तरह प्रसाद जी की कामायनी में रति की प्रतिकृति लज्जा कहती है कि मैं शालीनता सिखाती हूँ वैसे ही विजय कुमार की प्रतिकृति उपाध्याय जी समकालीन रचनाशीलता को शालीनता सिखाते लगते हैं। लेकिन उन आरोपों की जाँच फ़िलहाल ज़्यादा ज़रूरी है जो उन्होंने युवा कविता पर 'नया ज्ञानोदय' के मई अंक में लगाये हैं। सन्तुष्टि की बात यही है कि यह उनके पन्द्रह साल पुराने आरोप हैं। इस पूरी बहस में विस्मय को किसी युक्ति की तरह इस्तेमाल किया गया है और काव्य-दृश्य के बारे में अपने बोध को ख़ासा मासूम बनाकर पेश किया गया है। एक कथन पर ग़ौर कीजिये :

> ...यह तो एक पावर स्ट्रक्चर का खेल है। युवा कवि बेचारा इस पावर स्ट्रक्चर के खेल में परेशान और कन्फ़्यूज़्ड है। उसमें आक्रोश भी सही ढंग से पैदा नहीं होता क्योंकि उसके कन्धे झुके हुए हैं और कहीं न कहीं वह पावर स्ट्रक्चर के इस खेल में शामिल होना चाहता है।[१४]

क्या इस राय को कविता की आलोचना माना जायेगा? क्या इन वाक्यों में कविता के अध्ययन और विश्लेषण से हासिल अन्तर्दृष्टि है? क्या किसी भी कोण से यह सर्जनात्मक आचरण है? कन्धों का झुकाव और पावर स्ट्रक्चर में शामिल होने की ललक किस प्रक्रिया से गुज़रकर जानी गयी है। ख़ैर। इस पूरे लेख को पढ़कर यह भी जाना जा सकता है कि विजय कुमार को परिदृश्य के बारे में क्या-क्या मालूम नहीं है, मसलन उनकी

प्रतिकृति उपाध्याय जी एक जगह कहते हैं :

> साहित्य में हर दस पन्द्रह साल में यह फ़र्क़ आ जाये यह ज़रूरी भी नहीं है। इमरजेन्सी के बाद हिन्दी में युवा कवियों की एक पीढ़ी उभरी थी। उसका सौन्दर्यबोध पूर्ववर्ती अकविता और नक्सलवादी कविता से अलग था। निम्न मध्यवर्गीय कवि के दिन प्रतिदिन के संसार और उसके घर-मुहल्ले की दुनिया की दृश्यावलियाँ कविता में आयी थीं जिनमें एक राजनीतिक विचार का आभ्यन्तरीकरण हुआ था। क्या उसके बाद इन पच्चीस वर्षों में सचमुच कविता में ठोस रूप से कुछ नया घटित हुआ है।[१५]

सवाल यह है कि यदि आपको यह नहीं मालूम है कि कुछ नया हुआ है या नहीं तो आप यह कैसे बताते हैं कि कुछ नया नहीं हुआ है। और तो और, एक जगह विजय कुमार कहते हैं कि

> जब कविता की आलोचना में आस्वाद की ऐसी कोई गहनता होगी तो वह जाने-अनजाने युवा रचनाकार को भी कुछ नया रचने के लिए प्रेरित करेगी। लेकिन यही है कि युवा मानसिकता को समझने और दिशा देने के औज़ार ही नहीं हैं हमारी आज की आलोचना के पास।[१६]

यानी, उनके लेखे आदर्श स्थिति वह है जब रचना आलोचना की अनुवर्तिनी हो, उसके निर्देशों पर चलकर सम्भव हो रही हो। अनुभव की बजाय आलोचनात्मक मानदण्ड उसकी बुनियाद हों–अन्ततः वह आलोचना की बाइप्रोडक्ट हो और होती ही रहे। प्रसंगवश, टैरी इगल्टन का मानना है कि रचनाधर्मिताएँ अविकल एक-दूसरे के समानान्तर उत्पादन करती हैं—एक सापेक्षिक स्वायत्तता में।[१७] वह एक-दूसरे को कच्चे माल की तरह इस्तेमाल नहीं करतीं और न ही कभी एक-दूसरे में खप जाती हैं। वे अपनी आत्मवत्ता को इस समूची प्रक्रिया में अक्षुण्ण रखती हैं। यों अनुभव के साथ अभिव्यक्ति में जिस तरह के सम्बन्ध की लालसा विजय कुमार रखते हैं और जिसका प्रस्ताव भी करते हैं क्या वही सम्बन्ध नहीं है जो पैसे से पैसा बनाने के बाज़ारवादी आर्थिक ढाँचे और सिर्फ़ उसके दम पर फलते-फूलते उच्च मध्यवर्ग में है।

और यदि ऐसा है तो यह सम्बन्ध हमारे समय के कौन से कवियों का अभीष्ट हो सकता है? बकौल ग्राम्शी, 'बुद्धि के क्षेत्र में दुश्मन के सबसे

मज़बूत गढ़ पर हमला'[१८] करने की नैतिकता यानी सामर्थ्य को सीमा में पहचानने का उद्यम हमारे कुछ आलोचकों के वश की बात शायद नहीं रही, इसलिए जब वह युवा कविता पर मीडियाकर, कैरियरवादी, यन्त्रचालित, काव्यात्मक ऊर्जा से हीन और लद्धड़ होने के आरोप लगाते हैं तो उन्हीं की प्रतिकृति उपाध्याय जी की इस बात से सहमत होने की इच्छा होती है कि

> हिन्दी कविता में हास्यरस कितना है यह तो नहीं मालूम पर निश्चय ही इस तरह की आलोचना से अहर्निश हास्य का उद्रेक हो रहा है।[१९]

और जैसा कि रवीन्द्र कालिया कहते हैं :

> विजय कुमार जी की चेतना पर प्रकारान्तर से कोई दूसरी पीढ़ी हावी है।

काव्य-रचना, जो जीवन संघर्ष से भिन्न कुछ नहीं है, के धाराप्रवाह में जब भी तट पर खड़े होकर नसीहतें दी गयी हैं तो उन नसीहतों के चक्कर में पड़ने वाले कालान्तर में फ्रॉड ही साबित हुए हैं। नयी कविता के दिनों में कवियों को एस्थेटिक इमोशन, वह भी निरे निजी इमोशनों को सत्य मान लेने की, उन्हीं के आधार पर अभिव्यक्तियाँ करने की सलाह ख़ूब दी जाती थी, उन्हें बताया गया था कि हृदय में संचित जीवनानुभवों को व्यक्त करना ग़लत होगा। प्रत्युत्तर में मुक्तिबोध ने कहा था कि हमारी जनता स्वयं एस्थेटिक इमोशन का भण्डार है। यहाँ एक असम्भव, आपराधिक कल्पना की जाय—यदि मुक्तिबोध उन जड़ीभूत आग्रहों को मान लेते तो आज़ाद भारत के विराट विपर्यस्त जीवन का इतना बड़ा लैण्डस्केप क्या हमें मिल पाता? इसलिए जीवन की वास्तविकता और अनुभव के वज़न की शर्त पर कविता की दुनिया में की गयी सौदेबाजियाँ कलाकार के काम की नहीं हो सकतीं, एक चाटुकार भले ही उनसे तृप्त हो ले। एक वृहदजीवन और उसमें निहित अनन्त सत्यों का संश्लेष हमारे भविष्य की कविता को सन्दर्भपरक और बड़ा कर रहा है। नये-नये जीवनानुभव, अभिनव काव्यवस्तु बनकर कविता में दाख़िल हो रहे हैं और पुराने अनुभवों और कला-मूल्यों से तैयार काव्य संरचनाओं को उलट-पुलट रहे हैं। यह कविता सन्दर्भबहुल है और इसकी राजनीति एक देश में एक व्यवस्था के बिखर जाने से हताश होकर बैठ नहीं गयी है। कुछ अधेड़ आवाज़ें यह भी कहती पायी जा रही हैं कि महाख्यान खण्डित हो गया है और

यथार्थ टुकड़ा-टुकड़ा रचनात्मकता में ही उपलब्ध हो पायेगा। इस तरह वे सिर्फ़ अपनी उन विपुल कविताओं की औचित्य स्थापना करना चाह रहे हैं जिनकी शुरुआत में ही अन्त छिपा होता है और जो आकार में ही नहीं प्रभाव में भी छोटी साबित हुई हैं। यहाँ कविताओं की लम्बाई की वकालत नहीं है लेकिन एक कठिन और विराट कविता को लेकर कोई पूर्वग्रह भी नहीं है। भविष्य की हिन्दी कविता यदि अवज्ञाकारी और आत्मसम्भवा दिखायी दे रही है और विजय कुमार के ही पसन्दीदा मुहावरे में कहें तो, जिसे एक साथ कई 'पीढ़ियाँ' लिख रही हैं तो यह अन्ततः कुछ ही लोगों के लिए दिक़्क़त और भय का कारण होना चाहिए।

सन्दर्भ

१. शमशेर बहादुर सिंह की सुप्रसिद्ध काव्य पंक्ति।

२. तद्भव-१५ में प्रकाशित देवीप्रसाद मिश्र की कहानी 'पिता के मामा के यहाँ' के वाक्य।

३. रोलां बार्थ, 'क्रिटिसिज़्म एण्ड टुथ', पृ. ६४।

४. 'लेखक की रोटी', पृ. ११२

५. 'बया' के प्रवेशांक में प्रकाशित लेख में वीरेन्द्र यादव का मन्तव्य।

६. रिफ्लेक्शंस ऑन एक्ज़ाइल, एडवर्ड सईद पृ. ७३

७. 'तहलका' में प्रकाशित साक्षात्कार का एक वाक्य

८. अरुण कमल, 'कविता और समय', पृ. १९३

९. इण्डिया टुडे की साहित्य वार्षिकी में प्रकाशित लेख 'सरोकारों से साक्षात्कार', पृ. ९

१०. आलोचना, सहस्राब्दी अंक बारह में प्रकाशित लेख 'समाचार समय में कविता', पृ. ३२

११. वही, पृ. ३२

१२. विष्णु खरे की कविता पुस्तक 'काल और अवधि के दरमियान' की पीठ पर छपा मन्तव्य।

१३. 'नया ज्ञानोदय' के युवा पीढ़ी विशेषांक, मई २००७ में प्रकाशित विजय कुमार के लेख 'कवित्त ही कवित्त है' में युवा कविता की अविराम भर्त्सना करने वाला चरित्र।

१४. 'नया ज्ञानोदय', मई २००७ में प्रकाशित विजय कुमार का लेख, पृ. १२

१५. वही, पृ. १३

१६. वही।

१७. टेरी ईगल्टन 'क्रिटिसिज़्म एण्ड आइडियोलॉजी' पृ.६५

१८. 'कविता, के नये प्रतिमान', ले. नामवर सिंह, की भूमिका में उद्धृत कथन

१९. 'नया ज्ञानोदय', मई २००७ में प्रकाशित विजय कुमार का लेख, पृ. १२

प्रत्यक्ष की त्वचा से नीचे
(कुँवर नारायण के आलोचक-व्यक्तित्व पर एक प्रतिक्रिया)

प्रत्यक्ष की त्वचा से नीचे

१

कुँवर नारायण की रचनात्मक शख़्सियत के सिलसिले में यथार्थ क्या है सरीखे एक लगभग-से सवाल से भी शुरूआत की जा सकती है। ज़ाहिर है, इस सवाल में कई सवाल हैं और 'यथार्थ' से मुख़ातिब होते ही कोई उन सभी सवालों, सम्भावनाओं और दिक़्क़तों के भी सम्मुख हो जाता है। लेकिन यह हमेशा जाँच-परख का प्रमुख-प्रासंगिक मुद्दा बना रहेगा कि कोई स्रष्टा यथार्थ के साथ कैसे पेश आता है, अपनी रचना के ज़रिये उसे कैसे निर्मित या स्वायत्त करता है और यों, अपने वक़्त के साहित्य-यथार्थ को कितना 'डिस्टर्ब' करता है या कितना 'डिस्टर्ब' नहीं कर पाता।

२

दिलचस्प है कि एक आलोचक के तौर पर कुँवर नारायण स्वयं 'यथार्थ' की 'अनेकान्तता' को, उसकी समस्याग्रस्तता को सम्बोधित रहे हैं। अपने रचनात्मक संघर्षों में वह यथार्थ के पार जाना और उसे एक पुख़्ता अर्थ में स्थिर कर देना चाहते रहे हैं। हिन्दी साहित्य संसार में 'यथार्थ' नामक

शब्द के अतिरिक्त लापरवाह-अबौद्धिक इस्तेमाल की ओर वह व्यंग्य करते रहे हैं।

३

तो कुँवर नारायण की रचनात्मक शख़्सियत के लिए यथार्थ क्या है? एक सरल स्थापना यह हो सकती है कि उनके यथार्थ का परिसर अत्यन्त विस्तृत है, वह सिर्फ़ उसकी वर्तमानता या उपलब्धता के क़ायल नहीं हैं। बहुत से अनुपलब्ध, व्यतीत और आगामी, गुम और अलक्षित उनके लिए यथार्थ के दायरे को मुमकिन करते हैं। सिर्फ़ बाह्य यथार्थ भी उनके लिए अपर्याप्त है और मनुष्य के आत्म के अनेक संस्तर और बाहर की दुनिया के समानान्तर वहाँ घटित हो रही प्रक्रियाएँ भी वहाँ अनिवार्य हैं। मनुष्यता के सामूहिक स्वप्न और पराक्रम—हमारे मिथक और पुराकथाएँ—भी कुँवर जी के यथार्थ का ज़रूरी सामान हैं।

४

ऐसी सूची अन्तहीन सूची हो सकती है और उनके कृतित्व की तरह दूर तक जा सकती है। लेकिन वृहत्तर सूची हमेशा रचनाकार के लिए एक चुनौती है। नयी विश्वव्यवस्था लगातार इस चुनौती को बढ़ा रही है—वह यथार्थ में चंचल और मरणधर्मा वस्तुओं, प्रवृत्तियों, सम्बन्धों और प्रक्रियाओं को भाँति-भाँति से 'पम्प' कर रही है। घटनायें तर्कातीत, अराजक और बेसँभाल ढंग से घटित हो रही हैं। इन्सान की संज्ञानात्मक और संवादात्मक शक्ति, शायद इतिहास में पहली बार, पूँजीवाद का औज़ार बन गयी है। बहुत सारा दृश्य ओझल होकर है या बस ग़ायब होने वाला है। मूल्य ओझल हैं। कई बार मानवीय श्रम एक ओझल और अठोस वस्तु में तब्दील होकर उतनी ही वायव्य वस्तुओं, सूचनाओं, ज्ञानों, विचारों और प्रभावों का उत्पादन कर रहा है। सारे मानवीय उद्यम विचित्र तरीक़े से 'performative' होते जा रहे हैं। प्रदर्शनपरकता और विज्ञापन का बोलबाला है। सामाजिक और आर्थिक बराबरी से वंचित

कथित राजनीतिक लोकतन्त्र में, एक रूपक के ज़रिये कहें तो, 'शोर' का बहुमत है और विडम्बना है कि विपक्ष यानी अल्पमत भी हल्ला ही मचा पा रहा है। इस प्रकार हम—यानी रचना, रचनाकार और पाठक—एक आकस्मिक, अनपेक्षित और असुरक्षित यथार्थ के हवाले हैं।

५

ऐसे यथार्थ से उलझने की एक तरक़ीब तो यह है कि सीधे उसमें घुस जाया जाय; उसकी प्रत्यक्षता के सामने खड़े हो जाया जाय। उसके पारा-पारा रूपों—उसकी अमानवीय तफ़सीलों के ख़िलाफ़ वहीं से होड़ की जाय; लेकिन इस पद्धति ने दुर्भाग्यपूर्ण ढंग से सर्वोत्तम प्रतिभाओं को तबाह किया है और बहुत सारी ऐसी-ऐसी रचनाओं का उत्पादन किया है जो अपनी तमाम सनसनी और बारूद के बावजूद 'यथार्थ' का ही हीनतर अनुषंग बन जाने को विवश हैं। रघुवीर सहाय ने अपनी एक कविता के ज़रिये इस ख़तरे से हमें पहले ही आगाह किया था, जिसके मुताबिक़ 'हम अन्ततः उन्हीं की मदद करते पाये गये जिनके ख़िलाफ़ हम लड़ रहे थे।'

६

कुँवर नारायण का रास्ता अलग है। वह सब कुछ को रचना का 'कच्चा माल' बना लेने की ज़िद के उलट, नैतिकता की कठिनाइयों की शर्तों पर यथार्थ को आयत्त करने के रचनाकार हैं। वह सृजन-प्रक्रिया के बिलकुल आरम्भ में ही यथार्थ और सत्य के बीच एक द्वैत, फाँक, झिझक या अन्तराल देख लेने वाले रचनाकार हैं। वह लिखते हैं :

> कविता यथार्थ को नज़दीक से देखती मगर दूर की सोचती है। वह एक बारीक़ मगर ज़रूरी फ़र्क़ करती है जीवन-यथार्थ और जीवन-सत्य के बीच। दुनिया जैसी है और जैसी उसे होना चाहिए के बीच कहीं वह एक लगातार बेचैनी है...जो यथार्थ कवि को उद्विग्न करता है और जो आदर्श उसे आश्वस्त, उनके बीच कविता की स्थिति और सार्थकता को बनाये और बचाये रखने की कोशिश कविता की सही ज़मीन खोजते रहने की

कोशिश है। यथार्थ की पहचान और पकड़ दोनों ही भ्रामक हो सकती हैं, और अक्सर उन्हीं सचाइयों का निषेध करती हुई हो सकती हैं जिनकी तलाश में कविता हमेशा प्रत्यक्ष की त्वचा से एक या कई सतह नीचे या भीतर की कविता होती है।

७

तो कुँवर जी के रचनाकार-व्यक्तित्व का ठिकाना प्रत्यक्ष की त्वचा से एक या कई सतह नीचे है। वह, मसलन, यथार्थ और आदर्श के द्वैत में, उनके बीच के अन्तराल में रहते हैं। हमारे यहाँ चूँकि शीतयुद्ध के दौर की ध्रुवान्तता का लम्बे अरसे तक वर्चस्व रहा है, इसलिए कहीं न कहीं कुछ इस तरह का 'कॉमन सेन्स' बनता चला गया कि बीच की जगहें कुछ कम प्रासंगिक या पुख़्ता जगहें हैं। इस भ्रम में कलाकार के अवदान की कुछ उपेक्षा हुई है लेकिन बड़ा नुक़सान यह हुआ है कि उस 'एथिको पोलिटिकिल पर्सोना' की अवमानना हुई जो अपने आप में कुँवर जी की हिन्दी साहित्य को देन है और जो कहीं भी कभी भी निरा साहित्यिक मुद्दा नहीं है। इस द्वैत का रेखांकन और अपने रचनात्मक ऊतकों में उसकी चरितार्थता एक गम्भीर नैतिक कार्रवाई है।

८

यों, कुँवर नारायण साहित्य को एक नैतिक अभियान में विन्यस्त करते हैं। उनके यहाँ 'अभिव्यक्ति के ख़तरे' कुछ अभिनव अन्दाज़ में उठाये गये हैं। नैतिकता का आग्रह इस अधुनातन समय में कोई कम जोख़िम नहीं। नैतिकता के साथ एक मद्धिम-सी उपदेशात्मकता की आहट भी उनकी अभिव्यक्ति में मौजूद है। हमारे यहाँ अक्सर उपदेश, सलाह, राय या उद्‌बोधन को एक दर्जा नीचे की और यत्किंचित् अप्रासंगिक वस्तु मान कर उससे दूरी बरती जाती है। उपदेशों से साहित्यिक लोग शरमा जाते हैं या नाराज़ हो जाते हैं। ऐसी परिस्थिति में कुँवर जी के नैतिक आग्रहों में अन्त:सलिल उद्‌बोधनात्मकता ख़ुद में एक चुनौतीपूर्ण कार्यभार है।

९

बेशक कुँवर नारायण के व्यक्तित्व को द्वैतों के बीच की जगह में स्थिर किया जा सकता हो, लेकिन उनकी कवि-दृष्टि में द्वैत एक दूसरे का अनिवार्य प्रतिलोम नहीं है। इसलिए छन्द बनाम अछन्द, व्यक्ति बनाम समाज, वस्तु बनाम आत्म जैसे मुक़दमों को उनकी कचहरी में कोई ख़ास तवज्जो नहीं मिली है। यह भी नहीं कि रचनात्मक उत्तेजना के किसा असावधान क्षण में उन्होंने इन्हें आपस में मिला दिया हो, उनकी विचारप्रवण बहुआयामिता में ये चीज़ें अपने-अपने अलग अस्तित्व के साथ अवस्थित हैं। कुँवर जी के यहाँ सामंजस्य और संश्लेषण मुहावरों या रस्मों की तरह नहीं किसी प्रतिश्रुति की तरह हैं।

१०

हिन्दी साहित्य की दुनिया में ज्ञान के दूसरे अनुशासनों के साथ अन्त:क्रिया की समकालीन क्षीण स्थिति भी कुँवरनारायण के किरदार के अनुकूल नहीं है। उन्होंने साहित्यिक आलोचना के संकल्पों को विचार और दर्शन के सामंजस्य की ज़मीन पर हासिल करने का प्रयत्न किया है। इस अर्थ में यह विचार, दर्शन, कविता और आलोचना को बार-बार संवेदना के एक ही धरातल पर सोचने के पक्षधर हैं, बल्कि उन्होंने कविता और विचारमात्र के बीच के अन्तर को समाप्त करने का माहौल तैयार करने में एक ज़रूरी भूमिका का निर्वाह किया है। वे लिखते हैं :

> यह शिकायत कि आज की कविता अतिबौद्धिक है और सहज बोधगम्य नहीं एक हद तक जायज़ होते हुए भी उतनी जायज़ नहीं जितनी यह शिकायत कि आज बहुत सी सहज ही बोधगम्य कविता प्रासंगिक नहीं। आज कविता के लिए सिर्फ़ यह महसूस करना काफ़ी नहीं, महसूस किए हुए को और महसूस करते हुए को सोचना-समझना भी ज़रूरी है। विचारशीलता आधुनिक संवेदना का अनिवार्य हिस्सा है और एक ज़रूरी यक़ीन भी है कि अगर अक़्ल आदमी की दुश्मन नहीं तो अक़्ल कविता की भी दुश्मन नहीं हो सकती। विचार-सम्पन्नता अकाव्यात्मक नहीं, उस कवित्व का आधार है जो हम उपनिषदों, गीता, कबीर, ग़ालिब आदि में

पाते हैं। अगर एक कवि के स्वभाव में यह आवश्यक सन्तुलन नहीं है कि वह कविता में विचारों के दबावों और आग्रहों को किस तरह उभारे और सुरक्षित रखे तो ज़्यादा सम्भावना यही है कि वह उन्हें अपने उद्‌गारों और भावनाओं द्वारा ऊपर से चमका-दमका कर रह पायेगा। हमें उनके भीतरी तर्क की अनुभूति और अनुभूति तक नहीं पहुँचा पायेगा।

११

कुँवर नारायण ने शब्द और अर्थ के पारस्परिक सम्बन्ध को बार-बार समस्याग्रस्त करने की कोशिश की है और ग़ौरतलब है कि उन्होंने बार-बार अर्थ की ओर से मुद्दा बनाया है। वह शब्दों में से अर्थ के रिसते जाने की अफ़सोसनाक़ प्रक्रिया के गवाह की तरह पेश आते हैं। हाल ही में अनुराग वत्स द्वारा सम्पादित ब्लॉग पत्रिका 'सबद' पर प्रकाशित नोटबुक में पोलिश नाट्य निर्देशक ग्रोटोवस्की के प्रसंग से उन्होंने कहा है कि 'कुछ शब्द मुर्दा हो गये हैं क्योंकि उन शब्दों के अर्थ मर चुके हैं। नये शब्दों से अधिक नये अर्थों की खोज ज़रूरी है। इस खोज के लिए साहसिकता और जोख़िम उठाते हुए हम अपने लिए ऐसा कुछ पा सकते हैं जिसे दूसरों तक पहुँचाना मूल्यवान् है।' इस साहसिकता को क़तई लेखकीय दायित्व-मात्र नहीं माना जा सकता। उसे साहित्यिक कर्तव्य में सीमित या अवमूल्यित भी नहीं किया जाना चाहिए। अर्थों की यह प्राण-प्रतिष्ठा समाज की तरफ़ से साहित्य को देखने की कोशिश है।

जीने की पद्धति

(अशोक वाजपेयी के आलोचक-व्यक्तित्व पर एक प्रतिक्रिया)

जीने की पद्धति

१

हिन्दी साहित्य संसार कितना अशोक वाजपेयी है। यह व्याप्ति दूर तक जाती है और बहुत पास चली आती है। यह नियम है और नियम का अपवाद। यह कठिन की लोकप्रियता है और कभी धीमी न होने वाली सामयिकता। यह हिन्दी के संख्याबल का प्रतिपक्ष है। यह हमारी आदत है। यह कविता का तर्क और आलोचना की दख़लन्दाज़ी है। यह उत्सवों का रतजगा है। यह कई बार चली आती बहसों का एजेण्डा पलट देने की नैतिक और इण्टेलेक्चुअल हैसियत है। यह न इधर है, न उधर; एक 'खुला और ख़तरनाक बीच' है।

२

इधर हिन्दी कविता में सर्वानुमति की गुण्डई बहुत बढ़ी हुई है। तमाम शोरगुल और असहमति की सतह के नीचे वह इतनी सतर्क, गोपनीय, अन्त:सलिल और उम्रदराज़ है कि अक्सर उसके शरीफ़ और वास्तव होने का भ्रम होता है। यही हिन्दी की मुख्यधारा है। इस गुण्डई में अमरत्व और महानता के रजिस्टर्स खुले हुए हैं और 'तुम मुझे ख़ून दो, मैं तुम्हें आज़ादी दूँगा' की तर्ज पर एक तरफ़ पूरे दृश्य को उसकी

असह्य यथास्थिति के साथ आशीर्वादपूर्वक स्वीकार किया जा रहा है और दूसरी ओर, बदले में, स्वीकार करने वाला और अमर और महान् हुआ जा रहा है। यहाँ अस्वीकार, जिज्ञासा, जाँच और विश्लेषण—यानी कुल मिलाकर आलोचना—को भूलने और उस वैचारिक समर को कमतर करने का काम अबाध चलता रहता है जो नये साहित्य की पहचान और प्रतिष्ठा के लिए लड़ा गया था और इन सब दिक़्क़तों के बावजूद लड़ा जाना है। हो सकता है कि यह अवमूल्यन कभी-कभी अनजाने हो जा रहा हो, लेकिन अनजाने किये गये गुनाह क्या गुनाह ही नहीं होते? इस गुण्डागर्दी का नाम है अजातशत्रुता। दृश्य में इस चीज़ का बड़ा दबदबा है और गुस्ताख़ी माफ़ हो—इसके दो संस्करण हैं—एक है 'पडरौना' संस्करण और दूसरा 'कठोपनिषद्' संस्करण। इन दोनों संस्करणों ने हिन्दी की सर्जनात्मक आलोचना को, सीधे-सीधे कहें तो कवियों द्वारा लिखी जा रही आलोचना में जोख़िम न लेने, हाथ कटाने से बचने, उपलब्ध में 'सर्वाइव' करने और आलोचना लिखकर 'स्टैण्ड' न लेने के फ़ायदे युवतम पीढ़ियों तक को सिखा दिये हैं। आजकल आख़िर और कैसे अमर हुआ जाता है?

३

ऐसे दृश्य में अशोक वाजपेयी ने महान् या अमर होने की बजाय आलोचना का वरण किया है। ज़ाहिर है कि वह हमारे कहने से आलोचक नहीं हैं। रोलां बार्थ के शब्दों में, 'आलोचक समाज द्वारा प्रदत्त कोई पद नहीं है, बल्कि एक ख़ास तरह से जीने की पद्धति है।'

लगभग पचास साल से इस ख़ास तरह से जीते हुए उन्होंने विश्लेषणविहीन सर्वानुमति के प्रतिपक्ष की वह जगह हासिल की है जहाँ वह है। यहाँ पहुँचना आसान नहीं रहा है। आलोचना निष्कवच और वेध्य होकर ही सम्भव है। वह एक ऐसा युद्ध है जिसमें दुश्मन की सरहद पर अकेले ही जाना होता है—आत्मरक्षा का कोई भी सामान लिये बग़ैर।

४

हमें यह मान लेना चाहिए कि जहाँ 'सेल्फ डिफ़ेन्स' होगा, वहाँ और कुछ भले ही हो, आलोचना नहीं होगी। अशोक वाजपेयी ने आलोचना में कहीं भी अपनी कवि-दृष्टि को बचाने या बढ़ाने की ज़रा-सी भी कोशिश नहीं की है। यह बात उसे अनिवार्य बनाती है। यों, उनके बाद, मंगलेश डबराल को छोड़कर, आठवें दशक में दृश्य में आने वाले ज़्यादातर कवियों ने आलोचना के नाम पर जो लिखा है वह मुमकिन है कि एक ख़ास दौर में बड़ा झरनेदार रहा हो, यहाँ तक आते-आते मुरझा गया है। उसे पढ़कर ज़्यादा से ज़्यादा ख़ुद लेखक की कविता के बारे में कुछ जाना जा सकता है। उसकी सामाजिक उपयोगिता और उसका उत्तर जीवन—दोनों सन्देहास्पद हैं; बल्कि थोड़ा निर्मम होकर कहा जाय तो आजकल यह लगने लगा है कि नवें दशक में आने वाले कवियों में से पंकज चतुर्वेदी को छोड़कर किसी का भी आलोचनात्मक गद्य न लिखना और आठवें दशक के कवियों का वैसा गद्य लिखना, दोनों एक ही बात है।

५

कवि-दृष्टि, बल्कि कवि-व्यक्तित्व को आलोचना में घँघोलकर, हिला-मिला कर, लगभग विलीन करते हुए अशोक वाजपेयी ने अपना आलोचक हासिल किया है। इसलिए भी उनकी आलोचना का 'प्रोजेक्ट' व्यापक और बहुस्तरीय है। उसने अनेक काम अपने हाथ में ले रखे हैं। वह कविता पर एकाग्र ज़रूर है लेकिन कवियों के मूल्यांकन तक सीमित नहीं है। ख़ुद लेखक के शब्दों में,

> ...तब तक यह अहसास तीख़ा और गहरा होने लगा था कि हमारे समय की अच्छी कविता के लिए समझ और जगह की ज़रूरत है। यह भी मन में साफ़ था कि स्वयं कवि के कारण सिर्फ़ अपने ढंग की कविता के लिए ऐसा करना न तो काफ़ी होगा न ही कुल मिलाकर बहुत नैतिक। आलोचना एक व्यापक चेष्टा का हिस्सा बनी जिसमें सम्पादन और आयोजन भी शामिल थे।

६

इस बहुस्तरीयता और वैविध्य ने उनकी आलोचना को कुछ दिलचस्प अन्तर्विरोध सौंपे हैं। अशोक जी के ही मुहावरे में कहें तो 'मानवीय तात्कालिकता'। मिसाल के लिए, हिन्दी की जिस समकालीन कविता की स्मृतिहीनता, अबुद्धिवाद, पैगम्बराना और शहीदाना अन्दाज़ की वह लगातार निन्दा करते आये हैं, उसी कविता को हिन्दीतर मंचों पर वह उपलब्धि की तरह अविचलित पेश करते हैं। कविता में जटिल और सूक्ष्म के प्रवक्ता को, उसी कविता की जाँच के लिए एक ऐसी भाषा खोजनी होती है जो बिलकुल बातचीत के शब्दों में विन्यस्त हो। कथ्य और शिल्प, प्रगति और प्रयोग, लघु और गुरु, हाइकू और महाकाव्य, गद्य और पद्य के प्रचलित द्वैतों का अतिक्रमण करती उनकी आलोचना कई बार ऐन्द्रियता और विचारशीलता की अलग-अलग कसौटियों पर विभाजित करके कविता का मूल्यांकन करती रही है। इस आलोचना की शक्ति और सौन्दर्य इन अन्तर्विरोधों में तो है ही, इस बात में भी है कि इन्हें कृत्रिम तरीक़े से ढकने और अनर्जित नैतिक ऊँचाई से कुछ कहकर 'पॉलिटिकली करेक्ट' होने की कोई कोशिश उनके यहाँ नहीं है।

७

अशोक वाजपेयी की आलोचना की जीवन्तता का सबब इस बात में भी है कि वह अपने समय के वैचारिक संघर्षों का आभ्यन्तरीकरण करके सम्भव हुई है। वह हमेशा एक समवेत प्रतिफल है। दरअसल, सातवें दशक के आसपास शुरू होने वाली नये साहित्य की आलोचना–जिसे अशोक वाजपेयी और उनके हमक़दम आलोचकों ने मिलकर बनाया था–अपनी बुनियाद में ही इतनी युयुत्सु और संवादपरक थी कि वह अकेले और शान्तिपूर्वक लिखी ही नहीं जा सकती थी। उस समय हिन्दी का साहित्यिक प्रतिष्ठान, आज की ही तरह, विश्वविद्यालय थे, जो अपनी अभिरुचि, मूल्यदृष्टि और लेखन में 'नये' को लेकर असहिष्णु और हमलावर थे। इसी स्थापित व्यवस्था के ख़िलाफ़ लगातार लड़ते हुए अशोक वाजपेयी के गद्य ने वह चमक, उत्तेजना, सार, क्षिप्रता और लोकप्रियता हासिल की

है जो आज हमारी आलोचना की बेहद ख़ूबसूरत और यादगार उपलब्धि है और आने वाले आलोचकों का उत्तराधिकार।

८

अपने वक़्त के वैचारिक समर को आयत्त किये बग़ैर किसी कविता या कवि-विशेष पर सुन्दर, सुगन्धित, प्रभावाभिव्यंजक और काव्यात्मक-सा कुछ तो लिखा जा सकता है, परिदृश्य का, दृश्य के द्वन्द्वों, वैभिन्य, अलगाव और प्रतिवादों का, दृश्य की तब्दीली का, समयान्तर का विश्लेषण नहीं किया जा सकता। यहाँ तक आते-आते शानदार लोग भी फिसड्डी हो जाते हैं। मेरा ख़याल है कि पूरे दौर को हिसाब में लेने वाली किताब के बिना आलोचक का काम माया है। दिक़्क़त यह है कि ऐसी आलोचना-पुस्तकों का हिन्दी साहित्य संसार में अभाव है—कुल जमा तीन किताबें हैं। पहली, नामवर सिंह की 'कविता के नये प्रतिमान', दूसरी, अशोक वाजपेयी की 'फ़िलहाल' और तीसरी, मदन सोनी की 'कविता का व्योम और व्योम की कविता'। चूँकि नवें दशक के कवियों और कविता की सैद्धान्तिकी वाला पंकज चतुर्वेदी का कामकाज अब तक पुस्तकाकार नहीं आया है इसलिए उन्हें 'बेनिफ़िट ऑफ़ डाउट' दिया जा सकता है।

९

बात फिर से शुरुआत की ओर मुड़ने वाली है यानी सर्वानुमति की ओर। सर्वानुमति एक तरह की सत्ता है और सच्ची आलोचना का सबसे बड़ा मक़सद हर तरह की सत्ता-संरचना को ढहाना है। सर्वानुमति से टकराने की आत्मशक्ति, अध्यवसाय और औद्धत्य जब क्षीण हो जाता है तो बतौर आलोचक आप निर्भीक सामान्यीकरणों में जाने से बचते हैं। आप पूरे दृश्य का हिसाब लेने का जोख़िम उठाने से कतराने लगते हैं। अलग-अलग कवि या कविता-केन्द्रित निबन्धों के ज़रिये आप कवि और कविता से अपना प्यार तो ज़ाहिर करते हैं लेकिन अपनी नफ़रतें, अपनी निराशायें छिपा ले जाते हैं।

१०

इसी संकोच या चालाकी के कारण दृश्य में अच्छे और बुरे, साधारण और असाधारण का भयंकर अप्रत्याशित घालमेल हो गया है। आज की तारीख़ में कविता लिखने वाला हर अच्छा कवि इसी अर्थ में अभागा है—उसे समकक्ष आलोचनात्मक पर्यावरण नहीं मिल रहा है—उसे दृश्य में 'लोकेट' नहीं किया जा सका है। एक चमकीले और संदिग्ध मुहावरे में कहें तो वह कवि 'आधा है और आधा नहीं है।' अशोक वाजपेयी में यह संकोच या चालाकी या भय कभी नहीं रहा। बतौर आलोचक, वह अपनी नफ़रतें और निराशाएँ छिपा न सके। इस ईमान ने उनकी आलोचना का तापमान बढ़ा दिया और वह बहुत ख़तरनाक जगह हो गयी। यहाँ से देखने पर जो चीज़ें बहुत शाश्वत लगती हैं, अपने समय में वह भी घटित हुई होंगी। मेरे लिए यह बेहद रोमांचक, हर बार लगभग डरा देने वाला अनुभव है कि 'बूढ़ा गिद्ध क्यों पंख फैलाये' शीर्षक निबन्ध लिखने वाले आलोचक की उम्र महज़ अट्ठाइस साल थी। यों ही, अनुत्तेजित और पीड़ा रहित निजी संसार के कवियों का रास्ता उन्होंने तभी, 'फ़िलहाल' के दिनों में ही, दो पृष्ठों के मूल्यांकन से हमेशा के लिए रोक दिया था।

११

एजाज़ अहमद ने एक जगह पर लिखा है कि जब आप असहमतों को किसी भी बिन्दु पर सहमत कर लेते हैं तो तत्क्षण वह ऑडिअन्स एक ऐसी नयी ऑडिअन्स में रूपान्तरित हो जाती है, जिसका अस्तित्व उस क्षण के पहले तक नहीं था। इसी जगह से परिवेश और मूल्यों का आरम्भ होता है। अभाग्यवश अब हिन्दी में यह परम्परा रही नहीं। ज़्यादातर लोग सहमतों को ही सहमत करने के हीनतर काम में मुब्तिला हैं और असहमतियाँ खीजों और वर्चुअल संसार में अहर्निश बरसती गालियों में 'रेड्यूस' हो गयी हैं। अशोक वाजपेयी की आलोचना ने असहमतों को कभी भी अलक्षित नहीं किया है—वह न तो असहमतों से 'ऑब्सेस्ड' रही है कि सिर्फ़ उन्हीं को पुकारती रह जाय और न ही उसने उन्हें नज़रअन्दाज़ किया।

नहीं बराबरी की बात कभी हुई ही नहीं

असद ज़ैदी की कविता की वजहें भारत के समाज पर राजनीति के असर और उस असर की ईमानदार आलोचना का निर्माण करने में हैं। उनकी हरेक कविता के लिखे जाने का कारण साहित्येतर है और उनकी कविता कभी भी एक साहित्यिक कविता नहीं है। वह वस्तुस्थिति के तटस्थ, वैज्ञानिक और नैतिक विखण्डन में इतनी मसरूफ़ है कि साहित्य संसार की चालू ज़रूरतों और दबावों की परवाह नहीं कर पाती। इसलिए वह इतनी भिन्न, समान्तर और कुजात नज़र आती है। इसलिए वह हिन्दी कविता के पाठक की काव्यानुभूति के सर्वसम्मत हो चले ढाँचे में एक विचलन, एक हैरत पैदा करती हुई आती है। इसलिए उसको स्वीकार या अस्वीकार करने की प्रणाली का घोर अभाव दिखायी देने लगता है और सराहना की मुश्किलें खड़ी हो जाती हैं। दरअसल, समाज जब भीतर से ख़ुद को बदल पाने के लक्ष्य से च्युत हो जाता है तो यथास्थिति की रक्षा के लिए किसी भी हद तक विध्वंसक और अन्यायी हो जाता है, और ज़ाहिर है कि साहित्यिक यथास्थिति भी सामाजिक यथास्थिति का हिस्सा है। ऐसे में, आस्वाद को मूल्य तक ले जाने की प्रक्रियायें व्यर्थ, तकलीफ़देह और अटपटी लगने लगती हैं और लोग ज़िन्दगी की तरह कविता के भी मज़े लूटने लगते हैं, और आसान और उपलब्ध की हवा बहने लगती है। ऐसे भी लोग हमेशा मौजूद हैं जो सामाजिक और साहित्यिक यथास्थिति को अलग-अलग मानते हैं। उनके पास सामाजिक पुनर्निर्माण के स्वप्नों से साहित्य को जोड़कर देखने की दृष्टि का शून्य तो है ही, ऐसी किसी ज़रूरत को भी वे ग़ैर ज़रूरी समझते हैं। हिन्दी साहित्य की मुख्यधारा की

इस एकांगिता से सभी वाक़िफ़ हैं कि वह प्रधान साहित्यिक प्रवृत्ति को ही अपनी मीमांसा में अनुकूलित और हजम कर सकी, शेष कवि कम समझे जाकर, न समझे जाकर और ग़लत समझे जाकर फुटकल खातों में चले गये या वहाँ भी नहीं पहुँचे। ऐसे तमाम खातों, हिसाबों-किताबों और सूचियों की अपर्याप्तता, जड़ता और घमण्ड हर बात इतने ज़ाहिर हैं कि हमारे दौर के एक विलक्षण कवि ने इसे अपनी डायरी में दर्ज किया है कि 'यह कितनी अच्छी बात है कि लिस्ट निकले और उसमें आपका नाम न हो।' बीते दिनों असद ज़ैदी की एक कविता '१८५७: सामान की तलाश' के प्रकाशन के बाद जिस तरह की बौद्धिक हलचल शुरू हुई थी उससे एकबारगी लगा था कि इतिहास, नवजागरण, राष्ट्रीय आन्दोलन, फ़िलहाल के बड़े राजनीतिक सवालों के साथ-साथ समकालीन हिन्दी कविता पर दूर तक जाने वाली एक बहस यहाँ से शुरू हो सकती है। संवेदनशील और ज़िम्मेदार बौद्धिकों के एक तबके के बीच वह जारी भी है लेकिन हिन्दी साहित्य संसार का बड़ा और पेशेवर हिस्सा असद ज़ैदी की कविता पर कुछ सोचने और स्थापित करने की बजाय अफ़वाहों और स्थूल आरोपों में भटक जाने पर आमादा है। वह पचा लेना या भुला देना चाहता है। शानदार लोग हमेशा की तरह बग़ैर कोई ख़तरा उठाये चुप हैं। वे तमाशा देखना पसन्द करने वाले लोग हैं, हालाँकि ख़ुद ही पर्याप्त तमाशा बन चुके हैं। यह दृश्य उसी विडम्बनाग्रस्त दृश्यावली का एक फ्रेम है जिसमें ज़्यादातर साहित्यिक ज़रूरी प्रश्नों की ओर पीठ करके खड़े हैं और थोड़े से ईमानदार वैचारिक, आलोचनात्मक और सर्जनात्मक हस्तक्षेपों ने अपनी शक्लें बदल ली हैं। परिप्रेक्ष्य को सुधारने और आमूल बदल डालने की कोशिशें भूमिगत और चुप्पा हो गयी हैं। इन कोशिशों का सम्मिलित और वृहत्तर पाठ तैयार करना सबसे बड़ी राजनीतिक ज़रूरत यानी सबसे बड़ी साहित्यिक ज़रूरत है। यह लगभग एक मेटालैंग्वेज के बेहद में चली गयी व्याकुलताओं, सक्रियताओं और क्रोधों को सामाजिक व्यवहार में पिटी हुई, आधी निरर्थक और आधी सार्थक, सत्ता प्रतिष्ठान के अन्यायों से आहत सार्वजनिक भाषा की हद में ले आना है। असद ज़ैदी की कविता इसी नुक़्ते के साथ अपना सफ़र शुरू करती है। वह अनेक वर्जित और उपेक्षित जीवन स्थितियों, चीज़ों, लोगों, सम्बन्धों, तकलीफ़ों और अवधारणाओं को अपनी कविता में पहली बार ले आते हैं और पहले कई बार कविता में आ चुके जीवन दृश्यों का, उनके भीतर

निहित वस्तुयोजनाओं का एक शालीन अमूर्तन कर देते हैं और यह कुछ ऐसी सूरत है जिसमें समाज की परिचित शक्लों पर ज़रूरी सवालों की धुन्ध छा दी गयी है। यह कविता दृश्य जगत् पर गहरे सन्देह की वजह से सम्भव होती है और छिपे हुए तथ्यों और सचाइयों को खोजने, उन्हें सोचने और सामने ले आने की कठिन प्रक्रिया में जाती है। इसलिए भी यह कविता किसी परिणाम की तरह नहीं, कार्य और कारण की प्रक्रियाओं के पारदर्शी वृत्तान्त की तरह सामने आती है। यहाँ सिर्फ़ कविता नहीं है, कविता के लिखे जाने की वजह और कविता के लिखे जाने की प्रणाली भी है। यों हमारे समय की बहुत-सी सुन्दर, सफल और सुपाच्य कविताओं को देखकर यह जाना ही नहीं जा सकता कि वह क्यों लिखी गयी हैं? यह गहरे अफ़सोस का मुद्दा है कि वह यथार्थ के तन्त्र के एक उपकरण की तरह सामने आती है। वह अपना पोषण उसी यथार्थ से प्राप्त करती है और उसकी क्रूरता, हिंसा, दमन और फ़रेब की मीमांसा करने में अक्सर असहाय साबित होती है। अन्ततः वह यथार्थ के प्रति एक तरह का कृतज्ञता ज्ञापन है। यथार्थ को जाँचने और उसे बदल डालने की कोशिशें और अन्तर्दृष्टियाँ वहाँ से हासिल नहीं की जा सकतीं। वह अपने दौर के ऐतिहासिक वर्तमान, राजनीतिक-सामाजिक परिस्थितियों और साहित्यिक आलोचना के व्यवहार में एक ख़ास ढंग से अनुकूलित है। उसका सौन्दर्य-बोध एक असह्य तत्काल में ग़र्क़ है। उपलब्ध पर्यावरण में ऐसी कविता भले ही चर्चित हो जाये लेकिन भविष्य के समाजों की स्मृति में उसका दाख़िल होना दुश्वार है, और इसी वजह से अतीत के दस्तावेज़ों में अपने हस्तक्षेप के दम से कोई क्रम भंग भी वह नहीं कर पा रही है। इसके विपरीत, अनिवार्य सर्जनात्मकतायें चालू चर्चाओं से बाहर हैं। इन्हीं विडम्बनाओं का नतीजा है कि समकालीन कविता पर कोई बहस फ़िलहाल नहीं है और निजी रोष, ईर्ष्या, कुण्ठा, कटूक्ति, प्रभावाभिव्यंजक तारीफ़, नेमड्रापिंग और चतुर सरलीकरणों से काम चलाया जा रहा है। ऐसी हालत में विचारों और कर्मों के ज़्यादातर केन्द्र बिन्दु भी निम्न मध्यवर्ग और मध्यवर्ग से स्खलित होकर ऊपरी वर्गों की चकाचौंध में विसर्जित हो गये हैं। ऐसी बुरी ख़बरें अपने सन्दर्भों के साथ असद ज़ैदी की कविताओं में हैं। यह बात उन्हें परिदृश्य में अपनी तरह का अकेला बनती है। असद ज़ैदी ने अपनी कविता के ज़रिये व्यवस्थाओं का जितना सहज और अनायास अपमान किया है वह भी हिन्दी काव्य में एक

आश्चर्यजनक घटना है।

असद ज़ैदी ने धर्मनिरपेक्षता के मुद्दे पर एक जटिल, लम्बा और बहुआयामी संवाद शुरू किया है। यह संवाद हिन्दी भाषी अवाम के धर्मनिरपेक्षता-बोध को चुनौती देकर अपनी शक्ति और ऊर्जा हासिल करता है। वह जानते हैं कि यह भीषण संग्राम सामाजिक चेतना के सभी स्तरों पर एक साथ लड़ा जाना है। इसलिए वह कविता की पहले से उपलब्ध ताक़तों पर ज़्यादा भरोसा नहीं करते। इस संग्राम में सिर्फ़ अभिधा पर निर्भर नहीं रहा जा सकता और वहाँ सिर्फ़ इशारों, इंगितों और संकेतों से भी काम नहीं चल सकता। साम्प्रदायिकता की समस्या को एक स्थान और एक समय में महदूद नहीं किया जा सकता। उसक भूगोल दूर-दूर तक विस्तृत है और उसका समय हमारे अतीत और भविष्य में भी वर्तमान है। अफ़सोस, पश्चात्ताप, सहानुभूति, तिरस्कार, व्यंग्य, स्मृति, प्रेम और वैचित्र्य के जल को आपस में घँघोलकर वह अपने संघर्ष के लिए एक अनूठा रसायन तैयार करते हैं। दरअसल, कला की सरहदों में लड़ी जाने वाली लड़ाइयाँ बारीक होती जाती हैं और आत्मनिर्मित सीमाओं के पार भी चली जाना चाहती हैं। आज़ाद भारत के भीषणतम दुष्कृत्यों में से एक बाबरी मस्जिद ध्वंस के बाद हिन्दी में प्रतिकार की श्रेष्ठतम कवितायें लिखी गयी हैं। लेकिन बेहद नामालूम आदत में से होकर गुज़रते हुए इस प्रतिकार की भी एक सतह बन गयी है जो वर्टिकल नहीं हॉरिजन्टल है और यह सतह आत्मसंघर्ष से कतराने वाली हीनतर कवियों को काव्य रचना की सहूलियतें मुहैया कराने के काम आ रही है। असद ज़ैदी एक बड़ी राजनीतिक दिक़्क़त को सम्बोधित करते हुए पूर्ववर्ती कविता की इस रूढ़ि को भी रेशा-रेशा कर डालते हैं। उनकी एक कविता 'आम चुनाव' को इस सिलसिले में देखना होगा—

आम चुनाव में मतदान के रोज़
अपनी बारी के इन्तज़ार में खड़े मोहन भाई
किसी और युग में भटकने लगे—
वहीदा रहमानी
कुसुमलता माथुर
एक वी गौरी देवी
सुमित्रा भट्ट इनमें चुनाव का सवाल ही क्या

दिल तो इन सबसे लगाया ही था

एक तपस्वी की तरह
कोई इस इतिहास को तो बदल नहीं सकता
ग़र इनमें किसी से रू-ब-रू कुछ कह न सके
तो अपने ही स्वभाव का दोष था
और इस बात का अफ़सोस भी क्या करना
एक भी औरत अब इस शहर में नहीं
कहाँ हैं वे सब, जानने की कोशिश ही न की

ऐ भली औरतो ऐ सुखी औरतो
तुम जहाँ भी हो
अगर वोट डालने निकल ही पड़ी हो
तो कहीं भूलकर भी न लगा देना
उस फूल पर निशान

इस कविता का केन्द्रीय विचार क्या है? इस कविता में न्यूनतम काव्यत्व भी क्यों नहीं हैं? इस कविता ने अभिव्यक्ति के लिए बोलचाल के साधारणतम गद्य को क्यों चुना है? क्यों कविता में एक धोखादेह धाराप्रवाह है जिसमें ख़ुद के लिए किसी निहायत ग़ैर ज़रूरी घटना की तफ़सील होने का भ्रम खड़ा करती है। इसमें रूप क्या है और अन्तर्वस्तु क्या है? क्यों इस कविता ने कई समयों में एक साथ रहना चुना है? ऐसे कई सवाल इसे पढ़ते हुए पाठक के मन में उठते हैं जो एक स्वाभाविक बात है। लेकिन जो बड़ी ज़िरह यहाँ असद छेड़ते हैं उससे यह कहने की विकलता होती है कि अगर साहित्य जीवन की आलोचना है और आलोचना उस 'आलोचना की आलोचना' तो आगामी साहित्य पुनः उस 'आलोचना की आलोचना' की आलोचना है। यहाँ पहले की कविता और पहले की आलोचना के बर्ताव से उपलब्ध आस्वाद में एक ज़बर्दस्त काटा-कूटी है और प्रेम के वास्तविक नतीजों तक पहुँचने के लिए एक ग़ैरफ़ासीवाद लोकतन्त्र की राह तैयार करने की कोशिश की गयी है। मतदान के लिए अपनी बारी के इन्तज़ार में खड़े मोहनभाई के साथ कविता शुरुआत में ही पोलिंग बूथ के बाहर लगी क़तारों तक पहुँच गयी है। लोकतान्त्रिक ढाँचे से अपने अतर्क्य वैभव, दकियानूसी मूल्य पद्धति और क्रूर यथास्थिति का साज़ोसामान

जुटा रही प्रतिष्ठानपरक कविता क्रोध और विरोध की अपनी तमाम व्यर्थ मुद्राओं के साथ असद की कविता के चुनाव प्रणाली में इस हस्तक्षेप पर चकित हो सकती है और ऐसा न कर पाने की अपनी आत्मशक्तिहीनता पर चुल्लू भर पानी में डूबकर मरना भी तय कर सकती है। कविता में इसके बाद मोहन भाई बीते दौरों में भटकते हुए अपनी प्रेमिकाओं को याद करने लगते हैं—यह ग़ौरतलब है कि याद आने वाली कुल चार स्त्रियों में एक मुसलमान है, एक हिन्दू, एक धुर पश्चिम की गुजराती और एक दक्षिण भारतीय। यानी एक व्यक्ति का आत्म राष्ट्रीय आन्दोलन की तपिश से समन्वित देश के विस्तृत भूगोल के सफ़र पर निकल जाता हैं। हम जानते हैं कि बीते हुए समय की यह यात्रा एक ऐसे वर्तमान भूगोल में की जा रही है जो कभी भी बीता हुआ हो सकता है, अपने टुकड़ों में बिखर सकता है। टुकड़ों में बिखर जाने की आशंका शब्दों में भले ही व्यक्त न की गयी हो लेकिन कविता के अन्तरालों में उसे सुना जा सकता है। यहाँ प्रेम की याद और देश के सफ़र पर निकली कविता 'पॉलिवोकलिक' हो जाती है और एक बहुभाषी-बहुसांस्कृतिक समाज के आर्केस्ट्रा के बीच कवि एक क़दम रखता है कि सौ राहें फूटती हैं और वह उन सब पर से गुज़रना चाहता है। लेकिन अनगिनत राहों के विकल्पों में गुम हो जाना कविता का लक्ष्य नहीं है इसलिए कविता आज़ाद भारत के नागरिक के अधिकार की राह अर्थात् मतदाताओं की कतार में लौट आती है और सत्तर के दशक के प्रतिनिधि किशोर की ज़बान में यह बताती है कि प्रेमिकाओं में से एक से भी सीधे-सीधे प्रेम-निवेदन नहीं किया जा सका। इसके बाद उन प्रेमिकाओं को, जो अब भली सुखी औरतें हो चुकी होंगी और न जाने कहाँ रह रही होंगी, को सम्बोधित करते हुए कविता वह निर्णायक बात कहती है जो अपने आप में एक अनिवार आत्मसम्भवा अभिव्यक्ति है और जो इस समाज के सबसे बड़े ख़तरे का दमन कर डालने की चुनौती हमें प्रेम निवेदन की भाषा में देती है। कविता में उन प्रेमिकाओं से कहा गया है कि भूलकर भी फूल पर निशान मत लगा देना। यह बात मानीख़ेज तो है ही कि अपने समय की कविता के बड़े हिस्से की कायरता और चतुराई को पार करती हुई यह कविता दुश्मन पार्टी से चुनावचिह्न के स्तर पर उतरकर लड़ने को, उसे ख़ारिज कर डालने को आमादा है, इससे भी ज़्यादा ग़ौरतलब है कि यह केन्द्रीय विचार तक पहुँचने की हड़बड़ी या आवेग में दूसरे और उलझे हुए सत्यों की अनदेखी नहीं करती बल्कि उन्हें कहने

की अनिवार्य ज़िम्मेदारी की ताक़त से केन्द्रीय विचार को, यानी राजनीति फासीवाद के आमने-सामने खड़े होने को, दूसरे सन्दर्भों से विश्वसनीय, पुष्ट और व्यापक कर लेती है और इस कविता को राजनीतिक संघर्ष की रणनीति का उम्दा कलात्मक दस्तावेज़ बना देती है।

जैसे-जैसे भारतीय समाज में क़दम-क़दम पर भारतीय जनता पार्टी और उसके असंख्य घोषित-अघोषित संगठनों के ख़िलाफ़ एक बड़ा समर शुरू करने की अनिवार्यता बढ़ती जा रही है, वैसे ही धर्मनिरपेक्ष बुद्धिजीवियों के चमकदार तबके में उन ख़तरों से डरकर झूठे तर्कों के पर्दे में छिपने की आदत बढ़ती गयी है। साहित्यिक हलके में इस तरह के बयान व रोज़मर्रा की घटना है कि 'दुश्मन की पहचान अब आसान नहीं है।' क्या इसका यह मतलब नहीं निकाला जाना चाहिए कि जो दुश्मन आसानी से पहचान लिये जाते हैं ऐसा बयान देने वाले उन्हें दोस्त मान लेने का प्रच्छन्न प्रस्ताव कर रहे हैं। शायद एक ख़ास तरह की मध्यवर्गीय हिन्दू आत्मग्रस्तता ने चेतनाओं में जगह बना ली है जो अपने औचित्य के नक़ली तर्क तैयार करने में मुब्तिला है। यह आत्मग्रस्तता हमें इतिहास, वर्तमान और भविष्य को एक पिलपिले रहस्यवादी परसेप्शन में पहचानने की माँग करती है जबकि कोई यथार्थ कभी भी इतना ओझल नहीं रहता कि उसमें दोस्त और दुश्मनों की पहचान ही लगभग नामुमकिन हो जाय। यह तभी सम्भव है जब कोई वस्तुस्थिति से डर जाये या उसे अपने मुआफ़िक़ पाने लगे। यह प्रवृत्ति इतनी संक्रामक साबित हुई कि यह अन्दाज़ लगाना ही दुश्वार है कि इसने हिन्दी पट्टी की आबादी के कितने बड़े हिस्से को अपनी चपेट में ले लिया है। बहुसंख्यक नागरिक प्रायः एक आक्रामक हिन्दू की तरह पेश आने लगा है। यह बीते पन्द्रह सालों में सामने आयी सचाई है। अन्तःकरण वर्चस्व की लड़ाइयों के शोर और चुप्पा उपनिवेशवाद की तिकड़मों से भरता जा रहा है। साहित्यिक आलोचना के साथ दिक़्क़त यह है कि पश्चिम के उलट उसके पास इस भीषण सांस्कृतिक संकट से उलझने के लिए परियोजनायें हैं ही नहीं। प्रगतिशीलता की मैसिव परम्परा से अर्जित एक नैतिक धुरी तो उसके पास थी, लेकिन उसने अपने नये-नये संस्करण तैयार करना बन्द कर दिया। अक्सर वह सार्वजनिक क्षेत्र की किसी बन्द पड़ी फ़ैक्ट्री की तरह नज़र आती है। उसने उत्पादन करना ठप कर दिया है लेकिन साहित्य और उसके पाठक के बीच किसी मुनाफ़ाखोर

बिचौलिये की तरह, एक अवांछित मध्यस्थ की तरह मँडरा रही है और वहाँ दूसरे के हिस्से को झटक रही है। उसने अपनी स्वायत्तता और समान्तरता को धन्धेबाज़ कुकृत्यों में विघटित कर लिया है। आलोचना से यह उम्मीद की जाती है कि वह वृहत्तर समाज का प्रबोधन करेगी, असहमतों को कन्विन्स करने का सर्वाधिक चुनौतीपूर्ण कार्य अपने हाथ में लेगी लेकिन अपनी चेष्टाओं से उसने ख़ुद को इतना तंगज़ेहन बना लिया है कि चाहे-अनचाहे वह सत्ता-प्रतिष्ठान की जड़ और प्रतिगामी प्रवृत्तियों के साथ ही खड़ी हो पाती है। इसलिए कलात्मक अग्रगामिताओं को सबसे ज़ोरदार विरोध इस दकियानूसी आलोचना का सहना पड़ता है। असद ज़ैदी के नये कविता संग्रह को इसी तरह के आरोपों और अफ़वाहों का सामना करना पड़ रहा है। असद के संग्रह की आमद ने हमें यह सोचने को विवश किया है कि अपने आपको दुनिया का सबसे बड़ा लोकतन्त्र कहने वाले हम सभ्यता की उस दहलीज़ पर आ पहुँचे हैं जहाँ बकौल रघुवीर सहाय, लोगों की कोई राय नहीं रह गयी है और साहित्यिक समझ इतनी नीचे गिर गयी है कि यह कविताओं को लेकर सम्यक् सार्वजनिक बोध भी नहीं बना पा रही है। यह एक सामान्य तथ्य है कि आलोचना पाठक के कॉमनसेन्स के साथ एक द्वन्द्वात्मक क्रिया करती हुई, कभी पाठक के अनुसार ख़ुद को बदलती हुई, कभी ख़ुद के मूल्यांकनों के मुताबिक़ पाठकों के बोध में संशोधन करती हुई आगे बढ़ती है। लेकिन क्या रीडरशिप के ये दोनों अनिवार्यतम पक्ष प्रतिक्रियावाद, झूठ, प्रवाह, निन्दा और विषयान्तर में घुल नहीं गये हैं? लेखकों की बिरादरी में यह स्खलन पहले से था जैसा कि विष्णु खरे ने कहा है...

> मुझे लगता है कि ये एक विचित्र ट्रेंड है... मुझे डर है कि इसका सम्बन्ध एक पैराडाइम शिफ्ट से न हो जो आप देखते हैं पश्चिम का क्रियेटिव लेखक बहुत कम समीक्षा लिखता है। यहाँ तक कि वो अपने समकालीनों के बारे में मौखिक बात करने से भी कतराता है। कहीं ये हमारे यहाँ आ तो नहीं रहा और ये एक बहुत बड़े साहित्यिक कल्चर का शिफ्ट मानूँगा मैं, यदि ऐसा है तो। यदि ये लक्षण मैं सही रूप में देख पा रहा हूँ और ऐसा हो रहा है। नये लोग कम से कम लिखना चाह रहे हैं एक-दूसरे के बारे में। तो ये 'पैराडाइम शिफ्ट' है। समीक्षायें भी कम आ रही हैं। अब अशोक ने तो २५-२६ की उम्र में वात्स्यायन जी को चैलेंज कर दिया था—'बूढ़ा गिद्ध क्यों पंख फैलाये' और वह भी 'धर्मयुग' सरीखी

पत्रिका में उस वक़्त! वो चीज़ समाप्त हुई है। उस तरह के ठेठ चैलेंज आज नहीं हैं।

लेकिन ख़तरा लेखकों तक सीमित नहीं है। बल्कि हम एक ऐसे समाज का निर्माण करते जा रहे हैं जो अपने सामूहिक अवचेतन पर दस्तक दे रहे कला जैसे सूक्ष्म मानवीय व्यवहारों को डिकोड कर पाना तो दूर, प्रकट और स्थूल राजनीतिक-सामाजिक घटनाओं पर भी एक आज़ाद और न्यायसंगत राय नहीं बना पा रहा है। क्या बाबरी मस्जिद का ध्वंस करने वाले शैतानों से इस समाज ने कोई सम्मिलित बदला लिया? क्या इस समाज के जो हाल हैं उसे देखते हुए भविष्य में भी ऐसे किसी बदले की उम्मीद की जा सकती है? क्या यह समाज इतना सचेत और स्मृतिसम्पन्न है कि अपने साथ हुए ऐसे धोखों और दग़ाबाज़ियों को याद रख पाया है? ऐसे सवालों के जवाब नहीं में ही होंगे इसलिए असद ज़ैदी की एक कविता भी इस विडम्बना—'नहीं', के साथ समय की तमाम दिक़्क़तों का लेखा-जोखा पेश करती है। समकालीन हिन्दी कविता में एक ही विषयवस्तु को अलग-अलग तरीक़ों से उठाने का, एक शास्त्रीय गायक की तरह उस एक को ही भाँति-भाँति से दुहराने का ताज़ा रिवाज इन दिनों ख़ूब है। हालाँकि इस कविता में भी उदासी और अफ़सोस का दुहराव है, लेकिन उससे गद्य का कितना विषण्ण संगीत सम्भव हुआ है। फ़िलहाल के समूह गायन में इस कविता की आवाज़ एक विवादी स्वर है :

नहीं ऐसा कभी नहीं हुआ
मनुष्य और कबूतर ने एक-दूसरे को नहीं देखा
कोई द्रव यहाँ बहा नहीं
फ़र्श को रगड़कर धोया नहीं गया...

नहीं कोई बच्चा यहाँ सरकण्डे की
तलवार लेकर मुर्गी के पीछे नहीं भागा
बन्दरों के काफ़िलों ने
कमान मुख्यालय पर डेरा नहीं डाला
मैंने सारे लालच सारे शोर सारे
सामाजिक अकेलेपन के बावजूद केबल कनेक्शन
नहीं लगवाया
चचा के मिसरों को दोहराना नहीं भूला

नहीं बहुत सी प्रजातियों को मैंने
नहीं जाना जो सुनना न चाहा
सुना नहीं, गोया बहुत कुछ मेरे लिए
नापैद था
नहीं पहिया कभी टेढ़ा नहीं हुआ
नहीं बराबरी की बात कभी हुई ही नहीं
(हो सकती भी न थी)

उर्दू कोई ज़बान ही न थी
अमीर खानी कोई चाल न थी
मीर बाक़ी ने बनवायी जो
कोई वह मस्जिद ही न थी

नहीं तुम्हारी आँखों में
कभी कोई फ़रेब न था

'हलफ़नामा' नाम की यह कविता एक ऐसे समाज के बारे में है जो अपने ओछे स्वार्थों की पराकाष्ठा में प्रमाणसिद्ध सचाइयों को भी भूल चुका है या भूलने की कोशिश में है। वह अपनी याद से एक ज़बान, एक तहज़ीब, एक भाषा, एक स्थापत्य और बराबरी के रवैये की परम्परा को मिटा देना चाहता है। इनके बारे में सोचना नहीं चाहता, इनकी ओर खड़ा नहीं होना चाहता। इनको लेकर उसके पास कोई दृष्टिकोण नहीं है और वह लिप्त है। अगर किसी के मन में यह सवाल उठता हो कि क्या कोई समाज अपने समय के अनिवार्य स्पन्दनों से अविचलित रह सकता है तो उसका जवाब अमेरिकी बुद्धिजीवी हावर्ड ज़िन के पास है। उनका मानना है कि प्रतिष्ठान अपनी एजेन्सियों की मार्फ़त एक लम्बे दौर में समाजों को अपना अभ्यस्त बना लेता है और लोगों के लिए इस निष्कर्ष तक पहुँचना कठिनतर करता जाता है कि सरकार ग़लत है। वह आगामी पीढ़ियों के गुणसूत्रों में ताक़त के तन्त्र पर भरोसा करने का बीज डाल देता है और हम इस ख़ुशफ़हमी में जवान होते हैं कि हम एक लोकतन्त्र में रह रहे हैं, हमारे पास मतदान का अधिकार है, इत्यादि। इसके बाद वह लोगों को यहाँ तक गाफ़िल कर देता है कि वे मानने लगते हैं उनके हित सरकारों के हित में निहित हैं और ताक़त के तन्त्र को बनाये रखना अपने आपको बनाये रखने के लिए

ज़रूरी है। अपनी दलील के पक्ष में प्रमाण पेश करते हुए ज़िन आगे बताते हैं कि १९८९ में मैक्सिकन सरहदों पर और टांकिन की खाड़ी में १९६४ में हुई लड़ाइयों को लेकर अमेरिकी सरकारों के गढ़े हुए तर्क ही अमेरिकी समाज में भी तर्क है क्योंकि उनके पास अमेरिकी तन्त्र के दावों के जाँचने की पद्धतियाँ बिलकुल नहीं हैं। इसलिए यह झूठी आदत सातवें आसमान पर है कि अमेरिकी सरकार विश्वसनीय है और वह हमेशा सच बोलती है। अमेरिकीकरण के दूसरे आयामों में हम अमेरिका को भी पछाड़ रहे हैं यह एक जानी हुई बात है, लेकिन हमारे विस्मरण हमारी विचारहीनता के मूल में भी एक अमेरिका है यह जानने और विकल्पों की व्याकुलता की एक तमीज़ असद ज़ैदी की इस कविता से हासिल की जा सकती है।

'हलफ़नामा', 'अयोध्या में कुछ क़ब्रें', 'तबादला', 'आम चुनाव', 'कौन नहीं जानता', 'इस्लामाबाद', 'हिन्दू सांसद', 'आम नतीजा', 'पूरब दिशा' जैसी कवितायें साम्प्रदायिकता की भयावहता के भिन्न-भिन्न संस्करणो को चुनौती देती हैं। इन कविताओं के पाठ से भारतीय समाज में साम्प्रदायिकता के सभी मुमकिन रूपों की सूची तैयार हो जाती है। असद ज़ैदी किसी फ़कीर की विकलता और किसी पुरातत्त्ववेत्ता की वैज्ञानिकता, धैर्य और ईमान के साथ एक सहज दृश्य का उत्खनन करते हैं और तब साम्प्रदायिकता से पैदा चोटों के निशान पाठक को दिखायी देने लगते हैं। ऐसी कवितायें बेहद अप्रत्याशित हैं और उनकी हरेक पंक्ति पाठक के अनुमानों की घेरेबन्दी के बाहर पड़ती है। रूप और वस्तु को, शरीर और आत्मा को, इहलोक और परलोक को अलग मानने वाली यान्त्रिक आलोचना इन कविताओं में विन्यस्त कला और राजनीति को भी शायद भिन्न-भिन्न माने। 'आम नतीजा' शीर्षक कविता इसी तरह की एक दिलचस्प दिक़्क़त पैदा करती है।

> बीजेपी के उम्मीदवार बंगलौर शहर से भी जीते हैं और
> नौबतपुर ख़ुर्द से भी
> मुझे लगता है कि प्रतिक्रियावाद की इस बाढ़ का राज़
> कुछ इस ज़मीन में है, कुछ बुज़ुर्गों के
> कारनामों में, कुछ गन्ने में भरे रस में है
> कुछ बादलों के गरजने में, और कुछ
> आपके इस तरह मुँह मोड़ लेने में

क्या यह कविता ख़ालिस अभिधा में है? इस कविता में शायद कोई भी ऐसा वाक्य, ऐसा शब्द नहीं है जिसका मतलब 'कुछ और' हो। इस कविता ने ख़ुद को कविता बनाये रखने के लिए ज़रा भी कोशिश नहीं की है। यह कविता दो बिलकुल अलग तरह के शहरों का नाम किसी पत्रकार के अन्दाज़ में लेती है और वहाँ के चुनाव नतीजे बताने लगती है। फिर कविता एक राय ज़ाहिर करती है जिसमें प्रतिक्रियावाद जैसे सैद्धान्तिक शब्द की मदद लेने में भी उसे कोई हर्ज नहीं है। यह कविता बीजेपी के उम्मीदवारों की बंगलौर और नौबतपुर ख़ुर्द से जीत को किसी जोश में यथार्थ नहीं मान लेती; वह अधिक से अधिक इसे एक भीषण यथार्थ का लक्षण मानती है क्योंकि यथार्थ तो अगली पंक्ति में उल्लिखित 'प्रतिक्रियावाद की बाढ़' है। इसके बाद कविता रोग यानी यथार्थ के कारणों में जाती है और बहुत दूर-दूर तक सफ़र करती है। वह इस विकराल समस्या को अपने समाज में शाश्वत और अनश्वर होती देखती है। इस समस्या के कारण के दौर पर वह परस्पर विपरीत जीवन स्थितियों का नाम लेती है, जो एक साथ ख़ासे अटपटे लगते हैं। चरम असहायता में एक सेकुलर इन्सान को अपने इर्द-गिर्द में, अपने परिवेश की सामान्य आदतों और लोगों के साधारण व्यापार में भी साम्प्रदायिकता के निशान दिखायी देने लगते हैं। लेकिन ऐसा करते हुए असद ने इतने बड़े दृश्य को–देश की ज़मीन को, बुज़ुर्गों के कारनामों को, गन्ने में भरे रस को और आपके इस तरह मुँह मोड़ लेने को अपनी चिन्ताओं में निबद्ध कर लिया है कि यही बात कविता को सतह से बहुत गहरा और सतह से बहुत दूर तक विस्तृत बना देती है और उसमें अर्थ के अनेक पैटर्न जोड़ देती है। कविता में साम्प्रदायिकता की तकलीफ़ की वजह के तौर पर जब बुज़ुर्गों के कारनामों का ज़िक्र आता है तो देश के विभाजन के मसौदे पर दस्तख़त करने वाले कांग्रेसी और मुस्लिम लीगी बुज़ुर्ग याद आते हैं तो गन्ना उपजाने वाली हिन्दी प्रदेश की मिट्टी के सत्य का अन्यान्य जातीय और धार्मिक कठघरों में हुआ विभाजन और इसकी दुष्परिणतियाँ सामने खड़ी हो जाती हैं। और जब कविता अपने प्रत्येक पाठक से कहती है कि आपका इस तरह मुँह फेर लेना भी प्रतिक्रियावाद के उभार की वजह है तो वह सर्वभूत में निहित अन्तरात्मा की आवाज़ बन जाती है और हम सब कठोर सचाइयाँ दिखाने वाले आईने में अपनी-अपनी शक्लें देखने लगते हैं। कविता अपने पाठक से यह कहती हुई ख़त्म होती

है कि इस पतन के लिए किसी स्तर पर हर आदमी को जवाब देना होगा।

इस कविता की ख़ासियत यह भी है कि कोई भी ताक़त इसके किसी वाक्य का, उसमें निहित अर्थ का अलग से इस्तेमाल नहीं कर सकती। यहाँ हरेक वाक्य—उस पुख़्ता ढाँचे का, उस जैविक ऐक्य का–अविभाज्य और प्राकृतिक हिस्सा है जिसका नाम कविता है। अगर कोई इस्तेमाल करना ही चाहता है तो उसे पूरी कविता ही उपलब्ध है—उसकी अलग-अलग छटायें नहीं, और कविता भी उसे कविता की शर्तों पर ही मिल सकती है। इस कविता में इतने सशक्त, दूर तक जाने वाले और अर्थगर्भ वाक्य हैं, लेकिन वे वाक्य कविता नहीं हैं, इन वाक्यों को अलग-अलग करके पढ़ा जाये तो इस बात का कोई एहसास नहीं होता कि वे किसी कविता के हिस्से हैं। यहाँ पर उस समूचे कन्स्ट्रक्ट से और उस कन्स्ट्रक्ट के साथ हमारे समय के रिश्ते से कविता पैदा होती है। यह कविता एक ऐसी कविता है जो कविता लगती नहीं है, कविता है।

कवि को हमेशा यह मालूम होना चाहिए कि सत्ता संरचनाओं के साथ उसका रिश्ता क्या है? क्या वह प्रकारान्तर से उसी तन्त्र का कोई पुर्जा है? क्या वह तन्त्र के ख़िलाफ़ किसी बड़बोली लड़ाई में शामिल है और ऐसी ताक़त बटोरकर एक समान्तर सत्ता तन्त्र हो जा रहा है, या उसकी पेचीदगियों से मुख़ातिब होकर, उनके सूक्ष्मतम प्रभावों को विश्लेषित करने की जटिल, चुनौतीपूर्ण और साहसिक प्रक्रिया में शरीक है। मुक्तिबोध के मुहावरों में कहें तो ताक़त के तन्त्र का निर्माण जिन वस्तु तत्त्वों से होता है, क्या वह उन तत्त्वों का वस्तुमूलक आकलन करके सही-सही मानसिक प्रतिक्रिया व्यक्त कर रहा है? असद की कविता 'जो देखा नहीं जाता' प्रतिष्ठान के ही एक हथियार—'अख़बार' के ज़रिये प्रतिष्ठान को अनावृत्त करने का जोख़िम उठाती है। आज़ाद भारत की एक बड़ी परिघटना है अख़बारों का पालाबदल। वे जनता की ओर से उठकर शासक वर्ग की ओर चले गये हैं। वे बुनियादी सचाइयों से डरते हैं और भौतिक सहूलियतों की ख़ातिर अफ़वाहों, विज्ञापनों और यथास्थिति का विमर्श करते रहते हैं। लेकिन यह भी एक तथ्य है कि भले ही एक विकृत और जघन्य संस्करण में, हमारा वक़्त उनमें 'रिफ्लेक्ट' होता है। वे कम नैतिक या कम सामाजिक होते तो हैं, लेकिन वे अनिवार्य हैं। हमारी रोज़मर्रा की दिनचर्या में ये अख़बार यथार्थ का पहला धक्का हैं। यह

कविता अख़बार में, अख़बार के चाहते न चाहते, सचाई ढूँढ़ लेने की कविता है। यह अख़बार हताश कर देने वाली ख़बरों का दस्तावेज़ बनकर आता है। इसलिए काव्यनायक—'मैं'—उलटी तरफ़ से उन्हें पढ़ता है। जैसे हमारे वक़्त को उलटा करके ही सीधा-सीधा देखा जा सकता हो। अख़बार के खेल और वर्ग पहेलियों के पन्नों पर, व्यापार और फ़ैशन के पृष्ठों से ही समय के बुरे हाल का अन्दाज़ा होने लगता है जिसे क़ायदे से अख़बार के शुरूआती पन्नों पर व्यक्त होना है। काव्यनायक अपने दौर को इतना झेल चुका है कि प्रादेशिक पन्ने पर छपी ख़बरों से ही राष्ट्रीय समाचार को भाँप लेता है और अन्ततः होता यह है कि शाम हो जाती है लेकिन हिंसा, शक्ति एवं अश्लीलता के अन्धप्रदर्शनों से ग्रस्त पहला पन्ना नहीं पढ़ा जा पाता।

लेकिन कविता का बीज वाक्य बीच में आता है। वह जगह जो कविता का गुरुत्व केन्द्र है। उसकी नोंक। उसका क्लाइमेक्स। कविता का उत्कर्ष। वह पंक्ति है :

> 'इसी तरह बढ़ता हुआ खोलता हूँ।
> बीच के सफे, सम्पादकीय पृष्ठ
> देखूँ वो लोग क्या चाहते हैं'

ये पंक्तियाँ अपने पाठक के साथ एक लम्बी बहस की माँग करती हैं। 'देखूँ वो लोग क्या चाहते हैं' में 'वो लोग' कौन हैं। वो लोग हमारे समाज के सबसे चमचमाते हुए लोग हैं। वो संसद के गलियारे में मँडराने वाले, नॉर्थ और साउथ ब्लॉक, प्रधानमन्त्री सचिवालय के चक्कर काटने वाले, अपराधी, बूथ लुटेरे, क़ब्ज़ा और अपहरण कर लेने वाले वही लोग हैं जो मुक्तिबोध की कालजयी कविता 'अँधेरे में' में एक फासिस्ट जुलूस का हिस्सा थे। ज़ाहिर है कि इनमें जगमगाते हुए कवि, लेखक, पत्रकार और बुद्धिजीवी भी शामिल हैं जो अपनी धुरीहीन और अवसरवादी बौद्धिकता से सत्ता के कृत्यों को व्यापक समाज में औचित्य प्रदान कराने की कोशिश करते देखे जाते हैं। ये शासक वर्ग के लक्ष्यों को ही जनता का लक्ष्य बना देना चाहते हैं। अख़बारों के सम्पादकीय पन्ने अब इनकी अभिव्यक्ति का मंच हैं। लेकिन यह कविता कितने कम शब्दों में उन्हें पहचान लेती है। यहाँ मितकथन को एक मूल्य की तरह रेखांकित करने की मंशा नहीं है, लेकिन समय के सारतत्त्व को आत्मसात् करके सम्भव हुए—एक

शक्तिशाली और हस्तक्षेपीय वाक्य को पहचानने की कोशिश ज़रूर है। दिलचस्प यह है कि ऐसी श्रेष्ठ कलात्मक उपलब्धि का असद अपने कवि-व्यक्तित्व के हक़ में कोई इस्तेमाल नहीं करते, नहीं तो यह वाक्य कविता के अन्त में आता। जबकि इस उत्कर्ष के बाद कविता पुनः ढलान पर उतरती है और लगभग एक एण्टीक्लाइमेक्स में, यह कहती हुई ख़त्म होती है कि दिन बीत गया और अख़बार का पहला पन्ना भी नहीं पढ़ा गया। कितने समकालीन कवि ऐसे हैं जो किसी कविता के अभीष्ट को हासिल कर लेने के बाद, सिर्फ़ तथ्य या अनुभव की विश्वसनीयता की रक्षा के लिए अपनी बात को एक आमफ़हम और मनहूस नोट पर ख़त्म करें। जो कम ज़रूरी और केन्द्रीय संवेदना से दूर दिखने वाली चीज़ों को भी सिर्फ़ आत्मसत्य के निर्वाह के लिए, काव्यानुभव के समय के किसी छोटे से सच को ज़िन्दा रखने के लिए अपनी अभिव्यक्ति के दायरे में शामिल करें। असद ऐसे तमाम सचों को कभी सायास, कभी अनायास गँवा देने वाले मानवीय स्वभाव को जानते हैं और उसे हर बार चैलेंज करते हैं। उनकी एक कविता कहती है—

> महान् क्षण आते हैं और चले जाते हैं
> न हमें उनकी वास्तविकता दिखायी देती है न वहाँ छिपी कला
> इत्तिफ़ाक़ के किसी दिन दोपहर के वक़्त एक सेकेण्ड के
> एक सौ पच्चीसवें हिस्से में यह जो तस्वीर एक ली गयी तो
> इसमें घटित हुआ वह सब जो कि हुआ
> और जो वक़्त के साथ बढ़ता ही चला जाता है
> फैलता और फूलता ही चला जाता है।

यह कहने में कोई झिझक नहीं होनी चाहिए कि विचारधारा के आग्रह हमें सत्ताओं के साथ आम आदमी के रिश्तों को एक पहले से मौजूद पैटर्न में देखने-दिखाने को प्रेरित और विवश करते हैं। जबकि उत्पादक श्रम की पदार्थवादी अवधारणाओं से परिचित कोई भी आदमी यह समझ सकता है कि साहित्य विचारधारा की सीधे-सीधे अभिव्यक्ति नहीं करता, विचारधारा का आभास भी पैदा नहीं करता, बल्कि एक अद्वितीय वस्तु में बदलकर विचारधारा का उत्पादन करता है। जर्मन विचारक वाल्टर बेंजामिन ने बर्टोल्ट ब्रेख़्त के बारे में कहा था कि ब्रेख़्त का महत्त्व मार्क्सवादी होने में नहीं है बल्कि इसमें है कि वे अपनी रचनाओं में हर

बार मार्क्सवाद का नये ढंग से आविष्कार करते चलते हैं। असद ज़ैदी सत्ता संरचनाओं की अद्यतन करतूतों का विश्लेषण करते हुए कुछ इसी तरीक़े से प्रतिकार की गयी शक्लें तैयार करते हैं। 'जो देखा नहीं जाता', 'इन्दिरा विकास पत्र', 'शेरों की गिनती', 'साहब आप हमारे यहाँ रोज़ आया कीजे', 'अमर सिंह', 'हिन्दी साहित्य विमर्श', 'दूरभाष', 'एक आम चुनाव के बाद', 'हिन्दू सांसद' और 'नृतत्वशास्त्री' में कई स्तरों पर जारी सत्तापरक क्रियाओं को पहचान लिया गया है। कविताओं की विषयवस्तु की व्यापकता और अभिव्यक्ति के वैविध्य से यह सीखा जा सकता है कि एक असली कविता के लिए जीवन का कोई भी क्षेत्र वर्जित नहीं है और जहाँ कहीं भी ग़ैरबराबरी, अन्याय और ताक़त द्वारा पैदा की गयी दूसरी वंचनायें हैं, वहाँ कविता मुमकिन है। कवि का यह दायित्व है, वह उन 'असाहित्यिक' जगहों में जाये और वहाँ के बारे में हमें बताये, और यह ऐसा दायित्व है जो रघुवीर सहाय के मुताबिक 'कभी प्रतिकृत नहीं होता'। विचारधारा के तयशुदा फ्रेमों में असद की कवितायें इसलिए कभी अट नहीं पायेंगी और हमें उन्हें जानने की नयी सैद्धान्तिकी तलाशनी होगी।

इस बीच पर्यावरण और वन्यजीवन की चिन्तायें पूरी दुनिया की राजनीतिक-सामाजिक बहसों में केन्द्रीय हुई हैं। यह अपने आप में बहुत अच्छी बात होती है, लेकिन साम्राज्यवादी मंसूबों ने इस चिन्ता का इस्तेमाल दूसरी और ज़्यादा ज़रूरी चिन्ताओं को कुचलने के लिए किया है। इसलिए सरकारें और दूसरी एजेन्सियाँ जब प्रकृति को लेकर अपने पिटे हुए बेईमान अन्दाज़ में कुछ करती नज़र आती हैं तो दृश्य के पीछे का यह सच भी नज़र आता है कि इस कृत्य के पीछे के लक्ष्य तो कुछ और ही हैं। 'शेरों की गिनती' शीर्षक कविता आज़ाद भारत की नौकरशाही के काम करने के तरीक़े पर भी एक वस्तुनिष्ठ बयान है।

> गिनती में तो वे सिर्फ़ ३०४ निकले
> और हो सकता है कुछ को दो बार गिन लिया गया हो
> क्योंकि २४ घण्टे के अन्दर वही शेर
> दोबारा उसी डबरे पर पानी पीने आ जाये तो
> ज़रूरी नहीं कि मौक़े पर मौजूद दूर मचान की
> आड़ में छिपा आदमी उसे पहचान ही ले

और वह आदमी अब ड्यूटी पर न हो
जिसने उसे
पहले गिन लिया था

फिर शेर का भी क्या भरोसा
दूसरी बार वह दूसरे डबरे पर पानी पीने
पहुँच जाये और वहाँ छिपे
गणनानायक को लगे कि लीजिये आया एक नया शेर
फिर शेरों की वर्तमान गिनती का
उनकी पिछली गिनती से भी एक ताल्लुक होता है
दो-तीन बार गिन लिया जाना आम बात है
अगर पाँच साल पहले किसी ने उन्हें ढाई-तीन
गुना गिन लिया तो इस साल
इस साल की सच्ची गिनती गले पड़ जायेगी सरकार के
सभी पूछेंगे कहाँ गये इतने सारे शेर
पाँच वर्ष तक बेरोक-टोक कौन करता
रहा है शेरों का संहार?
कितने करोड़ बच्चों को रोज़ शेरों के क़िस्से
सुनाये जाते हैं सैकड़ों भाषाओं में
उनकी कल्पना को रचा जाता है
शेरों के मुद्रित रूपकों पर सर्फ हुई
स्याही का वज़न तौलने पर
३०४ असली शेरों से ज़्यादा ही निकलेगा।
जितने साधन उनकी तस्वीर बनाने और शबीह
चमकाने में लग जाते हैं उतने से बनाया
जा सकता है एक घना जंगल
एक नया देश
एक नया राज्य
एक नया धर्म
असंख्य आज्ञाकारी पेड़
एक संयमित नदी
शेरों को बार-बार गिनने
की राजनीतिक

ज़रूरत में निहित है एक शेर को
अनेक बार गिनने की सामाजिक ज़रूरत

पिछले काव्ययुगों से हमारे समय की कविता को अलग करने वाली ज़्यादातर विशेषतायें इस कविता में न्यस्त हैं। यह कविता यथार्थ की थका देने वाली तफ़सील में जाती है और उस मानवीय कमज़ोरी को रेखांकित करती है जिसकी वजह से शेरों की गिनती ग़लत हो जाती है। फिर कविता अपने सहज बोध से उस जगह जाती है जहाँ से ऐसी कमज़ोरियों को अपने स्वार्थ में इस्तेमाल करने वाली ताक़तें 'ऑपरेट' करती हैं।

फिर कविता अपने स्वभाव के विपरीत एक रेटारिक में दाख़िल होती है और उद्‌बोधन की शैली में बताती है कि जितना ख़र्च आँकड़ेबाज़ी में किया जाता है उतने में, अगर ईमानदारी हो तो, एक नया देश, नया राज्य, बनाया जा सकता है। लेकिन पाठक को इस रेटारिक पर निर्भर नहीं हो जाना चाहिए क्योंकि कवि यहाँ व्यंग्य के सहारे इस सदिच्छा को भी छलनी कर डालता है और कहता है कि उतने ही ख़र्च से एक नया धर्म, असंख्य आज्ञाकारी पेड़ और एक संयमित नदी भी बनायी जा सकती है। दरअसल, मानवशत्रु व्यवस्थाओं को दोनों ही स्थितियाँ रास आती हैं—या तो शेरों की गिनती में समूचा प्रकृति प्रेम ख़र्च हो जाये या एक बड़े षड्यन्त्र के मुताबिक़ पेड़ों को आज्ञाकारी और नदियों को संयमित कर लिया जाय और कुछ नये धर्म वग़ैरह बना लिये जायें। आख़िरी चार पंक्तियों में कविता सीधे-सीधे अपना तात्पर्य बताती है।

इस कविता से इस बार फिर यह मालूम होता है कि ऐसे भी कवि हैं जिनकी हरेक कविता में उनका सब कुछ दाँव पर लगा हुआ है और जो फ़ौरी राहतों के लिए कुछ भी गँवा देने के लिए प्रस्तुत नहीं है। उन्होंने सतही सम्प्रेषण से, यथास्थिति के पक्ष में लोगों को गुदगुदाने से, प्रतिरोध के क्लिशों में जाने से, तत्काल की सौन्दर्याभिरुचि में गुम हो जाने से हमेशा के लिए इन्कार कर दिया है। उनका होना इस बात की साखी है कि कोई भी तन्त्र कविता गढ़ने से तरीक़ों का और कविता पैदा होने वाले असर का नियमन नहीं कर सकता और असहमतों की वहाँ हमेशा जगह रहेगी। अगर तन्त्र कविता का दुश्मन है तो असद के पास ऐसे दुश्मनों के लिए अचूक रणनीतियाँ हैं।

'सामान की तलाश' के ब्लर्ब में मंगलेश डबराल ने लिखा है कि 'असद की कविता का एक नया पड़ाव यह है कि इस संग्रह की बहुत सी कवितायें भारतीय क़स्बाई ज़िन्दगी के विलक्षण बिम्बों के ज़रिये एक सिनेमाई वस्तुपरकता और विडम्बना के साथ उन बदलावों को रेखांकित करती हैं जो राजनीति, साहित्य, कला, भाषा और मीडिया के स्तर पर घटित हुए हैं।' हाल के दिनों में 'लोकल' की मार्केटिंग ग्लोबलाइजेशन की नयी तरकीब के तौर पर सामने आयी। शायद बड़े शहरों की लम्बी चौड़ी आबादी में मौजूद बाज़ार की सम्भावना को पूरी तौर पर खोज लिया गया है इसलिए छोटी जगहों की ओर निशाना किया गया। स्थानीय अद्वितीयताएँ, आदतें, जीवनशैली और प्राकृतिक सहूलियतें नये से नये संक्रमणों का सामना कर रही हैं। दूसरी ओर बड़े शहर अनियोजित ढंग से अपने इर्द-गिर्द के गाँवों-क़स्बों में घुसपैठ कर रहे हैं। प्रत्यक्ष और परोक्ष विस्थापनों की बाढ़ आयी हुई है। विकास की विचारहीन अवधारणाओं ने सरल जीवन को ठप कर देना तय कर लिया है इसलिए विचित्र क़िस्म की विकृतियाँ दिखायी दे रही हैं। लेकिन किसी जादुई तरीक़े से व्यक्ति उनका अभ्यस्त होता जा रहा है। असद एक विलक्षण वैराग्य के साथ उस जीवन के कोलाहलों को अपनी कविता में ले जाते हैं। 'नौबतपुर में रंगमंच का हाल', 'सूना अड्डा', 'कुँजड़ों का गीत', 'नृतत्वशास्त्र', 'अकेला भाई', 'इलाहाबादी लड़के', 'फ़िल्मी जोड़ा', 'घर की बात', 'दुर्गा टाकीज : दिन और रात', 'काम और आराम' शीर्षक कवितायें यों तो क़स्बे की जीवन-धड़कनों से निर्मित होती हैं लेकिन अक्सर वे इस देश के किसी रूपक में तब्दील होती दिखती हैं। 'नौबतपुर में रंगमंच का हाल' को जनपदीय रंगकर्म के शोकगीत की तरह पढ़ा जाना चाहिए जहाँ ख़ाली मंचों पर, असद ज़ैदी के मुहावरे में कहें तो 'अतीत के प्रेत' मँडरा रहे हैं। एक समय का लाइटमैन कर्ण सिंह उर्फ़ करन नाटकों में लाइट बन्द कर पान लगा रहा है और पुराने दोस्तों से मिलने पर कहता है : 'पान की दुकान से बड़ा थियेटर कोई नहीं; यहाँ के अपने रंग हैं।' डाइरेक्टर प्रकाश बाबू अब दिल्ली में रहकर लोकनाट्य और आंचलिकता का धन्धा कर रहे हैं। और आभालाल सरीखी ऐतिहासिक रूप से प्रतिभाहीन अभिनेत्री 'पूरे हिन्दुस्तान की छाती पर मूँग दल रही है।' हमारे समय की अवसर-चतुर मीडियाक्रिटी कलात्मक, सामाजिक और राजनीतिक उत्कृष्टता के

स्वप्नों को श्रद्धांजलि अर्पित करती हुई कितनी सर्वव्याप्त और विकराल हो गयी है, यह कविता एक क़स्बे के थियेटर की हालत को इसका आईना बना देती है। कुछ इसी तरह समाज के जीवंतबोध से वंचित विद्वान की विशेषज्ञता पर 'नृतत्वशास्त्री' शीर्षक कविता में दो देहातिन औरतें हँसती हुई नज़र आती हैं। 'फ़िल्मी जोड़ा' में एक ऐसी जगह की शिनाख़्त है जहाँ कॉलेज में पढ़ने वाले लड़कों की 'पान-सिगरेट-किताब' की ज़रूरतें एक ही दुकान से पूरी होती हैं और उस दुकान का मालिक 'पनवाड़ी भी कुछ आशना ही लगता है', जो अपने मरहूम पिता की कोई फ़ोटो न होने पर दुकान में दारा सिंह और मुमताज का फ़ोटो लगाये हुए है और बाप की याद आने पर कुछ इज़्ज़त और कुछ शर्म के साथ इसी तस्वीर को नमस्ते कर लेता है। दुर्गा टॉकीज़ के नज़ारे तो हद हैं। इतने अस्त-व्यस्त, घुटन-भरे, चालू और सस्ते परिवेश का अक़्स उतारने में क्या रखना है और क्या छोड़ देना है, इसे बहुत बड़ी रचनात्मक मुश्किल से गुज़रकर ही तय किया जा सकता है। इसे पढ़ते हुए हमारे जगमग संसार पर मनहूसों की परछाईं पड़ने लगती है और एक भीषणता हमें चारों ओर से घेर लेती है। लेकिन किसी भी तर्क से इस दृश्य को अप्रामाणिक और अविश्वसनीय कहकर ख़ारिज करना कठिन है। इन दो कविताओं में व्यंग्य का सर्वोत्तम गद्य मुमकिन हुआ है। भारतीय जीवन की विडम्बनाओं के कोलाज की शक्ल इस कविता की संरचना से बहुत दूर तक मेल खायेगी। इस टॉकीज़ की दीवारें मर्दों के पेशाब से भीगी हैं। पंखे सीलन भरी हवा और अँधेरा फेंकते रहते हैं तो ज़्यादातर किसी की तरफ़ नहीं जाता। टूटी-फूटी फ़र्श पर पुलिस वाले और सिने संवाददाता ठोकर खाकर प्रतिहिंसा से भर जाते हैं। वीर्य और रक्त यहाँ की ज़मीन पर सने हुए, बिखरे हुए दिखायी देते हैं। पर्दे पर बीते दौर के सौन्दर्य की स्मारक वहीदा रहमान के मुँह से एक 'जीवित' वर्तमान छिपकली निकल पड़ती है। बुद्धिजीवी हीनतर जीवन व्यावहारिकताओं में लिप्त हैं और बीच-बीच में आने वाले ख़तरों को भी किसी फ़ैशन के तहत याद कर लेते हैं।

दूसरी कविता फासीवाद के 'पुनर्जन्म' के दौर को अपनी विवेचना का विषय बनाती है। यह वही दौर है जब हमारे इतिहास, वर्तमान और भविष्य को पुनरुत्थानवादी ताक़तें अपने एकमात्र रंग में रँग रही थीं। इसलिए दुर्गा टॉकीज़ की ज़मीन से उभरना 'सभ्यता का दूसरा चरण' था। जिन लोगों

ने 'लड़ाइयाँ देखीं, उन्होंने ही देखा लड़ाइयों का ख़ात्मा' और अन्त में 'जुल्म, खूँरेजी, गारतगरी, दिलेरी, आज़ादी, कुर्बानी, आन-बान, शहादत, बेहतरी और दूसरी फुटकर हिमाकतों पर मनोरंजन की जीत हुई।'

यह कविता के पूरे दौर को अपने वाक्यों में समेट लेना चाहती है और किसी घटना, अनुभव खण्ड व्यक्ति और चरित्र के चित्रण से सन्तुष्ट नहीं हो जाती। आजकल यह बात कई तरीक़ों से बार-बार कही जा रही है कि महास्वप्न के टूटकर बिखर जाने के बाद के इस उत्तर समय में यथार्थ इतना टुकड़ा-टुकड़ा और ऊलजलूल हो चुका है कि वह भाषा में दर्ज नहीं हो पा रहा है और इसी वजह से अब एक बड़ी कविता या महाकाव्य मुमकिन नहीं है। अब खण्ड-खण्ड सर्जनात्मकता में ही यथार्थ को अनुभूत और अभिव्यक्त किया जा सकता है। एक वृहत्तर महाकाव्यात्मक फलक को चरितार्थ करती देवीप्रसाद मिश्र की दो कविताओं ने इस सतही, पस्त और सुविधाभोगी धारणा को हालाँकि पूरी तरह निरस्त कर दिया है। इन कविताओं का हस्तक्षेप इतना अनिवार्य है कि फ़िलहाल के किसी भी काव्यात्मक व्यवहार पर चर्चा देवीप्रसाद मिश्र की इन कविताओं के सन्दर्भ के साथ ही सम्भव होगी। असद ज़ैदी की यह कविता जिस तरह समग्र परिवेश को केन्द्र में रखकर विमर्श करती है उससे पूरे दौर को समझने और विश्लेषित करने की हमारी कलात्मक हसरत को भी एक नया भरोसा मिलता है।

असद ज़ैदी के यहाँ समय की अवधारणा सौन्दर्य-बोध के एक नये आयाम की तरह इस्तेमाल होती है। उनके ज्ञानात्मक संवेदन में अनेक ऐतिहासिक समय एक साथ मौजूद रहते हैं और वे उन्हें एक साथ बख़ूबी कविता में भी ले आते हैं, उनकी एक ही कविता एक साथ कई समयों में रहती हुई दिखती है। समय को केन्द्रीय विषय बनाकर भी उन्होंने अनेक कवितायें लिखी हैं। उनके इतिहास-बोध में अनेक अतीत और भविष्य वर्तमान हैं। समय की बहुलता और समान्तरता में उनके काव्य की मौलिकता का रहस्य छिपा हुआ है। वह समय के भीतर की सक्रियताओं के ऐतिहासिक महत्त्व या महत्त्वहीनता को निर्भ्रान्त ढंग से पहचानते हैं और इस कौशल को उनकी राजनीतिक समझ से अलग करके नहीं देखा जाना चाहिए। उनके नये संग्रह में सत्तर, अस्सी और नब्बे के दशक जीते-जागते लोगों की तरह ठोस, मांसल और इन्द्रियसंवेद्य हैं, और इक्कीसवीं सदी को भी ख़ासा मानवीकृत किया गया है। स्मृति उनके लिए एक बहुस्तरीय संरचना है। कई बार तो

यथार्थ का अनुभव ही स्मृति है। यह बात बार-बार कही जानी चाहिए कि असद जिस तरह स्वप्न और स्मृति में आवाजाही करते हैं उससे यह साबित होता है कि वह दो चीज़ें उनके लिए यथार्थ के ही अलग-अलग चेहरे हैं। इसी वजह से बार-बार बीते दौरों में जाने के बावजूद उनकी कविता में नॉस्टेल्जियाजन्य असहायता ढूँढ़ लेना मुश्किल है। उनकी कविता 'एक याद' के उदाहरण से इस धारणा को बेहतर जाना जा सकता है :

वो एक याद थी जिसे मैं इन्तज़ार में था कि
कुछ धुँधली पड़े तो काम में लूँ
एकाध कुर्सी वहाँ पहले से लुढ़की पड़ी थी
कुछ चिन्दियाँ इधर से उधर डोलती फिरती थीं
बस कुछ फ़ासला और हो जाये, बीच में थोड़े
मिट्टी पत्थर आ गिरे, थोड़ी
बदनसीबियाँ, कुछ कीटाणु नाशक घोल...
कुछ ठोकरें रास्ते में बनी हों
रफ़्तार को कम करती हुई।

मैं इसी इन्तज़ार में था, लेकिन मैंने देखा
कि बस एक ही क़दम की दूरी बाक़ी है
और लीजिये ये हुई मुठभेड़
वो चीज़ जिसे स्मृति जानकर मैं
दूर से देखना चाहता था
दरअसल एक खटका था
भविष्य से वर्तमान की तरह आता हुआ

असद जानते हैं कि जब इस देश के ख़ास वर्ग के बीच दुनिया भर के कॉरपोरेशन भाँति-भाँति से पैसा पम्प कर रहे हों और उसे ख़र्च करने के नुस्ख़े भी फैला रहे हों और बाक़ी समाज को बुनियादी अधिकारों से भी वंचित किया जा रहा हो, जहाँ एक ख़ास वर्ग के लिए एक अपार वर्तमान में डूबने-उतराने के असीमित मौक़े हों और बाक़ी समाज के लिए उसका वर्तमान एक शून्य की तरह मौजूद हो, उस समय 'समय की अवधारणा' को लेकर लोग आख़िर कितने सजग और संवेदनशील हो सकते हैं। उनके लिए समय ज़्यादा से ज़्यादा एक सूचना है। इतिहास और विचार को समाप्त मानने वाले अतर्क्य उल्लास और उद्दण्डता को ज़मीन उपलब्ध

करा रहे हैं। असद एक स्मृतिसम्पन्न, धर्मनिरपेक्ष और निर्भीक बुद्धिजीवी को ऐसे वातावरण में सर्वाधिक घिरा हुआ पाते हैं और उसकी लाचारियों पर अफ़सोस करते हैं।

कुछ होना था सत्तर के दशक में जो नहीं हुआ
अस्सी के दशक में चलने लगीं उलटी-सीधी हवायें
और नब्बे के दशक में जो नहीं होना था हो ही गया
इस तरह सदी के ख़त्म होने से पहले ही
रुख़सत हो चली एक पूरी सदी
अब यह सब अध्ययन की वस्तु है।

और चूँकि हम बीसवीं सदी के कुछ प्रतिनिधि नमूने हैं।
तो गैलेक्सी चैनल की मौखिक इतिहास परियोजना के तहत
एक प्रश्नावली और एक माइक लेकर आ रहे हैं।...
इक्कीसवीं पीढ़ी के ये शोधकर्ता जिन्हें
इक्कीसवीं का अलिफ और सदी का ये पता नहीं...
यह हमसे क्या पूछ सकेंगे
इन्हें हम क्या समझा सकेंगे

असद ज़ैदी का नया संग्रह हिन्दी साहित्य संसार को विपत्ति में डाल रहा है। उन्होंने हिन्दी में चल रहे उद्योगों को पहचान लिया है इसलिए लोग हमलावर हो गये हैं। बहसों की अपर्याप्तता और वायवीयता हो, हिन्दी के महन्थों और मठाधीशों के आचरण हो, विस्मरण और अभिरुचियों की रूढ़िजर्जरता हो, सार्वभौमिक होता जा रहा हिन्दूपन हो—ऐसे अधिकतर संकटों को उनकी कविताओं ने देख लिया है। जबकि यहाँ जो लोगों को नंगा देख लेता है उसे सज़ा दी जाती है। उनकी एक कविता भविष्य के हिन्दी रचनाकारों को आगाह करते हुए बताती है कि साहित्य के मंचों पर बैठने के अभियान में लगे हुए लोग दरअसल ख़ुद को खो चुके लोग हैं। ऐसी हालत में यह जानना कोई मुश्किल नहीं है कि मंच पर बैठने वालों का गिरोह इस कविता के साथ कैसे पेश आयेगा। लेकिन व्यावहारिक घपलेबाज़ियों से समूचे दृश्य का मूल्य भले ही गिर जाये, कविता की क़ीमत पर कोई आँच नहीं आती। यह ज़रूर सम्भव है कि तब बात असद ज़ैदी की कविताओं पर न होकर, उन कविताओं में निहित प्रवृत्तियों और मूल्यों के दूसरे और विपरीत मूल्यों से हो रहे द्वन्द्वात्मक संघर्ष की

प्रक्रियाओं पर केन्द्रित हो जाये और कुछ निर्भीक सामान्यीकरणों में जाने की ज़रूरत महसूस की जाने लगे।

अगर असद ज़ैदी की कवितायें सिद्धान्त-निर्माण के लिए प्रेरित या बाध्य करेंगी जिसकी सम्भावना साफ़ तौर पर दिखायी दे रही है, तो यह अन्ततः कविता के पक्ष में एक यादगार घटना होगी।

कभी मिलना है हम करोड़ों को हम करोड़ों से

'सार्थक कवि वे होते हैं जिनकी आप पेशेवर, प्राध्यापकीय या ग़ैर प्राध्यापकीय, वस्तुपरक समीक्षा कर नहीं सकते—बल्कि कभी जो आप करते हैं उसे समीक्षा कहना भी वैसे कवियों की और स्वयं अपने लिखे की एक अवमानना लगता है।'

–विष्णु खरे

वह शीशे में
यूँ और इतना देखना चाहता है
कि बिल्लौर में तिड़कन तक न आये
सिर्फ़ जो दिख रहा है वह पुर्ज़ा-पुर्ज़ा हो जाये
और जो देख रहा है वह भी
फिर भी एक अक़्स बचा रहे
जिसका वह है उसे जाने कैसे देखता हुआ

(विष्णु खरे के नये संग्रह 'पाठान्तर' की एक कविता 'अक़्स' का एक अंश)

विष्णु खरे की कविता के लिए अन्यान्य विशेषण नाकाफ़ी हैं। उसे वर्गीकरणों में समेटने की कोशिश करने वाले ख़ुद उसी के विराट में गुम हो गये और मूल्यांकन शुरुआत में ही रुक गया। ज़िद्दी और ईमानदार विश्लेषक हालाँकि अब भी डूब-उतरा रहे हैं लेकिन परिपाटियाँ मदद नहीं कर पा रही हैं। समझदारी की हर तरह की पारम्परिकता कविता के सामने असहाय है। फुटकर टिप्पणियाँ सन्तोषजनक हैं लेकिन विशद थीसिस दरकार है। कुछ रायें भी उपलब्ध हैं पर वे दूर तक जायेंगी, कहना कठिन है। क्या यह

परिणति है कि विष्णु खरे और विनोद कुमार शुक्ल को बिना आलोचनात्मक मूल्यांकन के ही बड़ा कवि मान लिया गया है? लेकिन इसी अपर्याप्तता के बीच हिन्दी कविता के पाठक के सहजबोध के हस्तक्षेप का अन्दाज़ा होता है। यह उसी की प्रतिक्रिया की ताक़त है जिसने अपने मुखर मौन के ज़रिये इस क्रमभंग को केन्द्र में स्थापित कर दिया है। साहित्यिक आलोचना के पास भले ही औज़ार न हो, लेकिन भविष्य के कवियों, पाठकों और बौद्धिक चुनौतियों ने वर्तमान परिवेश की जड़ों को हिला दिया है। दरअसल, साहित्य की मुख्यधारा के साथ दिक़्क़त यह है कि विष्णु खरे की कविता को केन्द्रीय मानते ही उसे समूची कविता के लक्ष्यों, आदतों और तरीक़ों को आमूलचूल बदलना होगा जिसके लिए आत्मिक और भौतिक तौर पर कोई भी क़तई तैयार नहीं है। जीर्ण-शीर्ण बही-ख़ाते, दाख़िल-ख़ारिज के फ़ालतू काग़ज़ और सौन्दर्य-बोध की व्यतीत मुद्रायें विसर्जित हो जायेंगी और अपने ज्ञानात्मक संवेदन से निहायत भिन्न वस्तु को कविता मानना पड़ेगा और यह कविता आपको अप्रत्याशित दिशाओं और अज्ञात गन्तव्यों की ओर धकेलती जायेगी। इसलिए अपनी मूर्खता, बेईमानी, पस्ती और शैथिल्य के कुएँ का मेढक बने रहने के लिए ज़रूरी है कि कविता से प्रतिकृत न हुआ जाये और अपने चालू और मीडियाकर बोध में इसे कुछ झूठे वाक्यों के ज़रिये सँभाल लिया जाय। प्रगतिशील वसुधा के ७५वें अंक में प्रकाशित एक साक्षात्कार में पंकज सिंह कुछ ऐसी ही हास्यास्पद बातें करते दिखायी देते हैं। यूँ तो पूरा साक्षात्कार बकवास मन्तव्यों और दयनीय आत्मप्रदर्शनों से भरा हुआ है, लेकिन उसके जिस हिस्से से विष्णु खरे की कविता का ताल्लुक है उसे ही, न चाहते हुए भी, यहाँ उद्धृत किया जा रहा है :

> ...इस असम्पूर्ण नामोल्लेख के साथ उस तरह के कवियों का ज़िक्र भी ज़रूरी है जो सामाजिक कलावादी हैं। विष्णु खरे के पिछले संग्रह पर लिखते हुए मैंने जब इस पद का प्रयोग किया था तो कई मित्रों ने इसकी व्याख्या की माँग की थी। दरअसल, जहाँ तमाम तरह की हलचलों और गतिशीलता से भरे, यातना और संघर्ष के रलमल समाज की जगह, सामाजिकता के कुछ सुविधाजनक बिम्ब और उल्लेख फ़ोटोग्राफ़ में क़ैद ज़िंदगी के टुकड़ों की तरह आयें और वे बिना विश्व-दृष्टि या दार्शनिक आधारों के हों तो रचना के आभास की वैसी स्थिति को मैं सामाजिक कलावाद कहना चाहता हूँ।

हमारे सामाजिक-साहित्यिक व्यवहार की भाषा को बहुत दूर कर निरर्थक और झूठा करने का काम जिस तरह के लोगों और प्रवृत्तियों ने किया है, इस उदाहरण के बाद उसे जानने के लिए किसी दूसरे उदाहरण की ज़रूरत शायद नहीं है। लेकिन यही मन्तव्य उस वैचारिक और कलात्मक ग़रीबी का भी उदाहरण है जिसके तंग दायरों में विष्णु खरे जैसा असाधारण शिल्पकार आमतौर पर नहीं अँट पाता। हमने अपनी रुचियों और रुझानों की भयानक रूढ़ियाँ बना ली हैं और नयेपन की सैद्धान्तिकियों के लिए उसमें कम से कम जगह है। इसलिए जब भी कविता हमें नये-नये तरीक़ों से चैलेंज करती है हम पूर्ववर्ती कविता से हासिल अन्तर्दृष्टियों का मुँह ताकने लगते हैं। इस रचना समय में यह बात निहायत ज़रूरी है कि हम उस अनिवार्यतम कवि व्यक्तित्व की शिनाख़्त करें जो प्रगतिवाद, नयी कविता, अकविता और उसके बाद के दौरों की उपलब्धियों को आत्मसात् करता हुआ आगे आये और उसकी सभी विशेषताओं को पार भी कर जाये। ऐसा कवि यथार्थ के ज़्यादातर सिरों से एक साथ मुख़ातिब होगा, अनाविष्कृत संरचनायें सम्भव कर रहा होगा, कविता को लेकर उसमें अदम्य अभियानात्मकता होगी, वह काव्यकर्म को एक अभूतपूर्व बौद्धिक परियोजना में बदलता जा रहा होगा और इतिहास, भूगोल, सत्ता, राजनीति, विज्ञान और मनुष्य होने की कठिन स्थिति से उत्पन्न सत्यों, रहस्यों, बहसों और सवालों से सीधा सामना करता हुआ एक जटिल मौलिक विन्यास में उसे हमारी भाषा में मुमकिन करेगा। विष्णु खरे के अलावा ऐसा कौन हो सकता है? बक़ौल असद ज़ैदी, 'अगर प्राध्यापकीय वर्गीकरण की शब्दावली में बात करें तो बात बस इतनी है कि विष्णु खरे हिन्दी कविता के 'रघुवीर सहाय युग'—यानी हमारे आज के दौर के केन्द्रीय महत्त्व के कवि और शिल्पकार हैं।'

ऐसे में, विष्णु खरे के साथ हमारी समीक्षा को कैसे पेश आना चाहिए? उसे कविता की बीहड़ता से डरकर सरलीकरणों की शरण में चले जाना चाहिए, उसे अपनी अभ्याससिद्ध धूर्तता में कविता के असर को मानने से इनकार कर देना चाहिए, भविष्य की कविता के साथ इस कविता के रिश्ते की द्वन्द्वात्मकता को सोचना चाहिए, या इस कविता के बरअक्स एक चमकीली, पालतू और रास आने वाली कविता का विज्ञापन करते हुए उसी को मुख्य कविता मानने और मनवाने लगना चाहिए। ऐसे अनेक काले-

सफ़ेद विकल्प मौजूद हैं और उनमें सुविधापूर्वक भटका भी जा सकता है लेकिन उनकी कविता से उत्सर्जित अपेक्षायें अलग हैं। वे अपने पाठक से सख़्त, अनुशासित, निर्भीक, संवेदनशील, सेकुलर, अपने काव्य-संस्कारों के प्रति बेहद संशयग्रस्त, यथार्थ और सादगीपसन्द, ब्रह्माण्ड के विस्तार और वैविध्य को लेकर जिज्ञासु और इन्सान और समाज के उत्थान और परिष्कार के आन्दोलन में शामिल होने की माँग करती हैं। उनकी कविताओं के साथ संवाद करने के लिए पहले से ये ख़ासियतें होनी चाहिए नहीं तो पछताना होगा। यह सब कहना इसलिए ज़रूरी है कि अपने बाद की पीढ़ियों पर सबसे ज़्यादा असर डालने के बावजूद विष्णु खरे सबसे कम समझे गये कवियों में से हैं। पेशेवर आलोचना ने उनके अवदान को घटाने का, अपनी बुद्धि के मुताबिक़ उनकी कविताओं की व्याख्या कर डालने का कोई मौक़ा नहीं गँवाया है यह एक परिचित तथ्य है, लेकिन श्रेष्ठतर सर्जनात्मक आलोचना भी चाहे-अनचाहे इस गुनाह में शरीक है। मसलन, उनकी कविता-किताब 'सबकी आवाज़ के पर्दे में' की समीक्षा करते हुए कवि-आलोचक अशोक वाजपेयी कहते हैं :

> ...जो कविता को लेकर स्मृतिहीनता होती है वह विष्णु खरे के यहाँ भी है। उनकी कवितायें पढ़कर कोई प्राचीन कविता या धरोहर याद नहीं आती। उनके यहाँ मानो अपने समय में मनुष्य बने रहने की तकलीफ़ और विडम्बना, जिजीविषा काफ़ी है—परम्परा का इस कविता पर न तो बोझ है, न ही वह उसके किसी काम की है। इस रुख़ पर बहस हो सकती है पर विष्णु खरे की कविता परम्परा से अपने को वंचित करने के बावजूद मानवीय ऊष्मा की कविता है। वह सीधे-सीधे आज और अभी के जीवन की, जीने की झंझटों की कथा कहती है, पहले का कुछ भी याद दिलाये बग़ैर।

इस अभिमत पर पहला एतराज़ तो यही है कि विष्णु खरे की कविता के लिए स्मृति और परम्परा अलग से श्रद्धा की वस्तु नहीं है बल्कि अशोक वाजपेयी के शब्दों की मदद लें तो 'अपने समय में मनुष्य बने रहने की तकलीफ़ और विडम्बना, जिजीविषा' की ही भिन्न शक्लें हैं। अशोक वाजपेयी यह ठीक कहते हैं कि 'परम्परा का इस कविता पर कोई बोझ नहीं है'। लेकिन यह कहना कि 'उनकी कविता पढ़कर कोई प्राचीन कविता या धरोहर याद नहीं आती', तो ख़ुद समीक्षक की 'याद' पर एक

टिप्पणी है। दरअसल, विष्णु खरे का परम्परा-बोध इतना सुदूर स्थित है कि उस तक पहुँचने के लिए अपने परम्परा-बोध से कई परम्पराओं की यात्रा करनी पड़ सकती है। महाकाव्यों, पुराकथाओं, प्राचीन आख्यानों और मिथकों का जितना व्यापक, सार्थक और प्रासंगिक अन्वेषण विष्णु खरे ने अपनी कविताओं के ज़रिये किया है वह हिन्दी काव्य में एक मिसाल है और उससे अर्जित होने वाली काव्यवस्तु एक सर्जनात्मक परिघटना। उनकी काव्य चेतना को बहुत हद तक नियमित करने वाले पाठों के दौर पर महाभारत और रामायण को रेखांकित किया जाना चाहिए। अस्तित्व के अलग-अलग स्तरों पर जब परम्परा से अन्त:क्रिया की जा रही हो तो अभिव्यक्ति में भी उसकी कई सिम्तें होंगी। और तब कविता के शब्दों में निकट अतीत में स्थित तथाकथित 'परम्परा' से सायास पैदा की हुई अन्तर्ध्वनियाँ नहीं होंगी, कहीं दूर से आता एक मौलिक और अब तक अनभिव्यक्त धाराप्रवाह होगा जो वर्तमान से होता हुआ भविष्य की ओर चला जायेगा। वह कई दृश्यों और तरीक़ों में ज़ाहिर होगा। कवि अपने साक्षात्कार में कहेगा :

> संस्कृत के महाकाव्य ख़ासकर महाभारत सरीखी गद्यपरक कविता संसार में आपको नहीं मिलेगी। वह कविता है क्योंकि उसमें जो निगाह है, गहरे इमोशन छिपे हुए हैं, उनसे कविता पैदा होती है। होमर का 'इलियड' और दाँते का 'डिवाइन कॉमेडी' सरासर गद्यमय और ब्योरापरक हैं, अगर पाठक ट्रेण्ड न हो तो वह उचाट हो जाये...महाभारत में मात्राओं का बन्धन तथा तुकान्त योजना नहीं है। नितान्त अलंकारहीन एक लाख श्लोक यानी दो लाख पंक्तियाँ, लगभग दो करोड़ शब्दों का महान् गद्यात्मक काव्य। तो सवाल गद्य का नहीं, गद्य के ऐसे अरेन्जमेण्ट का है कि उसमें एक विचारात्मक-भावनात्मक संगीत और लय पैदा हो।

कैसी विचित्र स्थिति है कि जिस कविता पर परम्परावंचित होने के आरोप लगाये जा रहे हैं वही परम्परा के सर्वोत्तम को भविष्य के सामानों में बदलने के ऐतिहासिक कार्यभार को अंजाम दे रही है।

कुछ तकनीकी क़िस्म के एक उदाहरण से बात और साफ़ होगी। उनके पिछले कविता संग्रह 'काल और अवधि के दरमियान' में 'अग्निरथोवाच' शीर्षक एक कविता है। यह कविता अर्जुन और कृष्ण के रथ का बयान है जो कृष्ण से संवाद करते हुए महाभारत के भीषण संग्राम के औचित्य

की मीमांसा करता है। यह कविता महाभारत युद्ध की भीषणताओं की तफ़सील में जाती है और इर्द-गिर्द के अनेक उपाख्यानों को भी कविता में विन्यस्त कर लेती है। लेकिन परम्परा-बोध और कलात्मक परिपूर्णता का उत्कृष्टतम नमूना है इसका पहला पैराग्राफ—इसमें रथ के विभिन्न हिस्सों के नाम लिये गये हैं। आप इन्हें पढ़िये, इनके मूल बौद्धिक स्त्रोतों की कल्पना कीजिये और उस एकाग्रता और तैयारी की भी, जिनकी मदद से एक आधुनिकतम काव्यार्थ की कविता में न जाने कितना प्राचीन किन्तु सचमुच का रथ तैयार किया जा रहा है :

गन्धर्वों के देश में जनमे यह रजत जैसे अश्व न थके हैं न जराग्रह हैं
इन्हें बाण लगे हैं किन्तु यह बारम्बार निर्भय तीव्रगामी हुए हैं
छत्र सुरक्षित रहा है ध्वजा एक बार भी नहीं कटी
और अरा नहीं टूटा किसी पहिये को पृथ्वी ने नहीं ग्रसा
चक्ररक्षक और वरूथ की कभी क्षति नहीं हुई
केवल एक बार सर्पमुख बाण से बचाने के लिए झुकना पड़ा है
नहीं तो जंघापुरी स्तम्भ ईषा जुआ कूबर अपस्कर सब समूचे हैं
आधार और त्रिवेणुकाष्ठ से कोई ध्वनि नहीं आती तिड़कने की
पूर्व पक्ष और अपरपक्ष का कुछ नहीं बिगड़ा है
तल्प तथा अपकर्ष वैसे ही हैं जैसे प्रजापति विश्वकर्मा ने बनाये थे

इस कविता में सम्भव हुई वस्तु योजना के पीछे कितना विराट अध्यवसाय है, इसे महसूस किया जाना चाहिए। उनके नये संग्रह 'पाठान्तर' में मिथकों और पुराकथाओं को विषय बनाकर लिखी गयी—'प्रतिरोध', 'प्रक्षिप्त', 'यथार्थ' और 'अन्तत:' शीर्षक कुल चार लम्बी कवितायें हैं।

इसके अलावा उनकी भाषा के क्लासिकी रुझान में भी परम्परा की अनेक छवियाँ जज़्ब हो गयी हैं जो जब-तब झलकती रहती हैं; और निहायत समकालीन विषय पर लिखी गयी उनकी कविता को पढ़ते हुए भी एक अव्यक्त-सा एहसास इस बात का होता रहता है कि यहाँ कोई मिथक रचा जा रहा है कोई भंग किया जा रहा है। दरअसल, विष्णु खरे ने अपनी कविता के लिए संश्लिष्टतम कार्यभार स्वीकार किये हैं। उनके यहाँ परम्परा के स्त्रोतों का इस्तेमाल कभी भी पाठकों के परम्परा-बोध को जागृत भर करने के लिए नहीं किया गया है, बल्कि समकाल का व्यापकतर विखण्डन करने के लिए परम्परा वहाँ एक औज़ार के तौर पर

काम करती है। उनके यहाँ परम्परा के नाम पर कोई इकहरी गतिविधि नहीं की गयी है बल्कि वह उनके प्रासंगिक बौद्धिक लक्ष्यों में मददगार की तरह सामने आती है। इनकी परम्परा को थीम बनाकर लिखी गयी कविताओं में भी काव्यार्थ इतना ज़रूरी साबित होता है कि अर्थ की उस नयी छाया में कविता हमारे फ़िलहाल का दस्तावेज़ बन जाती है। विष्णु खरे इतिहास और अतीत के सवालों को उस सर्वाधिक हताहत व्यक्ति की ओर से उठाते हैं, जो अब भी वही है, वैसा ही है। उनकी एक कविता 'लापता' महाभारत के भीषण युद्ध में लापता हो गये लोगों की बेहद वस्तुपरक तफ़सील पर एकाग्र है लेकिन अपनी सार्वभौमिक संवेदनात्मक अपील की बदौलत वह सृष्टि के अब तक के सभी युद्धों में अनायास, अकारण और सत्ताओं के हितसाधन के लिए काल-कवलित लोगों का विरोध-वक्तव्य बन जाती है। यह कविता एक गणितज्ञ की निष्ठा, पवित्रता और एकाग्रता से लिखी गयी है। प्रसिद्ध अँग्रेज़ कवि-आलोचक टी.एस. इलियट को एक रचनाकार से जिस 'सेन्स ऑफ़ फैक्ट' की अपेक्षा रही है, उसका सर्वोत्तम निर्वाह इस कविता में हुआ है। यह कितनी बड़ी उपलब्धि है कि विष्णु खरे की कविता के सघनतम क्षणों में उनका आत्म किसी तटस्थ वस्तु में रूपान्तरित हो जाता है और कविता में निहित वस्तुयें भी कवि के उज्ज्वल स्पर्श से आत्म हो जाती हैं। सतह के विभाजन ख़त्म हो जाते हैं और एक अपूर्व संरचना से हमारा सामना होता है। ऐसी कवितायें महाभारत के कितने अध्ययनों के बाद सम्भव हुई होंगी और हरेक बार उस विचित्र महाकाव्य को कितनी मौलिकता और जिज्ञासा के साथ पढ़ा गया होगा? यूँ तो पूरी कविता में से कुछ भी अलग से ज़रूरी जानकर निकाला नहीं जा सकता, फिर भी कुछ अंश....

...युद्ध के बाद जब युधिष्ठिर से धृतराष्ट्र पूछते हैं
कि इस महासमर में कितने मरे और कितने बचे
तो वह वंश और सभ्यता के लगभग सर्वनाश के बावजूद
शुद्ध वैज्ञानिक उत्सुकता का प्रतीक है
युधिष्ठिर का उत्तर भी
महासंग्राम की बीभत्साओं के बीच
सूचनायें प्राप्त करने और स्मरण रखने की
वस्तुनिष्ठ क्षमता का अपूर्व उदाहरण है

...और जब वे युद्ध के बाद न देखे गये सैनिकों की संख्या
ठीक ठीक चौबीस हज़ार एक सौ पैंसठ बताते हैं
तब एक तो मानव इतिहास में शायद पहली बार
लापता फ़ौजियों का उल्लेख होता है
दूसरे इतनी वाजिब संख्या न केवल वास्तविक लगती है
बल्कि हममें एक अजीब खीज और कौतूहल जगाती है

ये जो २४१६५ अलक्षित थे
उनके वीर्य और विचार कहाँ तक पहुँचे
यह कौन कह सकता है
विश्व की कितनी सभ्यताओं को इन्होंने क्या दिया
और इनके युद्ध न करने से जो जीवित रह पाये
उन्होंने

विष्णु खरे ने वस्तु स्थितियों को चैलेंज की तरह स्वीकार किया है और एक साथ उसके अनेक स्तरों से संवाद किया है। यह सभी जीवन सत्यों को एक-दूसरे में बेहतर उलझा हुआ और अभिन्न मानने वाली मुक्तिबोधीय महापरियोजना के अद्वितीय आर्किटेक्ट के तौर पर हमारे सामने हैं। उनकी कविता संसार और समय के सभी सवालों का एक ही, विराट, कठिन, सम्पूर्ण और निर्णायक जवाब ढूँढ़ने के कठिन और नामुमकिन माने जाते प्रयत्नों की कविता है। वह कविता से बहुत उम्मीद करते हैं और आत्मसंघर्ष के नये से नये सिलसिलों और भविष्य के समाज-निर्माण के कठिन से कठिन दायित्वों से उसे लैस करते जाते हैं। दरअसल, उत्तर मुक्तिबोध दौरों में कविता की सरलता के अतर्क्य आग्रह इतने ज़्यादा बढ़ते गये हैं कि इस समकालीन शोरगुल में यह बात लगभग भुला दी गयी है कि कविता से अधिकतम उम्मीदें करनी और उन उम्मीदों को कविता के भीतरी औज़ारों में बदल देना परम्परा-प्राप्त मूल्य है और इसे कविता के मूल्यांकन के अकाट्य पैमाने की तरह स्थापित किया जाना भी हमारी ज़रूरत है। विष्णु खरे की कविता ऐसी स्थापना का प्रस्ताव है। वह कविता को कठिन से कठिनतर करते जाने की एक कवि की ओर से दी जा रही चुनौती है। वहाँ अधिकतम सम्भव रूपों और निर्मितियों में जाकर अभिव्यक्ति के ख़तरे उठाने की परम्परा को भविष्य में स्थापित किया जा रहा है। विष्णु खरे के नये संग्रह 'पाठान्तर' की एक कविता से इस धारणा

को क़ायदे से जाना जा सकता है। यह कविता इस अपार सृष्टि में होने से उत्पन्न अचरज और इस भीषण संसार में इन्सान और इन्सान के बीच की अलंघ्य ग़ैर बराबरी से उत्पन्न होने वाली पीड़ा को एक ही अद्‌भुत अवधारणा में निमज्जित कर लेती और यूँ एक अभूतपूर्व रचना प्रकाश में आती है। यहाँ उस फूहड़ और यान्त्रिक वर्तमान दृश्यखण्ड की बरबस याद आती है जिसमें वर्ग संघर्ष के सामूहिक ख़्वाब को जड़, शिथिल, प्रतिक्रियावादी, गीतात्मक और फुस्स क़िस्म की काव्य संरचनाओं में विघटित कर लिया गया है। इसी दृश्य में कुछ ज़हीन माने जाने वाले दिमाग़ भी वर्ग संघर्ष और अस्मिता संघर्ष को अलग-अलग और परस्पर विरोधी मान लेने का प्रस्ताव कर रहे हैं। वे ज़िन्दा रहने के लिए लड़ी जा रही लड़ाइयों पर शक करते हैं और भविष्य के अनन्त में लड़ी जाने वाली किसी अन्तिम और निर्णायक संग्राम की प्रतीक्षा करते हैं। वे सिंगूर और नन्दीग्राम के लड़ाकों को गद्‌दार और लड़ाई के वर्तमान दृश्य को कन्फ़्यूजिंग मानते हैं। समकालीन जनमत (वर्ष २६, अंक ३) में प्रकाशित एक साक्षात्कार में राजेश जोशी कहते हैं :

> दृश्य बहुत कन्फ्यूजिंग है। समझ में नहीं आता कि जब बुद्धदेव ने अपना क़दम वापस ले लिया कि हम ज़मीन नहीं लेंगे, उसके बाद भी संघर्ष क्यों हुआ? कौन शक्तियाँ हैं जो उन लड़ने वालों का समर्थन कर रही हैं? क्यों मेधा पाटकर उसमें इतनी रुचि ले रही हैं? क्यों कांग्रेस जो परमाणु समझौते पर पिट गयी, इतनी उसमें रुचि ले रही है? शक की सुई वहाँ पर अटकती है कि कहीं यह अमेरिका स्पॉन्सर्ड आन्दोलन तो नहीं है जो पूरे वामपन्थ के ख़िलाफ़ जाता है, ये सवाल उठता है।

अव्वल तो सचाई को इतने निर्भ्रान्त और आग्रही तरीक़े से स्याह और सफ़ेद, वर्ग संघर्ष और अस्मिता संघर्ष में बाँटा नहीं जा सकता। दूसरे, किसी तर्क से इस प्रस्ताव पर अमल भी करने लगा जाय तो क्या यह कार्यवाई संघर्ष को क्षीण और हल्का नहीं कर देगी? क्या वर्गचेतस होते हुए विश्वचेतस नहीं हुआ जा सकता? क्या संघर्ष की परियोजना को अपने विचारों और कर्मों से इतना विस्तृत और समावेशी नहीं बनाया जा सकता कि दुश्मनों से लड़ते हुए थोड़ी दूर और थोड़ी अलग राह पर खड़े दोस्तों को दुश्मन बना लेने पर विवश न होना पड़े? और यह काम अगर एक कविता करती है तो इससे सार्थक राजनीति भला और क्या हो सकती है?

इस बिन्दु पर कविता के शब्द वस्तुस्थिति को समझने और बदलने में ज़्यादा कारगर होंगे।

बताता है कि सृष्टि विज्ञान
कि जिस तरह हमारी यह पृथ्वी है
ठीक उसकी दर्पण छाया या प्रतिलिपि की तरह
सौ प्रतिशत वैसी ही एक दुनिया और है
वहाँ एक ओर बैठा हुआ हूँ मैं
और वैसे ही तुम
हर पल वही देखते सोचते करते जीते मरते हुए
इतने ही अरब बाशिन्दे

वहाँ भी बताता है यही सृष्टि विज्ञान
उसी पृथ्वी पर
उसी इसी ब्रह्माण्ड में
लेकिन प्रतिबिम्बित ठोस ब्रह्माण्ड को छोड़ें अभी
यह सोचें
कि जितना अन्याय अत्याचार पाशविकता जड़ता यहाँ है
ठीक उतने ठीक वैसे वहाँ भी हो रहे हैं
ठीक इसी क्षण
पतन की कोई पराकाष्ठा नहीं
वही अपरिहार्य विनाश
जैसे यहाँ वैसे वहाँ
अनन्तता में परस्पर प्रतिबिम्बित प्रतिसर्जित
करोड़ों वहाँ बेहतर जीवन श्रेष्ठतर मानवता की तलाश में
करोड़ों यहाँ

•

जब हम संकल्प करते हैं तो वे करते हैं
या वे करते हैं तो हम करते हैं
जब वे भर आते हैं क्रोध से
तो हमारे माथों में ख़ून लोहकने लगता है
जब हम एक होते हैं तो वे इकट्ठा हो जाते हैं

जब वे हमला करने की सोचते हैं
तो हम भी वही हथियार उठाये हुए होते हैं

•

किसी को भी इन दोनों विश्वों को नष्ट करने की
अनुमति नहीं दी जा सकती किन्हीं भी शर्तों पर

•

अपनी-अपनी दुनियाओं को
बिलकुल एक जैसे मुक्त कर
कभी मिलना है हम करोड़ों को
हम करोड़ों से
(द्विगुणित)

विष्णु खरे की काव्यानुभूति भूमण्डल में विस्तृत है और कई बार वह समग्र ब्रह्माण्ड के होने में दाख़िल होती है। उनके ज्ञानात्मक संवेदन पर चराचर के समस्त स्पन्दनों का दबाव है। बल्कि इस दबाव से ही उन्होंने अपनी कविता को निर्धारित किया है। यह इसी दबाव का तकाज़ा है कि उनकी कविता अपनी प्रकृति, इर्द-गिर्द, जीवन के विभिन्न संस्करणों के प्रति ज़िम्मेदारी के साथ पेश आती है। विष्णु खरे की काव्य योजनाओं का हिस्सा बनकर ये वस्तुयें जब कविता में शामिल होती हैं तो हर बार उन वस्तुतत्त्वों के सत्यत्व की रक्षा के लिए वे अपने समूचे जीवनानुभवों को झोंक देते हैं। उनकी वर्णनात्मकता को बार-बार रेखांकित किया गया है। लेकिन यह रेखांकन तब तक अधूरा है जब तक यह भी न कहा जाये कि वह वर्णनात्मकता समग्र जीवनयात्रा के अनुभवों को कविता में नियोजित करके हासिल की गयी है। वहाँ कोई सूची नहीं तैयार की गयी है बल्कि प्रसंग-विशेष के सभी अनुभवों को कविता की ख़ातिर गँवा दिया गया है। उनकी कविता ऊपर से एक ही दृश्य की कविता लगती है पर उस पर दरअसल अपूर्व उत्कृष्टता से अनेक वैसी ही जीवन दृश्यावलियाँ चिपका दी गयी हैं। वहाँ फ़ोटो का कोई एक स्टिल फ्रेम नहीं है बल्कि उस स्टिल

फ्रेम के सिलसिले को आगे बढ़ाने वाले अनेक फ्रेम हैं और इस तरह वह स्थिर लगता फ्रेम असल में एक चलायमान गुंजायमान फ़िल्म है। फ़ोटो भी एक कलारूप है और कम मेहनत से भी कविता लिखी जा सकती है लेकिन फ़िल्म ज़्यादा चुनौतीपूर्ण कलारूप है और इससे कम मेहनत में विष्णु खरे की कविता नहीं लिखी जा सकती।

उनकी एक कविता 'जिनकी अपनी कोई दुकान नहीं होती' के उदाहरण से बात साफ़ होगी। इस कविता में किसी शहर की एक सड़क पर दुकान लगाकर जीवन जी रहे लोगों के अलग-अलग दृश्य हैं लेकिन यह कविता क़तई दृश्य में रेड्यूस नहीं होती। वह सभी इन्द्रियों से अनुभूत और अभिव्यक्त की गयी है। इस कविता की यह ख़ासियत तो है ही कि वह समाज के हाशिये पर रहने वाले लोगों का आत्मीय और मौलिक आख्यान है। लेकिन इस कविता में लोगों, वस्तुओं, आदतों, वर्ग-विभक्त समाज की विचित्र सच्चाइयों, पूँजी और निर्धनता की अभेद्य दुखद संरचनाओं का जो मेला लगा हुआ है उसमें घूम चुकने के बाद क्या कोई कह सकता है कि यह कविता दृश्य पर एक प्रतिक्रिया है? यह कविता इस एक दृश्य में दृश्य की स्मृतियों, दृश्य की मीमांसा, दृश्य को आमूल न बदल पाने की हताशा जैसे अनेक दृश्यों को हिला-मिला कर सम्भव हुई है। इसमें जितने बारीक़, नामालूम और चुप्पा डिटेल्स हैं वही यह साबित करते हैं कि कवि ने एक बहुत लम्बे दौर में हासिल हुए बाज़ार से जुड़े अपने अनुभवों का इस कविता से पटाक्षेप कर लिया है। वे अनुभव कविता के ढाँचे में ढल गये हैं और अन्ततः कवि की बजाय पाठक की निधि हो गये हैं। ऐसी कविताओं में निहित अनुभव अपने होने के लिए एक पूरे जीवन की माँग करते हैं। यह जीवनानुभव को ही काव्यानुभव मानने वाले मुक्तिबोधीय संकल्प का असल विस्तार है। विष्णु खरे एक ऐसे कवि हैं जिनकी हर पंक्ति में उसका सब कुछ दाँव पर लगा हुआ है और जो भविष्य के लिए कुछ भी बचा नहीं रखता। पूरा समाज प्रत्येक कोण पर एक वर्गविभाजित समाज है, विष्णु खरे इस धारणा के प्रवर्तक हैं, लेकिन वह घोर जड़ वस्तुओं और दृश्यों और अन्तर्सम्बन्धों में वर्गचेतना के अपरिहार्य निशान ढूँढ़ लेते हैं और अपने पाठक को इस मुद्दे पर कन्विन्स करते हैं। इन स्थापनाओं के प्रमाण के लिए इस कविता के किसी भी हिस्से को यहाँ उद्धृत किया जा सकता है।

जिनकी अपनी कोई दुकान नहीं होती
वे बहुत सावधानी से दायाँ-बायाँ देखकर
बैठते हैं सड़क के उस हाशिये की तरफ़
जहाँ शो-रूम वग़ैरह नहीं होते
वे एकाध बोरा साथ लाते हैं
जिसे कम से कम जगह पर बिछाकर बैठ जाते हैं
अक्सर उन्हें किसी खुली बहती नाली के पास ही ठिया मिलता है
उन्हें कोई भी कहीं बैठने नहीं देना चाहता
वे अशुभ हैं रौनक बिगाड़ते हैं
पक्की दुकान वाले स्थायी आढ़तिये
अपने सामने दूर से भी उनकी मनहूस मौजूदगी देखना नहीं चाहते
इसीलिए अजीब शुब्हा होता है
कि सड़क किनारे बिला नागा
इस तरह अपनी पोटली बिछाकर बैठ जाने के पीछे
शायद वे यह जताना चाहते हैं कि वे
बाज़ार में बैठे हैं बेचवाल नहीं हैं
उनका मक़सद शायद सिर्फ़ सब लोगों सारी दुकानों को देखना है
शायद वे उन सब की ख़ुशी देखकर ख़ुश होते हैं
जिनका कुछ बिक पाया और जो कुछ ख़रीद सके
और उन सभी का दुख देखकर दुखी होते हों
जिनका सब बिन बिका रह गया और जो कुछ भी नहीं ले पाये
शायद यह पूरी सड़क ये सारे लोग ये इतनी दुकानें
तमाम शो रूम समूचे शॉपिंग मॉल ही
उन्हें अपनी अजीब निजी दुकान लगते हों
और उनमें वे ही उनके
गुजरी ग्राहक

'बाज़ार में बैठे हैं बेचवाल नहीं हैं' हिन्दी कविता के अद्वितीय पूर्वज ग़ालिब की कितनी आत्मसम्मानजनक स्मृति है। और यह कविता कितने जादुई तरीक़े से हाशिये पर रहने को बाध्य और हाशिये पर रहना तय करने वाले लोगों और समाजों की रूपक कथा में तब्दील हो जाती है। विष्णु खरे के उद्‌बोधन इतने संश्लिष्ट और अन्तःसलिल हैं कि पारम्परिक ढंग से उन्हें कविता में ढूँढ़ पाना नामुमकिन हो गया है। 'उनका मक़सद

शायद सिर्फ़ अब लोगों की सारी दुकानों को देखना है' कहते हुए वे सिर्फ़ ऐसा करने वालों को पहचान नहीं रहे हैं बल्कि इस उत्तर समय की चंचलताओं, लालसाओं, प्रलोभनों और भयों से विरत रहकर अपूर्व वैराग्य और एकाग्रता के साथ वस्तुतत्त्व को देखने और उसको आभ्यन्तरीकृत करने की अधुनातन नैतिकता का मसविदा भी तैयार कर रहे हैं। वह कौन-सा आदमी होगा जो उन सभी का दुख देखकर दुखी होगा 'जिनका सब बिन बिका रह गया और जो कुछ भी नहीं ले जाये।' वह यथार्थ जीवन-स्थितियों से, जो दरअसल हमारे समय की वास्तविक कविता है, से प्रतिकृत होने वाला एक आदमी होगा। अपने समय की वर्तमान और आसन्न विपदाओं से आगाह करती एक पूरी कविता 'आगाही' भी नये संग्रह में है। इस कविता का काव्यनायक वैसे तो कुत्ता है

> जो बेशक रात के बियाबान में भयावह लगता है जिससे सुनने वालों के रोंगटे खड़े हो जाते हैं और उन्हें अपने पर विपत्ति की तबाही की और मृत्यु तक की डरावनी कल्पनायें आने लगती हैं क्योंकि ऐसा ख़ौफ़ज़दा विश्वास चला आता है कि कुत्ता ऐसा तभी करता है जब उसे कुछ ऐसा अपने आसपास आता दिखायी या सुनायी देता है या कोई पूर्वाभास हो जाता है जो आदमियों को नहीं होता और जो इस कुछ के बारे में भी डरकर बोलते हैं।

हमारे समय के कठिन कार्यभार के निर्वाह में खप रहे इस कुत्ते के

> बारे में सब यही चाहते हैं कि उसका यह रोज़-रोज़ का डरावना बेवक़्त रोना बन्द हो किसी तरह वरना वे अपने सिखाये हुए घरेलू पहरेदार जानवरों को इकट्ठा उस पर छुड़वा देंगे या उसे पिंजरे में पकड़वाकर भिजवा देंगे या ज़हर दिलवा देंगे या रेबीस है कहकर गोली से मरवा देंगे।

विष्णु खरे की कविता को अभिधा की कविता मानने पर हिन्दी साहित्य संस्कार में लगभग सर्वानुमति है। इस कविता की बात के बोलने के बाद हमारे बोलने की कोई गुंजाइश हालाँकि नहीं है फिर भी यह बात बार-बार कही जानी चाहिए कि ताक़त के प्रतिष्ठान के हक़ में अफ़वाह फैलाने वाले दस्तों ने हमारे विरल रचनाकारों को लेकर कुछ भ्रामक रायें जारी कर दी हैं जो विश्वसनीय विश्लेषण के अभाव में ज़ोर पकड़ती जाती है। विचारहीन दौर में लोगों की हालात यह है कि वे कहे में आ जाते हैं। इस चातुर्यपूर्ण यथास्थिति के आर-पार चली जाने वाली आलोचना ज़्यादा से

ज़्यादा अपवाद की तरह मौजूद है। तो क्या सहजबोध का निरादर एक अनिवार स्थिति है? जिसे टाला नहीं जा सकता। या हम कविता से ही आलोचनात्मक दृश्य में भी फ़ेरबदल की उम्मीद लगाकर बैठ गये हैं। अगर यह कविता चूमे और चुमकारे जाने, पाल लिये जाने और प्यार किये जाने को नफ़रत और सन्देह के साथ देखती है और पत्थर, चेतावनियाँ और गालियाँ झेलने, गोली खाने को तैयार है तो क्या यह कभी भी कहीं पर किसी कुत्ते के भूँकने-भर की कविता हो सकती है? इस कविता की अपील को क्षीण करने की कोई भी कोशिश, उसे अभिधा में घटा डालने की कोई भी चेष्टा प्रकारान्तर से उस पर गालियाँ, गोलियाँ और पत्थर बरसाने का, उसे पिंजरे में पकड़ लेने का सामूहिक आत्मघात होगा। मंगलेश डबराल कहते हैं कि आज के भारत में जो महाभारत छिड़ा हुआ है विष्णु खरे उसकी कहानी लिखने वाले कवि हैं। विष्णु खरे इस देश के प्रत्येक उत्थान और पतन के गवाह की तरह पेश आते हैं। उन्होंने धीरे-धीरे अपने इर्द-गिर्द को स्वप्नों, संघर्षों, नैतिकता और सत्य से वंचित होते देखा है। उनकी कवितायें पढ़ते हुए लगता है कि वह वंचना की ऐसी प्रक्रियाओं की तकनीक और मनोविज्ञान को भी रेशा-रेशा जानते हैं, और समकालीन राजनीतिक इतिहास के एक बेहद प्रामाणिक दस्तावेज़ के तौर पर तो उसकी कविता को पढ़ा ही जाना चाहिए। उन्होंने सीधे-सीधे राजनीतिक लोगों पर कवितायें लिखीं। वे कवितायें किसी और ही धातु की बनी हुई लगती हैं। उनमें इतनी पारदर्शिता और अनुभव की प्रत्यक्षता है कि वे व्याख्या या टीका की रत्ती भर भी गुंजाइश नहीं छोड़ती। उन कविताओं के कथ्य को लेकर पर्याप्त खींचतान हुई और लोगों ने इन्हें व्यक्तियों की तारीफ़ करने वाली कवितायें साबित करने की चेष्टा की। लेकिन किसी भी इण्टेलेक्चुअल हैसियत ने इन कविताओं के ट्रीटमेण्ट पर बात करने का ख़तरा नहीं उठाया। शिल्प को भी संग्राम के हथियार के तौर पर बरता जा सकता है और माध्यम की भी अपनी राजनीति होती है, यह बात इन कविताओं से सीखी जा सकती है। रघुवीर सहाय ने अपनी काव्य संरचनाओं के ज़रिये भारतीय लोकतन्त्र की आलोचना की जो पद्धतियाँ विकसित की थीं उनसे भविष्य की कवि पीढ़ियाँ कितना असरअन्दाज़ हुई हैं इसका असल एहसास तब हुआ जब वह लोग रचना दृश्य पर आये जो रघुवीर सहाय के जीवन के बाद सृजन-सक्रिय हुए थे। वैसे ही, विष्णु खरे की इन रचनाओं के असली प्रभाव का अन्दाज़ा भविष्य में ही होगा,

लेकिन विकृत राजनीति के आमने-सामने एक जागरूक नागरिक की तरह खड़े होने की बौद्धिक संस्कृति के निर्माण और विकास में उनके अवदान की मीमांसा तो एक तात्कालिक उद्देश्य है। एक जागरूक नागरिक की तरह उन्होंने देश के राजनीतिक हालात पर जितना प्रत्यक्ष संवाद किया है, वह दुर्लभ है। एक उदाहरण :

> राजनीति में नेहरू युग को छोड़कर तुम किसी को अपना समय नहीं मान सके। काल ने शास्त्री की अवधि के साथ क्रूर परिहास किया। इन्दिरा गाँधी के पहले दो-तीन वर्षों का तुमने स्वागत किया। उन्होंने दक्षिण एशिया को बदल डाला। इस तरह करोड़ों लोगों के जीवन को प्रभावित किया। तुम इन्दिरा गाँधी और संजय गाँधी की इमरजेन्सी के ख़िलाफ़ थे और हो किन्तु तुमने अपने ज़मीर पर दाग़ लगा ही डाला। उधर 'समय बदलते देर नहीं लगती' की हिन्दी कहावत कितनी सही निकली कि जिन लोगों ने इन्दिरा गाँधी को सत्ता से बहिष्कृत किया, उन्हीं ने २४ महीने के भीतर ही उन्हें सिर पर बैठा लिया। क्या आज तक किसी नेता, समीक्षक या पत्रकार ने यह विश्लेषित करने की हिम्मत की कि इन्दिरा को जनता ने सत्ता में क्यों लौटाया? वे न मेधावी थीं और न कुशल प्रशासक किन्तु उनके बाद सिर्फ़ एक विश्वनाथ प्रताप सिंह द्वारा मण्डल आयोग सिफ़ारिशें लागू किये जाने को छोड़कर क्या तुम्हें पिछले सोलह वर्ष की राजनीति में कुछ भी श्रेयस्कर लगा?

•

> तुम्हें कभी यह कल्पना न थी कि तुम्हारे जीवन में लज्जा और अपमान का वह दिन भी आयेगा जब एक संघी और भाजपाई तुम्हारा प्रधानमन्त्री होगा और देश पर भाजपा नेतृत्व वाली साझा सरकार शासन करेगी।

'वह', 'तुम', और 'हम' तथा 'उनका' समय' शीर्षक विष्णु खरे का निबन्ध।

राजनीति ने समाज को मूल्यहीन और स्वार्थी बनाने में कोई कसर बाक़ी नहीं रखी है, और अब तो समाज इतना अन्त:विभाजित हो गया है कि एक समूह जिसको नायक मानता है वह दूसरे समूह में रक्तपात करके आया हुआ एक हत्यारा है। यानी इस संसार में कई संसार हैं। इन सभी संसारों

की नैतिक धुरियाँ भी अब अलग-अलग हैं।

इन्दिरा गाँधी को मारने वाले शहीद हैं
१९८४ में सिखों को मारने वाले शहीद हैं
राजीव गाँधी को मारने वाले शहीद हैं।
तमिल टाइगरों को मारने वाले शहीद हैं।
श्रीलंकाई सैनिकों को मारने वाले शहीद हैं।
गाँधी को मारने वाले शहीद हैं।
यहूदियों और सोवियत रूसियों को मारने वाले जर्मन शहीद हैं
फिलिस्तीनियों को मारने वाले इजराइली शहीद हैं
इजराइलियों को मारने वाले फिलिस्तीनी शहीद हैं।

अरबों को मारने वाले अमरीकी शहीद हैं
अमरीकियों को मारने वाले अरब शहीद हैं

•

सबको मारने वाले सभी शहीद हैं
सभी को मारने वाले सब शहीद हैं

विष्णु खरे द्वन्द्वात्मक प्रक्रियाओं की गतिमानता को अपने स्नायुतन्त्र में जज़्ब कर लेते हैं और इस गति को भविष्य के कविकर्म की परियोजनाओं में रूपान्तरित कर देते हैं। उन्हें मालूम है कि बदलते दौर में उपकरण व्यर्थ हो जायेंगे और नये साज़ोसामान की ज़रूरत होगी, और फिर ऐसे बदलावों का निरन्तर सिलसिला :

पैरामीटर बदल रहे हैं
स्थानान्तरण हो रहा है पैराडाइमों का
निम्नवर्ग होता जायेगा निम्न मध्यवर्ग होता जायेगा मध्यवर्ग होगा उच्चवर्ग
क्लासिकी चिन्तन पारम्परीण भावुकताओं आदर्शों रणनीतियों से काम चलना
बन्द हो जायेगा।
द्वन्द्व समाप्त नहीं होगा उसकी बारीकियाँ बदलती जायेंगी।

•

इतना तय है कि
अन्दरूनी और बाहरी संशय संघर्ष और लड़ाइयाँ
जटिलतर कठिनतर हिंस्रतर होने वाले हैं
हर नये दिन

ऐसी जटिल दृश्यावली से न्यस्त उनकी कविता 'करना पड़ता है' में काव्यनायक 'मैं' के पास तमाम बेरोज़गार मीडिया संस्थानों में अपनी नौकरी की सिफ़ारिश करवाने आते हैं। वे सत्ता प्रतिष्ठान के समीकरणों को अपने लिए सुलझा लेना चाहते लोग हैं जो हर समर्थ दरवाज़े को खटखटाने निकले हैं। लेकिन ख़ुद इनके जीवन-सन्दर्भ भी बेहद मार्मिक और जटिल हैं। विष्णु खरे मर्म की जगहों को अपनी अभिव्यक्ति पद्धति से कभी भी ओझल नहीं करते बल्कि कभी-कभी वहीं से एक ज़रूरी मोड़ पैदा कर देते हैं। और मर्म की वे जगहें क्या हैं, ज़माने की बीहड़ताओं का ब्लैकहोल हैं।

वे पैर छूकर जाते हैं
युवा तो युवा नाना-दादा बन चुके अधेड़ भी
और यह सोचते हुए कि सब कुछ का इतना पतन कैसे हुआ।
तुम अन्दाज़ लगाते हो कि क्या कोई
उम्मीद का पैरानोइया भी होता है या मैसाँकिज़्म
तुम सरीखे को छोड़कर वे असली ताक़तवर कितने लोगों तक गये होंगे
अपने परिवारों और दोस्तों के बीच वे कितने नाम गिनाते होंगे
कि कैसे-कैसे लोग उनके लिए ट्राइ कर रहे हैं
आगामी सुख की कैसी कल्पनाओं में डूब जाते होंगे
इनके बच्चे इनकी पत्नियाँ और ख़ुद ये
इनसे भी अभागे लोग कितनी ईर्ष्या करते होंगे इनसे
कोशिश तो करते रहते हैं इनके लिए

विष्णु खरे के पास समय को धारण कर लेने की अद्‌भुत क्षमता है। उनके अन्तःकरण में वह समय अनुभव, स्मृति आदि रूपों में सुरक्षित और वैसा ही रहा आता है और जब किसी कविता में व्यक्त होता है तो उपलब्ध,

बर्बर, क्षयिष्णु और उद्दाम समय के विरुद्ध एक प्रतिसमय की तर्ज पर। स्मृति का अधूरापन उनके लिए एक चैलेंज है जिसे वे अपनी यथार्थबोधी कल्पना से सम्पूर्ण कर लेते हैं। इसके अलावा स्मृति से ही कल्पना का काम लेकर एक विलक्षण रचना मुमकिन करते हैं। चूँकि संसार का कोई भी क्षेत्र उनकी कविता के बाहर नहीं है इसलिए स्मृति को थीम बनाकर लिखते हुए वह बहुत से वर्तमान को और भविष्य की अनेक हलचलों को भी अपनी कविता में निबद्ध कर लेते हैं, और उनकी क्रिएटिविटी के तकाज़ों के फलस्वरूप एक भिन्न और उदास और सादा दृश्यावली हम पर छा जाती है। विष्णु खरे स्मृति की खोज को प्रक्रिया में बदल देते हैं। उनमें जड़ों की ओर लौटने का, बुनियादों की तलाश का आवेग बढ़ता जाता है लेकिन उनकी जड़ को किसी स्थिर अवधारणा में जड़ीभूत नहीं किया जा सकता। वह बहुत दूर तक फैली हुई जड़ है। इसलिए उनके अतीत राग में भी एक विराट औदात्य और सार्वकालिकता है। वह उनके लिए विकल्प का एक प्रस्ताव है।

कहीं भी चले जायें किन्हीं भी कल्पनातीत यात्राओं पर
लौटे हमेशा इसी घर में
जो इन्हीं चराचर के साथ रहने का है
बल्कि जायें तो इसलिए कि यहीं आना है
नहीं तो यूँ कि कुछ भी पीछे न छूटे
इस तमाम होने को जितना सम्भव हो किसी तरह बचा पाना
हासिल कर पाना कुछ उनके लिए उन्हीं के साथ
जिन्हें उसकी सबसे ज़्यादा ज़रूरत है।
यही हो अतीत मोह
सब कुछ के लिए व्यथा में बदले
आत्म दया

चोर-सिपाही, १९४६ की एक रात, किसलिए, फिर भी, लौटना, शीर्षक कवितायें निजी स्मृतियों को केन्द्र में रखकर लिखी गयी है लेकिन उनसे हासिल होने वाली अन्तर्दृष्टियाँ सार्वभौमिक हैं। 'चोर-सिपाही' शीर्षक कविता यूँ तो ख़ास बचपन की एक याद में स्थित है लेकिन वह लगातार एक दिये हुए जीवन को जीते चले जाने से उत्पन्न डिह्यूमनाइजिंग इफेक्ट की व्यथा को बहुत उम्दा तरीक़े से उठाती है। एक लड़का चोर-सिपाही के खेल में सिपाही बनकर चोरों को ढूँढ़ता बहुत दूर और अज्ञात जगहों तक

चला जाता है और देर से लौटकर आता है कि 'सभी दोस्त/जो बारी-बारी से कभी चोर कभी सिपाही बनते थे', 'अपने-अपने घरों में पता नहीं कब/ वापस वही शंकर रमेश सुरेन्द्र प्रमोद वग़ैरह हो चुके हैं।' होने की तयशुदा जगह में लौटकर लड़का यह भी पाता है कि उसके मातृहीन घर के काम की जवाबदेही आज शाम उसकी ही थी। यूँ तो गमे-हस्ती का प्रवर्तक होने का दावा हिन्दी संसार में बहुतों को होगा लेकिन अस्तित्व के जितने सघन और विविध सवालों से विष्णु खरे मुख़ातिब हैं, उतने सवाल और किसी के पास नहीं है। एक ईमानदार रचनाकार को ख़ुद को तबाह होता हुआ देखकर ही अपने होने का मूल्य चुका सकता है। उसकी स्मृति उसकी ख़ुदी से इस तरह अभिन्न होती है कि बीती सारी विडम्बनायें अन्त तक साथ निभाती रहती हैं :

सब लौट आते हैं हहराते हुए
सारे कृत्य हासिल और सिले
सारे उपकार कृतघ्नताएँ क़र्ज़ और भुगतान
सारी असफलताएँ सारे अपमान
एक ज़िन्दगी की तमाम कुरूपताएँ गोया तुम्हारी समूची जीवनी
और तुम पूरे लौट आते हो
और बचाव का कोई रास्ता नहीं सूझता
किसी घिरे हुए जानवर की तरह

'पाठान्तर' में संगीत को आधार बनाकर लिखी गयी दो कवितायें हैं। इन कविताओं की संरचना में भी एक निराला संगीत बजता रहता है और यह ऐसा संगीत है जिसके लिए कभी रघुवीर सहाय ने कहा था कि वह शब्दों की झंकार से नहीं, संगीत की भीतरी योजनाओं से भाषा में मुमकिन होता है। लेकिन 'उम्मीद' नामक कविता इसके बावजूद क़तई संगीत सीमित कविता नहीं है। उसका काव्यार्थ कविता की वस्तु में निहित संगीत की आवाज़ों के पार सुनायी देता रहता है। कविता की वस्तु और कविता के अर्थ के बीच एक ख़ूबसूरत समान्तरता शुरू से आख़िर तक यहाँ मौजूद है। सरलीकरण किया जाये तो कह सकते हैं कि यहाँ एक ही कविता में दो कवितायें हैं। कविता का मैं संगीत के उपलब्ध दृश्य से विकल होकर 'महासंगीतकारों' से परिवर्तन की कुछ 'विचित्र फ़रमाइशें' करता है। इन फ़रमाइशों को पूरा करने के लिए 'संगीत-रचना के समादृत सभी

नियम तोड़ने होंगे।' 'मैं' उनसे कहता है कि 'जब मैं आपकी सिम्फनियाँ सुनता हूँ, मुझे पियानो और एकल गायकों की कमी अखरती है। कोंचेर्तो सुनते-सुनते अचानक मैं साथ-साथ या अलग-अलग कई कण्ठ सुनने लगता हूँ। और क्या आपको नहीं लगता कि ओपेरा में जब आपके गायक गाते हैं तो कभी-कभी बजाय पूरे ऑर्केस्ट्रा के हल्के-से एकल पियानो वायलिन या ओबो का साथ ज़्यादा मार्मिक होता।' इतना मूलगामी अनुरोध सुनकर बेटहोफन, हाइडन और मोत्सर्ट, यानी विशेषज्ञ काव्यनायक 'मैं' को गालियाँ देकर कहकहा लगाते हुए चले जायेंगे। लेकिन 'मैं' जानता है कि 'कन्वेंशनल' होना हमेशा ख़तरनाक है और कला की पारम्परीणताएँ तो असह्य होती ही हैं। और सृष्टि की हर प्रणाली में जो नहीं है उसको शामिल करना एक अपरिहार्य कार्यभार है। इस कार्यभार को अगर हमारी भी सौन्दर्याभिरुचि का हिस्सा होना है तो यह कविता उसी की चेष्टा करती है।

विष्णु खरे ने संगीत के हाशियों के अलावा समय और समाज के हाशियों पर मौजूद लोगों, जीव-जन्तुओं की स्थितियों पर कवितायें लिखी हैं। 'बटोरा', 'लौटना', 'शिवांगी', 'हिन्दी मालवी में एक अरज', 'फ़रोख़्त', 'प्रक्षिप्त' और 'तरसीम' को इस वर्गीकरण में शामिल किया जा सकता है। एक ख़ास तरह का जीवन जीते हुए हमारा भीतर और बाहर कुछ विचित्र खाँचों और कण्डीशंड प्रतिक्रिया-प्रणालियों में बँट जाता है। ऐसी हालत में अनुभवों की अनदेखी शुरू होती है और बहुत सहजता से आदमी अपनी निधियाँ गँवा देता है। विष्णु खरे इस सामूहिक विडम्बना से वाक़िफ़ हैं। वह जैसे प्रत्येक अनुभव का जैविक तर्क जानते हैं। अनुभवों की जाँच और इस्तेमाल की उनकी शैली किसी वैज्ञानिक के तरीक़ों से बहुत ज़्यादा मेल खाती है। वे मनुष्यता की ग्रिप से सरकते जा रहे सार्वजनिक अनुभवों के विलक्षण गाथाकार हैं। 'पाठान्तर' में 'फिर भी' शीर्षक कविता में इसी तरह का एक अनुभव केन्द्रीय थीम बनकर आता है।

> अगले जन्म में भी
> वे भला उसका परिवार क्यों बनेंगे
> सो एक दिन किसी रेल के डिब्बे में
> या ऐसे ही कहीं इकट्ठे
> उन्हें देखेंगे वह एक भले सुखी इनसान के साथ
> और जब वह उन्हें ध्यान से देखेगा

तो अचानक उसे लगेगा कौन औरत है यह कौन बच्चे
कहाँ देखा है इन्हें
उसे अपनी तरफ़ इस तरह देखते हुए देखकर
वे भी कुछ अस्त-व्यस्त हो जायेंगे
वे उसे फिर भी पहचान नहीं पायेंगे
लेकिन एक क्षण के लिए
कौन ऐसा आदमी है यह
उनके चेहरों पर आकर चला जायेगा
हँसमुख मुखिया सपरिवार अपना परिचय देकर
स्थिति सहज करेगा
वे सामान्य बातें होंगी जो ऐसे मौक़ों पर होती हैं
तब भी कुछ ऐसा बच रहेगा
कि वह उनसे अलग होकर दूर कहीं छिपा-सा ठहरेगा
उनके अपने क़रीब या दूर से गुज़र जाने तक
इस अबूझ उम्मीद में
कि उनमें कोई झुक या मुड़कर देखेगा एक लमहा
शायद उसे आख़िरी बार पहचानने की कोशिश करता हुआ

अगर लक्ष्य स्पष्ट हों और राजनीति को कला से पृथक् न किया जाये तो कविता अनुभव से अभिव्यक्ति के सफ़र के दौरान ख़ुद के भीतर नैतिकता के नये-नये मायने विन्यत कर लेती है। ध्यान देने की बात है कि यह कविता एक उलझे हुए अनुभव को सुलझाने के साथ शुरू हुई थी। लेकिन अन्त तक आते-आते वह मनुष्य और मनुष्य के बीच और इस तरह संसार के सारे मनुष्यों के बीच सम्बन्ध का एक सूत्र स्थापित करने का प्रस्ताव बन जाती है।

विष्णु खरे अपनी भविष्य दृष्टि में भी इस समाज को बदल सकने वाली अग्रगामी ताक़तों की कार्ययोजनायें तैयार करते हैं। वे इस पतनशील तन्त्र द्वारा सताये गये, वंचित किये गये, मार डाले गये और गुम कर दिये गये लोगों की ओर हैं और हर प्रतिकार में उनके साथ शामिल हैं। वे जानते हैं कि भारत के उच्चतर वर्ग अपनी गिरावट में इतने व्यस्त हैं कि भविष्य के लड़ाकुओं को देखकर सोचते हैं कि ये भी एक दिन हमारी तरह टुच्चे और क्षरणशील हो जायेंगे। लेकिन विष्णु खरे यथास्थिति को ललकारते हुए कहते हैं कि ऐसा कभी नहीं होगा और इस संग्राम में जिनकी विजय

होनी चाहिए वही विजयी होंगे। विष्णु खरे की कविता तमाम पीड़ा, अफ़सोस, पश्चाताप के साथ-साथ इस महान् आशा की भी कविता है। अपनी कविता 'शुरुआत' में वह वर्गआदतों की रंगीनियत में लिप्त लोगों से बहुजन समाज पार्टी के कार्यकर्ताओं के लिए कहते हैं :

तुम जो उनके कथित नेताओं के कदाचार से इतने ख़ुश हो
ख़ुश हो कि तुम्हारे जितना पतित होने में उन्हें कितना कम वक़्त लगा
और सोचते हो कि तुम्हारी आँखों में ये नीच लोग
इसी तक़दीर के क़ाबिल हैं
अव्वल तो तुम यह भूलना चाहते हो
कि द्विजों के पाँच हज़ार वर्षों के पाशविक तन्त्र में
यही सम्भव है और कुछ दिन और रहेगा
कि रिश्वतखोर और धूर्त सवर्ण साथ दें
एक पथभ्रष्ट उनके लिए अस्पृश्य नेतृत्व का
और दूसरे तुमने वो चेहरे देखे नहीं हैं
जो इस किमाश के वंचक नेताओं बुद्धिजीवियों के नहीं हैं
बल्कि अभी तक सताये जा रहे निम्नतम वर्गों के हैं
लेकिन जिनकी आस्था और एकजुटता मैंने देखी है
जो न बिके हैं और न गिरे हैं न गिरेंगे
वे ही एक दिन पहचानेंगे
मायावी राजनीति की काशी करवटों के असली चेहरे

होने की क्रिया

(जितेन्द्र कुमार के पहले कविता-संग्रह 'रतजगा' पर कुछ प्रतिक्रियाएँ)

होने की क्रिया

जब आवाज़ें बहुत शोर के साथ मेरे चारों ओर
उतरने लगती हैं
मेरा एकान्त मुझे छाती में छुपाने के लिए
विकल हो उठता है
पर जब शान्त नीरव एकान्त में एक हल्की आवाज़ सहसा प्रकट
होती है
एक अपरिचित प्रवाह मुझमें सजल हो उठता है
हवा में और पानी में और बच्चों की चुलबुलाहट में जब आवाज़ें
होती हैं
मैं एक ख़ामोश सादगी का अनुभव करने
लगता हूँ—
किसी नीरव और शान्त एकान्त में इनकी याद
एक हल्की आवाज़-सी सहसा शायद मुझ पर फिर प्रकट हो

१

यही हुआ है। लगभग यही हुआ है। अतिसमकालीनता का गुंजायमान था और यह कविता 'एक हल्की आवाज़-सी', अपनी ही 'याद' की तरह, जैसे कोई 'शायद' चला आया हो—'मुझ पर'—यानी अपने पाठक पर 'प्रकट' हुई–कुछ इस तरीक़े से कि ऐसा नहीं भी हो सकता था, वह नहीं

भी हो सकती थी और उसके इस तरह–सर्वथा अनाश्वस्त होकर होने को संयोग से ज़्यादा तवज्जो न दी जा सके। यह घोर आबादी में जगह न घेरने की नैतिकता है। यह 'न होने' की तरह होना है। यह 'न होने' की शर्तों पर होना है। यह 'न होने' के संकल्पों में होना है। यह होने की कट्टरताओं के बीच 'होने' का अफ़सोस है। यह अपने होने को अप्रकाशित करते हुए होना है।

२

ऊपर उद्धृत कविता में आयी 'एक हल्की आवाज़', 'शान्त नीरव एकान्त', 'ख़ामोश सादगी' या 'अपरिचित प्रवाह' सरीख़ी शब्दावली को विशेषण, दावे, अतिरंजनायें और भाव को प्रगाढ़ करने की अतिरिक्त कोशिश न मानते हुए पढ़ना कविता से परिचय की अनिवार्य शुरुआत होगी। बल्कि ये पद इस कविता की प्रक्रियाएँ हैं। यह कविता जिस चीज़ के बारे में है वह ख़ुद कविता है। ज़ाहिर है, यहाँ इस कविता को 'कविता के बारे में कविता' नहीं कहा जा रहा है। सबसे पहले यह एक ऐसी दुर्लभ रचना का उदाहरण है जो ख़ुद को कविता की तरह पेश नहीं करती और 'हवा', 'पानी' और 'बच्चों की चुलबुलाहट' के साधारणतम और सुविन्यस्त उल्लेख को छोड़ दें, तो जिसके भीतर कविता होने की बाहरी कोशिश भी नहीं है। यह एक मानवीय अनुभव और उसके विविध संस्तरों को अभिव्यक्ति के लिए पर्याप्त पाती है और उसे काव्येतर-अनुभवेतर बाह्य सच्चाइयों से प्रमाणित करने के ग़ैरज़रूरी फ़ैशनेबल उद्यम में नहीं पड़ती। यह कविता जिस चीज़ के बारे में बताती है, वही हो जाती है। 'सो जानहि जिमि देहु जनाई, जानहि तुमहि तुमहि ह्वै जाई'। ऐसी कविता में अनुभव और अभिव्यक्ति के पदार्थों में कोई 'आधुनिक' फाँक देख पाना दुश्वार होता है इसलिए बातचीत और समीक्षा की सुविधा के लिए जो विभाजन दृश्य पर मौजूद हैं उन्हें झूठ और बेकार करती हुई ये मुमकिन होती है। इसलिए वह बहुत दूर तक अलक्षित रहती है, लेकिन यह स्थिति जितनी दूर तक सामाजिक-साहित्यिक दुर्घटना है वहीं तक उस कविता का संकल्प भी है। ऐसी कविता अलक्षित रहना चाहती भी है।

३

यह कविता हमसे क्या कहना चाहती है? कोई चाहे तो इस फैसले तक पहुँच सकता है कि इस कविता में आवाज़ों का संस्मरण है। एक आदमी—जो इस कविता का नैरेटर भी है—कुछ आवाज़ों के बारे में और कुछ उन आवाज़ों के ख़ुद पर पड़ रहे असर के बारे में बतला रहा है। लेकिन क्या जिसे 'अन्तर्वस्तु' कहने का चलन है, उसके प्रमाण से इस कविता को ठीक-ठीक जाना जा सकता है? क्या यह कविता आवाज़ों का संस्मरण या आवाज़ों को सुनने का अनुभव-भर है? ऐसे सवालों के जवाब कविता में हैं हालाँकि कविता किसी भी सवाल के लिए नहीं है। कविता की आख़िरी तीन पंक्तियाँ अनुभव के स्मृति में रूपान्तरित होने की सुखद सम्भावना का कथन है–

> किसी नीरव और शान्त एकान्त में इनकी याद
> एक हल्की आवाज़-सी
> सहसा शायद मुझ पर फिर प्रकट हो।

अगर कोई इस पंक्ति के बाद कविता को आगे लिखना चाहे, जो हर सच्चा पाठक करता ही है—बल्कि वह आदि से अन्त तक पूरी कविता को फिर से लिखता है—तो सबसे स्वाभाविक विस्तार यही होगा कि 'वह प्रकट नहीं भी हो सकती है'; यानी कविता सम्भावना और आशंका, अनुभव और स्मृति, अन्तर्वस्तु और शिल्प के द्वैतों के, उनकी कशमकश के बीच की जगहों में है।

४

ऐसी कविता हमें अनुभव करना सिखाती है। अनुभव को गम्भीरता और पाकीज़गी से लेना सिखाती है। स्मृति की शर्तों पर अनुभव करना और उसे यथावत् धारण करना सिखाती है। अनुभव पर स्मृति का आरोप करना और इस प्रकार थोड़ा-सा छायावादी होना सिखाती है जिसे साहित्य संसार में अज्ञात कारणों से वर्जित मान लिया गया है। ऐसी कविता एक बार फिर हमें याद दिलाती है कि जीवनानुभव और काव्यानुभव अलग-अलग चीज़ें नहीं हैं।

५

इस कविता में संज्ञाएँ कम हैं और लगातार धूमिल होती गयी हैं। वे जहाँ हैं, प्राय: क्रियाओं की ओट में हैं। हद है कि कविता का कोई शीर्षक भी नहीं है। कोई पाठक इस कविता को कैसे याद रखेगा? हिन्दी में फ़िलहाल अलग-अलग 'विषयों' पर कविता लिखने पर ज़ोर है, मसलन, कोई कविता 'छाते' पर लिखी गयी है, कोई 'जूते' पर और कोई 'मोटरसाइकिल' पर। वस्तुओं के आने और जाने का बेचैन प्रवाह है और पदार्थों के जन्म-मरण की गति अराजकता को दे दी गयी है। उनको बचा लेने के, उन्हें कवि-समय में स्थिर और शाश्वत कर लेने के समसामयिक रचनात्मक उद्यम इसी वजह से बढ़े हुए हैं। हर चीज़–जिसके ख़त्म हो जाने का अन्देशा है, कविता में आ रही है। उसके न होने का दुख बड़ी शिद्दत से कविता में आ रहा है। लेकिन उल्लेख्य कविता का सम्बन्ध समय से कुछ अलग है। उसका राब्ता तत्काल से भी कम ही रहा है। इसलिए भी उसके भीतर संज्ञाओं और शीर्षकों की भूमिका उतनी प्रकाण्ड नहीं है।

यह कविता समय के साथ किसी तरह की स्पर्धा या सवाल-जवाब में नहीं पड़ती। आप आसानी से इस कविता का समय नहीं जान सकते। यह कविता किसी तयशुदा समकालीनता में उलझने से इनकार कर देती है और एक वर्चस्वशाली विचार समकालीनता एक वर्चस्वशाली विचार भी है के सामने विकल्प का प्रस्ताव करती है। यों ही, १९७० में पहचान सीरीज़ की पहली संख्या की दूसरी पुस्तक के रूप में प्रकाशित जितेन्द्र कुमार के पहले कविता-संग्रह 'रतजगा' का पाठ अपनी सामूहिक स्मृति में एक वैकल्पिक कविता की जगह बनाने जैसा कुछ है। लेकिन पहले पहचान सीरीज़ पर—फ़िलहाल हिन्दी साहित्य संसार में कम से कम डेढ़ पीढ़ियाँ ऐसी सक्रिय हैं जो बग़ैर पहचान सीरीज़ को देखे, बग़ैर उसमें शामिल रचनाओं को पढ़े कविता लिख रही हैं। यों प्रत्येक कवि इस बात के लिए आज़ाद है कि वह अपनी सृजन यात्रा में क्या पढ़े और क्या न पढ़े, लेकिन साहित्य में जब भी नवलेखन, युवालेखन, नवोन्मेष और नवाचार इत्यादि की बातें होंगी, हमें अतीत में हुए ऐसे आयोजनों को ध्यान से देखना होगा। 'नये' की पहचान और प्रतिष्ठा के लिए हुए विभिन्न

संघर्षों से सीखना साहित्य के हर आगामी नागरिक का कर्तव्य है। ऐसे में पहचान सीरीज़ के कर्तव्य आगे के सफ़र के लिए अनिवार्यतम हो जाते हैं। ७० के इर्द-गिर्द का साहित्यिक परिदृश्य देखिये। छायावाद के दो मूर्धन्य सक्रिय हैं, अज्ञेय की शीर्षस्थानीयता में नयी कविता और नयी कहानी के अधिकांश सूर्य जगमगा रहे हैं और मुक्तिबोध की विराट अनुपस्थिति ऐसी सभी उपस्थितियों के केन्द्र में है। हजारीप्रसाद द्विवेदी, रामविलास शर्मा और नगेन्द्र जैसे दिग्गज ज़ोर-शोर से अपने-अपने अभियानों में मुब्तिला हैं। प्रगतिशील कविता की वृहद्‌त्रयी सृजनरत है और अकविता के लड़ाके धूमिल के नेतृत्व में मोर्चा सँभाले हुए हैं। ऐसी गहमागहमी और शोरगुल के बीच २८ साल के एक कवि-आलोचक अशोक वाजपेयी ने अपने अलावा अपनी उम्र के अन्य प्रमुख कवियों की पुस्तकें प्रकाशित करना तय किया। 'पहली संख्या में (जो पाँच स्वतन्त्र पुस्तिकाओं में एक साथ उपलब्ध है) विष्णु खरे, जितेन्द्र कुमार और ज्ञानेन्द्रपति के पहले कविता-संग्रह, षष्टिपूर्ति पर शमशेर बहादुर सिंह की नयी कवितायें और उनके काव्य पर रमेशचन्द्र शाह का निबन्ध और 'भाषा का अवमूल्यन' पर आयोजित सीधी लेखक शिविर में पढ़े गये श्रीराम वर्मा, निर्मल वर्मा और मलयज के निबन्ध और सोलह लेखकों के बीच एक लम्बी बातचीत प्रकाशित है।' 'दूसरी संख्या में रूसी कवि आन्द्रे वाजनेसेंस्की की कविताओं का पहला हिन्दी संकलन 'फ़ैसले का दिन' (श्रीकान्त वर्मा के अनुवाद) और तीन युवा कवियों के पहले कविता-संग्रह चाकू से खेलते हुए (सौमित्र मोहन), लगभग जयहिन्द (विनोद कुमार शुक्ल), जरत्कारु (कमलेश) और ज्ञानरंजन की एक लम्बी कहानी 'बहिर्गमन' प्रकाशित है।' इन कवियों के चयन और इनकी रचनाओं के प्रकाशन में एक अप्रतिम आलोचकीय कैनन की झाँकी तो है ही, वह विवेक, कल्पनाशीलता और साहस भी अपूर्व है जो बाद के दिनों में लगातार अपवाद होता गया है। पहचान सीरीज़ की कोई परम्परा नहीं है–न अतीत में, न भविष्य में, और उस प्रकाशन के स्तर और गरिमा के बारे में बहककर ही बात की जा सकती है। कवर पर हिम्मत शाह और कीर्ति जैन की कृतियाँ, बग़ैर किसी अशुद्धि या खटके के सर्वथा निर्दोष प्रस्तुति, पुस्तकों की पृष्ठसंख्या भी पर्याप्त विनम्र है। इनमें ग्रन्थ हो जाने की महत्त्वाकांक्षा नहीं है। 'पहचान' शीर्षक पूरे प्रयास को समय और प्रवृत्ति की किसी

रूढ़ि में स्थिर नहीं किया जा सका। यह उसकी शक्ति है और जितेन्द्र कुमार की कविता के साथ इसी बिन्दु पर वह स्वप्नसंघर्षमय परियोजना एक बेहतरीन संगीतमय साझेदारी करती है।

६

जितेन्द्र कुमार की कविता में एक असम्भव हार्मोनी है। एक उदात्त और मननशील लिरिक। उसका रिद्‌म कोई बाहरी तथ्य नहीं है। वह मनस्तत्त्वों की वजह से मुमकिन हुआ है। उसमें तुकबन्दी और गाने-बजाने की चालू चतुराइयाँ नहीं हैं। ये तो हमारे दौर के दोष हैं जिनका उल्लेख भी उस पवित्रता के सामने एक तरह की धृष्टता होगी।

वह हवा के शान्त मन संगीत-सा
तिरता हुआ एकान्त
वह नयन की कोर से लटका हुआ-सा
रुद्ध मेरा मन!
फिर खिसकता हूँ समय-सा
फिर तरसता हूँ—
फिर अचानक-शोर-सा वह याद आता
प्यार का अपमान

अभिव्यक्ति इस तरह से अपने अनुभव को स्वायत्त करती है कि वह लेखक की अभिव्यक्ति न रह पाये। वह हम सबकी, हममें से हरेक की अलग-अलग अपनी अनुभूति हो जाये। यह कविता अपने टेक्स्ट के ज़रिये ऐसा ही लोकतन्त्र बनाती है। जितेन्द्र के अनुभवों से पाठक चमत्कृत या आतंकित नहीं होता। उस अनुभव को अपने से 'अन्य' मानना भी दुष्कर है। उन्होंने लेखक और पाठक के बीच एक साझा ज़मीन चुनी है और इस प्रकार एक ज़बर्दस्त विश्वसनीयता हासिल की है। यों उनकी कृति में किसी प्राकृतिक संरचना की-सी निर्दोषिता और स्वयंसम्पूर्णता देखी जा सकती है। 'लिरिक' के प्रसंग से एक बड़ा रवायती, मोहक और आत्महीन लोक बीते वर्षों में हिन्दी काव्य की प्रमुख 'विषयवस्तु' बना रहा है। इसके बरअक्स जितेन्द्र की कविता में कितना गहरा और मौलिक लिरिक निर्मित हुआ है। शोक जितेन्द्र के स्वभाव का सबसे बड़ा मुद्‌दा है। वह

सारे भावों का सन्दर्भ है। यह शोक कई बार व्यक्तिगत है और कवि उसे कभी भी ज़ोर से कहकर, कोशिश करके सार्वजनिक नहीं बनाना चाहता। ऐसा इरादा, ज़ाहिर है, कविता की अपनी ताक़त पर यक़ीन करने से पैदा होता है। जिस नुकसान का अन्दाज़ा जितेन्द्र को है, उसे 'व्यक्तिगत' और 'सामाजिक' की कोटियों में नहीं बाँटा जा सकता।

मैं एक इन्तहा बेवकूफ़ आदमी
फँसा हूँ
तो ख़ुद को गाली देने में माहिर हुए जाता हूँ
एक अपरिमित क्षति का ज्ञान मुझे
फिर भी मैं अपने बड़प्पन की मूर्खता पर
गर्व किये जाता हूँ
मैं एक इन्तहा दर्दमन्द आदमी
होने की क्रिया में
नष्ट हुए जाता हूँ

७

जितेन्द्र को अपने माध्यम की अपर्याप्तता का एहसास है। वह जो कह रहे हैं उससे कहीं ज़्यादा कहना चाहते रहे हैं, इसे उनकी कोई भी कविता पढ़कर जाना जा सकता है। 'जो कहा गया है, दरअसल उससे कहीं ज़्यादा कहना था'; इस तरह का कोई वाक्य उनकी कविता का संकल्प है। इसलिए उनकी कविता में सब कुछ 'उपलब्ध' और 'सार्थक' में सीमित नहीं हो पाता। किसी बेहद की लगातार मौजूदगी उनकी कविता की पहचान है।

८

जितेन्द्र अपनी कविता की दुनिया बहुत नाज़ुक वस्तुओं और साधारण तथ्यों से तैयार करते हैं लेकिन वह एक संसार अवश्य बनाते हैं। किसी परफार्मर की तरह, वह कविता-मात्र नहीं लिखते। संख्या और वज़न के वर्चस्व पर विश्वास करने वाले लोकतान्त्रिक विवेक के पैमानों पर

वह हार जायेंगे। उनकी बनायी दुनिया को भी अधूरा माना जा सकता है–लेकिन क्या यही अधूरापन–यही पूरा हो जाने का स्वप्न, यही सम्पूर्णता की सम्भावना, यही हसरत-ए-तामीर वह चीज़ नहीं है जिसकी हम किसी कला से उम्मीद करते हैं।

९

हमें कवियों का आयुष्यक्रम नहीं बनाना चाहिए। काव्य के विकास के चरण तय करने से, उनके आदि, मध्य और अन्त का इतिहास तैयार करने से कविता के उत्कर्ष का कोई दूर का ही रिश्ता है। जितेन्द्र की कविता इसका साक्ष्य है। वह अपने द्रष्टा से स्वायत्त और ख़ुद में पूरी है। अपने अलावा किसी सन्दर्भ की ज़रूरत उसे नहीं है।

१०

जितेन्द्र की कविता में उम्मीद भी है लेकिन कविता उसका भार नहीं उठाती। अनुभव और अन्तर्दृष्टि की मौलिकता और ताज़गी की शक्ति से वह हमेशा, मसलन चिड़िया के पंख जैसी हल्की है। वह 'कन्ट्राइव्ड' नहीं है और अकूत सौन्दर्य के बावजूद उसमें पच्चीकारी के कोई निशान नहीं हैं। उसमें हमेशा सहज कर्म की निश्छलता और एक मानवीय 'अप्रत्याशित' उपस्थित रहता है। वह अपने दौर की साहित्यिक 'रूढ़ियों' को बिलकुल पहचानती है, लेकिन उससे बहस करते हुए, उसका प्रतिपक्ष बनते हुए वह 'व्यावहारिक राजनीति' के स्तर तक नहीं उतर जाती, बल्कि एक ज़्यादा संयत और टिकाऊ 'रेटरिक' का आविष्कार करती है।

> कुछ खिड़कियाँ अभी भी खुली हैं :
> दृष्टियों से पहले चिड़ियों की गृहस्थी सजती है
> और उनमें भी आकाश सर पर उठा लेने की क्षमता है
> एक-एक कर खुलती साँकलों का शिष्ट आह्वान
> चूड़ियों के स्वरों में मुखरित होता आता है–
> एक और रूढ़ि है जो इतनी वर्णित नहीं

पर सुबह सी सत्य है
कुछ और रूढ़ियाँ चली आती हैं–
दूर एक बड़ा सा मुर्गा बाँग देता है
और मस्जिद के गुम्बद से उसकी आवाज़ सा
मुल्ला अजान देता है,
परीक्षा-त्रस्त बच्चे सुबह से उठकर पढ़ते हैं
और उनमें भी नन्ही बालिकाओं के स्वर
जीवित रहने योग्य संसार की रचना करते हैं

११

सत्रह कविताओं और बारह पृष्ठों के इस संग्रह में से कोई एक रीज़निंग निकलकर नहीं आती; वहाँ ऐसे निष्कर्ष निकालना मुश्किल हैं जो सभी कविताओं पर लागू होते हों। वहाँ अधिकतम सम्भव राहें निकलती हैं और दुनियादार पारस्परिकताएँ नहीं हैं। मज़ा यह है कि यह बिखराव भी योजित नहीं है। वह बस है। तीन कविताओं में माँ, पिता, भाई और बहन के सन्दर्भ हैं लेकिन प्रकृत्या इतने भिन्न कि उनमें रचनाकार की आत्मकथा या आपबीती पढ़ना असम्भव है। वह कई की आत्मकथा और बहुत से लोगों की कहानी है। यह एक धोखा है कि उसे एक आदमी ने लिखा है।

लोग भूल नहीं गये हैं, लेकिन...

इस बात पर यक़ीन करना लगातार मुश्किल होता जा रहा है कि हम लोग रघुवीर सहाय को नहीं भूले हैं या नहीं भूल जायेंगे; मसलन, हम उन्हें बग़ैर यक़ीन के याद करते हैं। यह एक निजी दिक़्क़त है कि तमाम 'साहित्यिक' लोगों से मिलकर, उन्हें देखकर या उनकी बातें सुनकर लगता है कि उन्होंने सहाय जी को पढ़ा नहीं है; मसलन, कविता से लगभग आक्रान्त एक सभागार में बैठे हुए ऐसा ख़याल विपत्ति की तरह अचानक किसी के ऊपर बरस जाता है कि यहाँ ज़्यादातर लोग रघुवीर सहाय के बग़ैर मनुष्य, समाज या कविता की रचना करने की कोशिश कर रहे हैं। यों, रघुवीर सहाय की अनुपस्थिति के बादल घिरे ही रहते हैं।

ऐसी ही निरी 'साहित्येतर' वजहों से मुझको समाज में और साहित्य की छोटी सी दुनिया में कवि की व्याप्ति या दख़ल की जाँच करते रहने का रोज़गार मिल जाता है। ज़ाहिर है कि इन टोटकों से रघुवीर सहाय या किसी की भी कविता के औचित्य या उत्कर्ष का सीधा सम्बन्ध बनाना दुश्वार है और समीक्षा की भाषा के स्तर पर उसे सिद्ध कर पाना तो प्राय: नामुमकिन, लेकिन अगर भूलने की राजनीति को मुद्दा बनाया जाये तो वह मुद्दा अपने आप सहाय जी की कविता की राजनीति को रेफ़्लेक्ट करने लगेगा। रघुवीर सहाय नाम के नागरिक, सम्पादक, कवि और दार्शनिक के मुद्दे ऐसे ही जनता में झिलमिलाते हैं।

ऐसे मूल्यों की एक वृहत्तर सूची तैयार की जा सकती है जिनकी जगह भारतीय नागरिक के विवेक में कम होती गयी है, लोग जिन्हें भूलते गये हैं। फ़िलहाल वे मूल्य अक्सर मुहावरे की शक्लों में पेश किये जाते

हैं। धर्मनिरपेक्षता, सहिष्णुता, शोक या करुणा जैसे किसी भी मूल्य को उदाहरण बनाया जा सकता है। वे चमकीले और चंचल बना दिये गये हैं, उनके अनिवार्य सन्दर्भ ओझल हैं और उनके मुहावरेबाज़ प्रयोक्ता ज़्यादा से ज़्यादा जगह घेरने के आकांक्षी। यह साहित्यिक सचाई है और राजनीतिक सचाई है।

मूल्य को मुहावरे में अपदस्थ किये जाने के इस ख़तरे से सहाय जी वाक़िफ़ थे। इस विडम्बना का रचनात्मक प्रतिकार क्या हो सकता था? रघुवीर सहाय कविता की भाषा को अनेकार्थी, तात्कालिक, अवसरानुरूप और यथास्थितिवादी होने से रोकने का संघर्ष करते हैं। वह अनेकार्थता और इस प्रकार आलंकारिकता को कविता का गुण मानने वाले कॉमन सेन्स के सामने खड़े हो जाते हैं। यों वह हिन्दी साहित्य संसार के पारम्परिक कॉमन सेन्स में एक रैडिकल रप्चर घटित कर देते हैं। रास्ता कहीं और ही मुड़ और किसी दूसरी ही दिशा में खुल जाता है। वह पुरानी जनता को एक नये कलात्मक व्यवहार के ज़रिये नये समाज, नये मनुष्य और नये विचार के लिए नया कर लेते हैं।

डायलेक्टिक्स का कोलाहल और रचनात्मक व्यवहार में उसका सर्वथा अभाव हिन्दी में लगभग एक ही बात है। शोषण की कविता चूँकि घोषित तौर पर लिखी नहीं जाती इसलिए हम शोषण के ख़िलाफ़ लिखी जा रही कविता में ही डायलेक्टिक्स की कमी की शिकायत करने को विवश हैं। दरअसल, शोषण के अधिकतम सम्भव वर्तमान और आगामी रूपों की शिनाख़्त के बग़ैर प्रतिकार की नयी शक्लें ढूँढ़ना सम्भव नहीं और शोषण के प्रकारों की खोज—ज़ोर देकर कहा जाना चाहिए—कि हमेशा एक सामाजिक काम है, एक राजनीतिक गतिविधि है। शोषण और शक्ति की अधुनातन संरचनाओं में घुसे बग़ैर उन्हें ढहाने की आकांक्षा भी कैसे की जा सकती है?

आज की अधिकांश कविता में इन नव्यतम संरचनाओं में जाने की नीयत, कौशल, सूझ और इच्छाशक्ति का अभाव तो है ही, उसमें इन्हीं वजहों से नारा लगाने और पत्थर चलाने तक के जुनून का अभाव भी है। यानी होश और जोश दोनों की कमी। कला का रहस्य कुछ इस व्यवहार में भी निहित है कि उसमें किसी एक बिन्दु पर जोश और होश, कलात्मकता और सामाजिकता जैसे प्रत्यय एक ही हो जाते हैं, इसी बिन्दु पर कविता में

विचार या कला की कमी का अलग-अलग रुदन करने वाले भी एक-से मसखरे हो जाते हैं।

ख़ैर, शोषण के उपलब्ध रूपों के ख़िलाफ़ उपलब्ध में ही चीख़-पुकार मचाना, अनुभव से साबित है, यथास्थिति की निर्लज्ज अभ्यर्थना के सिवाय कुछ नहीं है। मिसाल के लिए युवा कवि राकेश रंजन की एक कविता हिन्दी के आलोचकों की कथित तौर पर भर्त्सना करती है। कविता का आख्याता कहता है कि महानगर चलो, आलोचक वहीं रहते हैं, हे कवि, उनसे दोस्ती कर लो, तुम्हारा बहुत भला होगा, आदि-आदि। कविता तुकान्त है और हिन्दी आलोचना के सामान्य कामकाज के बारे में जो असन्तोष और निराशा-मिश्रित आम राय है, उसी को वाणी देती है। पूरी कविता समकालीन आलोचना की किसी भी बौद्धिक प्रवृत्ति, अन्याय या अत्याचार के उसके औज़ारों, उसमें शामिल व्यक्तियों या समूहों के ख़िलाफ़ विशेष रूप से कोई टिप्पणी नहीं करती, जबकि शाब्दिक रूप से वह आलोचना का निन्दन ही अथ से इति तक कर रही है।

अब यह निन्दन—जो उपलब्ध के पिष्टपेषण के सफलतावादी नुक़्ते से निकला है, अपने लक्ष्य में इस हद तक सफल है कि ज़माने भर के नामवर सिंह और नन्दकिशोर नवल और परमानन्द श्रीवास्तव मज़े से बैठे-बैठे उसे सुनते हैं और काव्य-पाठ पूरा हो जाने पर कवि की पीठ ठोंकते हैं। यह कविता अपने विरोध की उपलब्धवादिता और एकांगिता में आलोचना नाम की अन्यायरत ताक़त को लेजीटिमाइज़ करती है। ऐसी कविता का शोषण के प्रकारों की खोज और मीमांसा से दूर का ही रिश्ता है। यह विशुद्ध साहित्यिक कर्म है।

इसके विपरीत रघुवीर सहाय के यहाँ डायलेक्टिक्स रचना के सभी स्तरों पर एक साथ सक्रिय और अन्तर्भूत है। समाज और भाषा की डायलेक्टिक्स। रूप और अन्तर्वस्तु की डायलेक्टिक्स...मानवीय सम्बन्धों के निर्माण और परिष्कार की डायलेक्टिक्स। नीम के पेड़ के इर्द-गिर्द बनी उनकी एक कविता में अन्तत: पेड़ के पास उसकी महिमा का गुणगान करने कुछ संस्कृतज्ञ जुटते हैं। पूरी कविता दृश्य में अभिव्यक्त होती है लेकिन अन्यायमूलक यथास्थिति के नये प्रकार तक अपने पाठक को पहुँचाती है।

गोष्ठी

इस निबन्ध में पर्याप्त अराजकता है और ज़्यादातर प्रतिक्रियाएँ व्यक्त की गयी हैं और प्रतिक्रियाएँ निष्कर्ष नहीं होतीं। 'विषय' के साथ भी एक मनमानापन यहाँ है। यह निबन्ध भूमण्डलीकरण के प्रभाव की व्याख्या करने की बजाय भूमण्डलीकरण के परिप्रेक्ष्य में कविता, और उसमें भी हिन्दी कविता और उसमें भी समसामयिक हिन्दी कविता की कुछेक उलझनों से मुखातिब है। ये सीमायें हैं। कहीं-कहीं कुछ भर्त्सना और टोकाटोकी का भाव भी है। इन्हें आत्मभर्त्सना या आत्महनन के ही एक प्रकार के रूप में स्वीकार किया जाना चाहिए।

१

कविता लिखने की वजहें क्या होती हैं? क्या वे संख्या में कविता न लिखने की वजहों से ज़्यादा होती हैं? या कम! क्या वजहों के बीच कोई मुक़ाबला कहीं चलता रहता है? अगर चलता रहता है तो कहाँ? भीतर कि बाहर! और ये मुक़ाबला जीत लेने वाला क्या करता है? कविता लिखने लगता है या क़लम तोड़कर कविता लिखना बन्द कर देता है?

२

क्या कविता हमेशा कविता न लिखने की वजहों के ख़िलाफ़ लिखी जाती है? क्या कविता न लिखने की वजहें कविता का अनिवार्य प्रतिपक्ष हैं?

क्या कविता हरेक अवसर पर एक 'निश्चित', 'स्थिर' और 'ज्ञात' पक्ष है—जिसका कोई न कोई उतना ही 'निश्चित', 'स्थिर' और 'ज्ञात' प्रतिपक्ष होगा ही? क्या पक्ष और प्रतिपक्ष के द्वैतों में सीमित होकर ही कविता सम्भव है?

३

ज़ाहिर है कई जवाब हैं। बहुत सीधे, सपाट और सख़्त जवाबों से लेकर अत्यन्त सूक्ष्म कलात्मक उत्तरों तक। कोई यहाँ तक भी बता सकता है कि पहले पूछे गये सवाल ही अपनी 'प्रकृति' में इतने 'रेटरिकल' हैं कि उन्हीं में उनके जवाब भी निहित हैं; यानी पूछने वाले को ख़ुद इनके जवाब पता हैं, इत्यादि-इत्यादि।

४

ख़ैर, हम पुनः कविता लिखने की वजहों की ओर लौटें! अतीत में कवियों के कविता लिखने की जो वजहें हमें मालूम हैं वे अक्सर अत्यन्त साधारण, सर्वथा अप्रत्याशित और निरायास हैं। वे कई बार हास्यास्पदता की हदों तक पहुँची हुई हैं और एक अच्छी कविता की ही तरह उलझन में डाल देती हैं। कविता लिखने के कारण और लिखी गयी कविता के वैचारिक-कलात्मक उत्कर्ष के बीच वहाँ कोई दूर का ही सम्बन्ध मुमकिन है। कविता के असर को कविता लिखने की वजहों में सीमित करके देखने से धोखादेह और ग़लत नतीजे निकल सकते हैं। मसलन, एक प्रेमरत पक्षी युगल की हत्या से उत्पन्न शोक। बेशक, कविता लिखने की यह वजह हमारी निधि है, लेकिन इस वजह से आरम्भ होने वाली अपार महाकाव्यात्मकता हमारी ज़्यादा बड़ी सम्पदा है और हम दोनों को—यानी कविता लिखने की वजह और कविता को अलग-अलग और साथ-साथ पढ़ना जानते हैं।

५

कविता लिखने की वजह एक तथ्य है, जैसे कविता का शीर्षक कविता का नाम एक तथ्य है लेकिन कविता सिर्फ़ तथ्य नहीं है। हो सकता है तथ्य की सतह पर भी वह मौजूद हो, लेकिन उसे महज़ नहीं देख पाना अपने पाठ को भी तथ्यात्मक और अन्ततः भ्रामक बना डालना है।

६

तो कविता लिखने की वजहों से इनकार नहीं है। ये वजहें होती ही हैं। कभी घोषित, विज्ञापित, वाचाल होकर, कभी गोपनीय और चुपचाप तरीक़े से । वे लगातार अपना काम करती रहती हैं। कविता का जीवन इन्हीं वजहों से शुरू होता है, लेकिन इन्हीं वजहों पर आकर ख़त्म नहीं हो जाता। कविता 'वजह' नहीं है। वह अपनी शर्तों पर हैं, वजह की शर्त पर नहीं। वह स्वयंभू है और इसी स्तर पर उसका स्रष्टा निरंकुश है।

७

इसलिए भूमण्डलीकरण या भूमण्डलीकरण जैसी किसी भी अवधारणा के साथ कविता के रिश्ते को हमेशा के लिए तय नहीं किया जा सकता। जब भी कविता किसी अवधारणा से नज़दीकी या दूरी के तर्क से अपना जीवत्व और पोषण प्राप्त करने लगती है, वह इकहरी, बेलोच, अमौलिक और निष्कर्षवादी होने का ख़तरा उठा रही होती है। वह ख़ुद को पूर्वनिर्धारित और पूर्वानुमेय और इस प्रकार कुछ कम कविता बना रही होती है। इस रास्ते पर चलकर किसी अवधारणा का बेहतर उदाहरण तो हुआ जा सकता है, बेहतर कविता नहीं। आख़िर वह कविता ही क्या जो किसी बात का प्रमाण या किसी धारणा का उदाहरण बन जाये। कमलेश की एक कविता के शब्दों में कहें तो :

हल्के-फुल्के तमाम रंगों के घन-गुच्छों के पीछे
बार-बार अपना नीलापन बदलता हुआ आसमान

जो हर जगह का आसमान नहीं है
और इस आसमान में एक पतंग उड़ रही है
तमाम रंगों के घन-गुच्छों की छाया में
सुगन्धित चीड़ हैं आसमान को छूते हुए
पहाड़ी पर और भी वनस्पतियाँ हैं
फूलों से लदी हुईं
–इनका क्या नाम है?
फूल ये अवश्य हैं पर, हर फूल नहीं हैं
और इस पहाड़ी पर, किसी शिखर पर से एक लड़का
यह पतंग उड़ा रहा है
कौन-सी पहाड़ी है यह–(ज़िले का गज़ेटियर इसका नाम नहीं देता)–
कोई भी हो—यह हर पहाड़ी नहीं हैं
झरने फूटते हैं, बहते हैं
जलधाराएँ बहती हैं हमेशा सपाट मैदान
की ओर
हम खड़े रहते हैं– एक चील को उड़ते देखते
हम पतंग को देखते रहते हैं
–गुलाबी रंग की पतंग
हमें डोर नहीं दिखती।
इस चोटी पर, इसका क्या नाम है?
इस पर जाने का रास्ता तो होगा?
–रास्ता ज़रूर को होगा, पर
वह हर रास्ता नहीं होगा।

एक और उदाहरण से बात शायद ज़्यादा साफ़ हो। हिन्दी की समकालीन कविता का ख़ासा बड़ा हिस्सा विरोध की कविता लिखता है। एक कवि के रूप में मैं इसी हिस्से का नागरिक हूँ। यहाँ कविता लिखने की वजह आर्थिक, सामाजिक और राजनीतिक क्षेत्रों में हो रहे तमाम अन्यायों का विरोध करना है। लेकिन क्या जीवन में दमन और अन्याय के रूप इतने उल्लिखित, प्रकाशित और ज्यों के त्यों हैं कि उनके विरोध को एक स्थिर और स्थापित तथ्य के रूप में बरता जा सके? उसे पेश किया जा सके? उसे उसकी यथास्थिति में अहर्निश जारी रखा जा सके? विरोध का एक पूर्वनियोजित घोषणापत्र तैयार हो सके?

८

मेरा यह ख़याल है कि विरोध की कोई भी रणनीति अनेकान्त, अनन्तिम और असमाप्त होने को अभिशप्त है। तब हिन्दी साहित्य संसार में सक्रिय विरोध की क्रियाएँ, विरोध के संगठन और विरोध की सत्तायें इतनी आत्मविश्वस्त क्यों नज़र आती हैं? विरोध करने वाली सभी संज्ञाएँ और विशेषण इतने सुस्पष्ट कैसे हैं? क्या विरोध की सभी सम्भावित जगहों, विरोध करने वाले नागरिकों-लेखकों-कलाकारों के नाम पहले से तय किये जा चुके हैं? मैं विरोध की नीयत पर शक नहीं कर रहा हूँ। ऐसा कभी नहीं किया जा सकता। स्वप्न में भी नहीं। वह हमारा समवेत प्रतिफल है। लेकिन विरोध के 'रिवाज' और 'प्रतिष्ठान' में रूढ़ होते जाने की अफ़सोसनाक प्रक्रिया पर हम निरन्तर सवाल उठाते रहेंगे और विरोध के फ़ैशन, विरोध के क्लिशे और विरोध की मुद्राओं की ख़ातिर मौलिकता को हलाक नहीं होने देंगे क्योंकि विरोध के नव्यतम तौर-तरीक़ों के आविष्कार की कठिन राह में यही मुद्दे बार-बार बाधा बनकर हाज़िर हो जाते हैं। हम जीवन और रचना के वृहत्तर परिसर में विरोध के अभिनव-अप्रत्याशित रूपों की तलाश करेंगे।

यों, हम प्रतिकार पर कुछ ख़ास लोगों के एकाधिकार को भंग कर देंगे। विष्णु खरे की एक कविता के नैरेटर के मुताबिक 'मैं अपने नियमों से अपना खेल अकेले ही खेल लूँगा।'

९

फ़िलहाल भूमण्डलीकरण की अमानवीयताओं से लड़ने में हमारी समकालीन कविता की काफ़ी ऊर्जा लगातार ख़र्च हो रही है। इस मश्क का भरसक आदर किया जाना चाहिए। लेकिन वस्तुस्थिति में पर्याप्त दुर्भाग्य घुसा हुआ है। जो कविता हमारे दृश्य में भूमण्डलीकरण का सर्वाधिक शाब्दिक विरोध कर रही है, उसके भीतर कई समस्यायें हैं। उन समस्याओं की प्रकृति और स्वयं भूमण्डलीकरण की प्रकृति में हैरतअंगेज़ नैसर्गिक साम्य है। हो सकता है समीक्षा की भाषा के स्तर पर इसे सिद्ध करना व्यापक अध्यवसाय और कठिन मेहनत की माँग कर रहा हो,

लेकिन जो चीज़ें दुर्घटना की मानिन्द साफ़-साफ़ दिखायी दे रही हैं उनकी पहचान में हमें क्यों प्रतीक्षा करनी चाहिए?

१०

मसलन, भूमण्डलीकरण के वकीलों की आमतौर पर यह मान्यता है कि एक उदारतावादी लोकतन्त्र ही अब एकमात्र विकल्प है। उनके मुताबिक़ वह बेहद फैले हुए राज्य को चलाने की एकमात्र पद्धति है। हो सकता है यह बात यूरोप के लिए सच हो, लेकिन क्या भारत समेत तीसरी दुनिया के देशों के लिए भी यह उतनी ही सार्थक है? शायद उदारतावादी लोकतन्त्र भूमण्डलीकरण की पूरी प्रक्रिया से बिलकुल अलग हो जाने के विकल्प को नामुमकिन बना देता है, कम से कम हमारे आसपास का इतिहास तो इस धारणा का प्रमाण है, इसलिए उसे ही उम्मीद की अन्तिम और एकमात्र किरण की तरह पेश किया जा रहा है। इस उदारतावादी लोकतन्त्र ने राजनीतिक बराबरी के चमकीले सिद्धान्तों की ओट में कितनी बीहड़ आर्थिक-सामाजिक ग़ैरबराबरी को पुख़्ता किया है, यह किसी से छिपा नहीं है। यह भी कि इसने तीसरी दुनिया की अपनी सांस्कृतिक और ऐतिहासिक ज़रूरतों के भीतर से निकलने वाले लोकतान्त्रिक रूपों को आत्यन्तिक तरीक़े से हतोत्साहित किया है।

११

ऐसी परिस्थिति में हमारी समसामयिक हिन्दी कविता का अधिकांश क्या करता है? वह लोकतन्त्र के वर्तमान रूप से रुष्ट होकर टीका-टिप्पणी और कोलाहल करता है। लेकिन इस शोर में से विकल्प की अन्तर्वस्तु निकल कर नहीं आ पाती। क्या बार-बार यह कहने की इच्छा नहीं होती कि यह कविता अपनी आरम्भिक प्रतिज्ञा में उपलब्ध उदारवादी लोकतन्त्र की पहला और अन्तिम और एकमात्र विकल्प मानकर चलती है और ज़्यादा से ज़्यादा उसी के भीतर कुछ संशोधन सुझाती रहती है। मैं अपवादों की बात नहीं कर रहा हूँ, और अपवाद भी नियम को पुष्ट

ही करते हैं। आप विरोध की समूची कविता को एकबारगी देख जाइये, वह उदारतावादी लोकतन्त्र के पार नहीं जा पाती। हम विरोध करते हैं, लेकिन हमारी आलोचना में से विकल्प का नक़्शा निकलकर नहीं आ पाता। हमारा सारा क्रोध और क्रन्दन, यों कई बार, उसी विराट तन्त्र का हीनतर अनुषंग बन जाने को बाध्य है, जिसका वह विरोध करता रहता है।

१२

हिन्दी साहित्य संसार में इसी दिक़्क़त के भीतर से एक और दिक़्क़त पैदा होती है। वह है यथार्थ के सामने पराजित हो जाने की दिक़्क़त और जितनी पराजय वाकई हुई है, उससे कहीं ज़्यादा पराजित दिखने की दिक़्क़त। व्यक्तिगत पराजय को समूह की हार के तौर पर ग्रहण करने की दिक़्क़त। कुछ बुज़ुर्ग कवि आवाज़ें यह कहती पायी जाती हैं कि ९० के बाद का भूमण्डलीकृत यथार्थ इतना बीहड़, विस्तृत और असमाप्त क़िस्म का हो गया है कि वह टुकड़ा-टुकड़ा सर्जनात्मकता में ही उपलब्ध हो सकता है। अपनी किताब 'एक कवि की नोटबुक' में राजेश जोशी लिखते हैं—

> हमारे समय का सच और उसका मेटाफर थोड़ा विशृंखलित और बँटा हुआ है। इसलिए आज के सच की शक्ल टुकड़ा-टुकड़ा जुड़कर ही तैयार हो सकती है। यह हमारी आज की कविता की सीमा भी है, गुण और अवगुण भी।

मुझे लगता है कि इस वक्तव्य में समूह के साथ कुछ ज़्यादती हो जा रही है। हो सकता है कि किसी को अपने सच की शक्ल इतनी छिन्न-भिन्न दिख रही हो, लेकिन यह भी तो सम्भव है कि उसी वक़्त में किसी दूसरे आदमी को अपने हिस्से का सच इस क़दर विशृंखलित न लगता हो। कम से कम 'भूमण्डलीकरण' का अपना सत्य तो बिलकुल ठोस, रणनीतिसम्पन्न और जालिम तरीक़े से हम पर ज़ाहिर हो रहा है। तो जब प्रतिपक्ष इतना तैयार और उदग्र हो तो युद्ध का कर्तव्य क्या है? थकी-हारी बातें करके पलायन का माहौल बनाना या अपनी समूची आत्मवत्ता और अध्यवसाय और ईमान को एकाग्र करके सर्जनात्मकता के एक नये

अध्याय की शुरुआत करना। हमें अपनी नीयत और सामर्थ्य के मुताबिक़ इन दोनों में से कोई एक विकल्प चुन लेना चाहिए।

१३

दरअसल, समस्या यह भी है कि हम अन्तिम चयन करने में झिझकते हैं या सहम जाते हैं। हम कई नावों की सवारी करना चाहते हैं। हम एक स्वीकार्य और सुपाच्य कविता लिखना चाहते हैं। हम लोकप्रियता से आगे के मक़ाम नहीं देखना चाहते। हम विश्लेषण की सुदीर्घ प्रक्रिया और उसकी परिणतियों से घबराते हैं, इसलिए वह हमारी कविता में हमेशा कम ही होता है। हमारा काम बहुत थोड़ी सुन्दरता से चल जाता है। शिल्प के स्तर पर हम सन्तोष या समझौता करना चाहते हैं और प्राय: उतने ही पैर फैलाते हैं जितनी लम्बी चादर हो।

१४

जबकि कविता के लिए पहला रास्ता तो यह हो सकता है कि वह इस भूमण्डलीकृत यथार्थ के पारा-पारा रूपों की अधुनातन जाँच-परख करे। वह अभिनव औज़ार से सम्पन्न होकर पूँजीवादी साम्राज्यवाद के इस नये संस्करण के निर्माणों, मिथकों और काम करने की शैलियों को बेहद वैज्ञानिक और तर्कपूर्ण तरीक़े से विखण्डित कर दे। वह पूँजी, हिंसा, सत्ता, समूह, एन.जी.ओ., कॉरपोरेशन्स, चंचलता, घटनाओं के बेसँभाल प्रवाह और मुख्यधारा की सतह के भीतर घुस जाये और एक विलक्षण सैद्धान्तिक अखाड़ेबाज़ी वहीं पर सम्भव कर दे। वह गद्यात्मकता और पद्यात्मकता सरीखे घरेलू और प्रापंचिक आरोपों को कुचलकर नये विज़न के लिए बड़ा साहित्यिक-सांस्कृतिक उत्पात करे। देवी प्रसाद मिश्र की कवितायें इस रास्ते का श्रेष्ठ उदाहरण हैं।

और एक रास्ता कविता का यह हो सकता है कि भूमण्डलीकरण और उसके समस्त विकारों को एकबारगी अपदस्थ कर डालने वाले एक अत्यन्त सम्पन्न सौन्दर्यलोक का आविष्कार अपनी कल्पनाशक्ति से

कर दे। लेकिन याद रहे, यह काम फुटकर क़िस्म की सुन्दरताओं और एकाध बिम्बमालिकाओं से नहीं होगा, छिटपुट कौशल से भी नहीं। उस वैकल्पिक सौन्दर्यलोक को इस उपलब्ध बाज़ारवादी मायालोक से कहीं ज़्यादा प्रगाढ़ और स्थायी और दिव्य कल्पनाशक्ति की दरकार होगी। उसके भीतर एक पूरा संसार विन्यस्त होगा। मसलन, उदयन वाजपेयी की कविता।

मैंने दो कवियों के उदाहरण दिये हैं। ये अन्तिम उदाहरण नहीं हैं। लेकिन यहाँ से आगाज़ किया जा सकता है, इसमें जरा भी शक नहीं। और भी रचनाकार हैं—शक्ति और सौन्दर्य की अभिनवता के प्रमाण। इस सभागार में ही गीत चतुर्वेदी और नीलेश रघुवंशी बैठे हुए हैं। इन दोनों रचनाकारों की पोजिशन्स हिन्दी के 'पोलेमिकल' पर्यावरण में पर्याप्त भिन्न-भिन्न हैं। लेकिन अपने रचनात्मक अभियानों को लेकर दोनों द्वारा अर्जित आत्मविश्वास से वह जगह—वह कॉमन स्पेस निर्मित होती है जहाँ खड़े होकर हम कविता की चुनौतियों को लेकर एक निर्णायक, समावेशी और स्वप्नमय संवाद का आरम्भ कर सकते हैं।

इस दौर में स्मृति और अनुभव की सर्वाधिक क्षति हुई है

इस दौर में स्मृति और अनुभव की सर्वाधिक क्षति हुई है

मैं जानता हूँ कि यह मेरी ज़िन्दगी का एक बेहद ज़रूरी मौक़ा है, जो थोड़े से आगामी समय में सम्पन्न होकर मेरी स्मृति में बार-बार और आपकी स्मृति में कभी-कभी इसी शक्ल में, कभी शक्ल बदलकर लौटा करेगा। लेकिन इस अवसर पर कुछ पुराने सवाल, कुछ आदिम संशय फिर से मेरे सामने हैं; मसलन, मैं कौन हूँ—यह सवाल सुदूर बचपन से मेरा पीछा कर रहा है; और भी ऐसे कई सवाल हैं—मसलन, कविता क्या होती है, कोई कविता क्यों लिखता है, हम जिस समय और समाज में रह रहे हैं उसमें कविता लिखने का क्या मतलब है, या हमारी कवितायें कौन पढ़ता है। इन सवालों के जवाब बहुत पहले से अब तक ढूँढ़े और दिये जाते रहे हैं और अब के बाद भी दिए जाते रहेंगे, इसलिए कोई ज़रूरी नहीं कि ये सवाल अभी ही उठाये जायें और इनके जवाब तुरन्त ही माँगे जायें। लेकिन इतना तय है कि वृहत्तर समाज एक कविताविहीन समाज है और अपनी जीवन-व्यावहारिकताओं में वह कविता के तर्क, कविता की सम्भावना और कविता के अस्तित्व के दुश्मन की तरह पेश आता है। वह पाठ्यक्रमों के अलावा कहीं भी, कभी भी कविता नहीं पढ़ता। आधुनिकतम कविताओं से वह निहायत अपरिचित है। जबकि कविता की दुनिया के नागरिक, कविता से प्यार करने वाले, उसकी ताक़त से जीवन और कर्म के स्तर पर प्रतिकृत होने वाले लोग बेहद कम हैं, लेकिन अप्रत्याशित हैं।

ऐसे में, यह जानना और भी रोचक है कि वे कौन से लोग हैं जो कवितायें लिखने, पढ़ने और उन पर बात करने के गोपनीय अभियान में शामिल हैं। मशहूर स्पेनी लेखक ख्वान रामोन खिमेनेस ने अपनी एक किताब ऐसे लोगों को समर्पित की है। उनकी किताब में समर्पण के शब्द यों हैं— "टू दी इमेंस माइनोरिटी"—अर्थात्, अपार अल्पसंख्यकों के लिए। यानी कविता पढ़ने वाले अल्पसंख्यक तो हैं, लेकिन अपार हैं। उन्हें गिनती में सीमित नहीं किया जा सकता। वे कविता से रिश्ता न रखने वाले बहुसंख्यकों से कम ज़रूर हैं, लेकिन परिमेय नहीं हैं। कविता से ख़ुद को और ख़ुद से कविता को बदलने वाले वे लोग लगातार हैं लेकिन भूमिगत और चुप्पा हैं। वे इस तरह छिपे हुए, बिखरे हुए, गुमशुदा और सतह के नीचे हैं कि उनकी गिनती नहीं की जा सकती। दरअसल, इस आत्मलिप्त और सतही संसार में कविता की सक्रियतायें एक ख़ास तरह की अण्डरग्राउण्ड एक्टिविटी हैं।

मेरी बात का यह मतलब नहीं लगाया जाना चाहिए कि हम वृहत्तर समाज में कविता के लिए कोई स्पेस या रियायत माँग रहे हैं। हम ऐसी स्थिति से क्षुब्ध ज़रूर हैं, लेकिन मुख्यधारा का हीनतर अनुषंग बन जाने के लिए कभी कोई कोहराम नहीं मचा रहे हैं। हम उस समाज के अधुनातन स्पन्दनों की, उसके उत्थान और पतन की, उसके अतीत, वर्तमान और भविष्य की मीमांसा करने वाला गद्य लिखना चाहते हैं, जिसका हम ख़ुद एक बहुत छोटा हिस्सा हैं; और यह मीमांसा भी कविता का सम्पूर्ण कार्यभार नहीं है, एक तात्कालिक दायित्व है। एक विषम, दारुण और बेतरह विस्तृत यथार्थ हमारे स्नायुतन्त्र पर मौजूद है। यह यथार्थ अब इतना विशाल है कि अपने आप में सम्पूर्ण सृष्टि, एक सम्पूर्ण ब्रह्माण्ड की तरह पेश आता है। नव्यतम प्रसंग, लोग, तथ्य और दृश्य इस यथार्थ की गति और स्थिति में इज़ाफ़ा करते जाते हैं। इस विराट वस्तुसत्य को धारण करने योग्य मन:स्थिति का निर्माण करना हमारा सबसे ज़रूरी काम है। मुक्तिबोध ने कहा था कि सच्चा लेखक हमेशा स्वयं के साक्षात्कार-सामर्थ्य की तुलना वस्तुसत्य की विशालता से करता रहेगा, विषयवस्तु की गहराई और व्यापकता के बरक्स ख़ुद को हीन अनुभव करता रहेगा और मानता रहेगा कि जो कुछ भी उसने वस्तुतः सम्पन्न किया है, उससे अच्छा किया जा सकता था।

पूँजी और दूसरी बाज़ारू चीज़ों की चंचलतायें और व्याप्ति हमारे समय का अनिवार्य और बीहड़ चरित्र-लक्षण हैं। पैसे और प्रसिद्धि का तन्त्र कलाओं को हजम कर लेने पर आमादा है। तमाम कलारूप ख़ुद को तबाह करते हुए मुनाफ़ाखोरों के काम आ रहे हैं। कला के नैतिक मूल्य को उसकी बाज़ारू क़ीमत अपदस्थ कर रही है। साहित्य और विचार को सर्वाधिक ख़तरा इस विचारहीन, आत्महीन और दिशाहीन आर्थिक प्रक्रिया से है। यह प्रक्रिया आदमी नाम की चीज़ को नहीं पहचानती और एक अन्धी-बहरी यान्त्रिकता के साथ धन्धेबाज़ कृत्य करती रहती है। अच्छाई और बुराई में किसी एक को चुनना उसे नहीं आता और अपने लाभ के अलावा उसके पास कोई पैमाना नहीं है। इसलिए कलाएँ और विचार उसके लिए शत्रु से कम नहीं हैं।

ऐसे वर्तमान में आपादमस्तक लिप्त हमारे इस दौर में स्मृति और अनुभव की सर्वाधिक बर्बादी हुई है। कविता को इस त्रासद दृश्य का प्रतिकार बनना होगा, जो वह पहले से भी है। फ़िलहाल उसे और समावेशी, और उदात्त, और युयुत्सु, और संश्लिष्ट और कठिन बनते जाना है। बीते दो दशकों में बहुत-सी सामाजिक अच्छाइयों को कुचलते हुए मनोरंजन दृश्य के केन्द्र में आ गया है, उसके दबाव की वजह से विचारों, मूल्यों, सचाइयों और कलाओं से सरल होने की अतर्क्य माँग बढ़ती गयी है, अर्थात् अब हमारा नागरिक, ज़िन्दगी की तरह, कविता के भी मज़े लूटना चाहता है। मज़ा लूटने के इसी वर्तमान माहौल के भीतर सर्जनात्मकताओं को रोज़मर्रा के सामानों की तरह हल्के-फुल्के ढंग से लेने और उत्कृष्टता के लिए होने वाले कलात्मक समर को क्षीण कर देने वाली प्रवृत्तियों को पोषण मिलता है। इसी के भीतर से निकलने वाली आवाज़ें बीती लड़ाइयों को भुला देने और योद्धाओं की खिल्ली उड़ाने की मूर्ख और आत्मघाती कोशिशें करती हैं।

लेकिन वक़्त गवाह है कि ऐसी चीज़ें दूर तक नहीं जा पातीं, और ज़ाहिर हो जाती हैं। वैसे अनश्वर तो कुछ भी नहीं है। सत्य और सौन्दर्य भी एक समय के बाद नष्ट हो जाते हैं, लेकिन अपूर्व जगमगाहट के इस दौर में मृत्युबोध की भी हवा निकल गयी है। मध्यवर्ग का अनियन्त्रित उल्लास देखकर लगता है कि उसे किसी पारलौकिक सत्ता से अजर और अमर होने की गारण्टी मिल गयी है। कविता को मध्यवर्गीयता के इस झूठे उत्सव

का वस्तुपरक विरोध करना है और जीवन के विभिन्न स्तरों पर मध्यवर्गीय संकीर्णताओं और रूढ़ियों की पहचान करनी है। किसी दु:स्वप्न में भी समकालीन हिन्दी कविता को मध्यवर्गीय सौन्दर्याभिरुचि और मध्यवर्गीय राजनीतिक सरोकारों का क़ैदी नहीं बनने दिया जा सकता।

हमने बीते बीस वर्षों में अपने सामाजिक और सांस्कृतिक ढाँचे को प्रतिक्रियावाद की चपेट में आते देखा है। चेतनायें इस बीच लगातार प्रतिक्रियाओं से भरती गयी हैं और बदला लेना एक मूल्य की तरह स्थापित होता जा रहा है। बाबरी मस्जिद के ध्वंस से शुरू होकर बदले का यह सिलसिला गुजरात नरमेध से होता हुआ अब तक जारी है। कविता प्रतिक्रिया की इस बर्बर पद्धति को बदल देना चाहती है और इस बदलाव की ख़ातिर उसने ख़ुद को बेहद अप्रत्याशित और सर्वोत्तम रूपों में अभिव्यक्त किया है। समकालीन कविता ने आज़ाद भारत के प्रमुख मुद्दों और प्रसंगों से जुड़ी हुई उलझनों को अपने आत्मसंघर्ष की शक्ति से हल करने की कोशिश की है और उसका पक्ष निर्भ्रान्त ढंग से जनपक्षधरता का अप्रतिम कलात्मक उदाहरण है।

कोई भी काव्येतर सत्ता कभी भी कविता के लिखे जाने के तरीक़ों और कविता से पैदा होने वाले असर का नियमन नहीं कर सकती। कोई भी किसी भी शर्त पर अपनी रचनात्मकता के बाहर पड़ने वाली संस्था या व्यक्ति के प्रत्यक्ष-परोक्ष दबाव में कविता नहीं लिख सकता, कविता के नाम पर कुछ और भले ही लिख ले। रघुवीर सहाय ने अर्सा पहले कहा था कि सच्ची कविता लिखने वाले वहीं से निकलेंगे जहाँ कविता का मूल्यांकन करने वाला तन्त्र नहीं होगा। ताक़त की सर्वव्याप्त श्रेणियों और संरचनाओं की साहित्य संसार में खोज, इन संरचनाओं की निर्भीक आलोचना और उनसे हमेशा अलग और दूर रहने के दायित्व का निर्वाह हमारी अपरिहार्य ज़रूरत है।

आज और हमारे भविष्य की कविता को सामाजिक आस्वाद में एक बड़ा विचलन पैदा करना होगा। उसे काव्यरचना की पारम्परिक सहूलियतों और शैलियों को विखण्डित करना होगा। उन्हें नया बनाना होगा। यह तथ्य अब किसी से छिपा नहीं है कि हम एक स्वीकृत और सुपाच्य क़िस्म की कविता से ग्रस्त हो रहे हैं और अद्वितीयताओं को स्वीकार या अस्वीकार करने की प्रणाली का हमारे बीच प्राय: अभाव है। बीते दिनों में जब भी

साहित्यिक यथास्थिति का उल्लंघन करने वाली कोई बड़ी रचना सामने आयी, हिन्दी साहित्य संसार का बड़ा हिस्सा किसी अघोषित नियम का पालन करते हुए चुप हो गया या नाराज़ होकर झूठे आरोप लगाने लगा। इस बिन्दु पर ये क्यों न मान लिया जाये कि ऐसे सर्जनात्मक हस्तक्षेपों की सैद्धान्तिकी तैयार करने की इण्टेलेक्चुअल सामर्थ्य हमारे भीतर नहीं है। लेकिन ऐसी स्थिति से भयभीत होकर रचनाशीलता सरलीकरणों की शरण में नहीं चली जायेगी, बल्कि वह अपनी ज़िदों पर और आग्रह के साथ अड़ी रहेगी।

आदमी तक पहुँचने के लिए

> क्या केदारनाथ सिंह शब्दों, बिम्बों और चित्रों के जादूगर हैं? क्या उन्होंने अपनी कवि-सुलभ शक्तियों का ख़तरनाक फ़ायदा उठाया है, हम पर मेस्मरिज़्म, इन्द्रजाल, सम्मोहन, हिप्नोटिज़्म का प्रयोग किया है? क्या वे अपने शब्दों, बिम्बों और चित्रों को संगीत-बहुल ललित संगीत स्वरों की तरह इस्तेमाल करते हैं और एक सिद्धहस्त सितार या पियानो या वायलिन वादक की तरह आरोह और अवरोह की द्रुत आतिशबाज़ी से हमें मोह रहे हैं?
>
> —विष्णु खरे

केदारनाथ सिंह का रचना संसार अपूर्व विराट है। जीवन की तरह। उसने असम्भव व्यापकता हासिल की है। यह यथार्थ के असंख्य सिरों से मुख़ातिब है और असंख्य तरीक़ों से शब्द में उन्हें घटित करता रहा है। उसकी विलक्षण संरचनाओं की अनेक व्याख्यायें लगातार मुमकिन है और हुई है और हो रही है और होंगी। इन सबके जोड़ से एक जटिल, गहरा और विस्तृत प्रदेश बना है। मेरी मुश्किल है कि मैं उसमें दाख़िल हूँ और उसे समझना चाहता हूँ, अपने लिए आसान करना चाहता हूँ; मैं इस पूरे संसार को शब्दों में सोचना और कहना चाहता हूँ। मैंने इससे भाग-भाग कर बचने की कोशिश की है लेकिन यह मुझमें इतना शामिल है कि इससे भागना ख़ुद से भागना है।

केदार जी की कविताओं और लेखों के भी मूल में जो जीवन-अनुभव हैं वे अपने रूप-विशेष के साथ हैं। अनुभव सिर्फ़ अन्तर्वस्तु नहीं हैं।

उसका एक रूप भी होता है और कलाकार की नैतिक ज़िम्मेदारी है कि अभिव्यक्ति के समय अनुभव के रूप की रक्षा करे। ख़ास तरह के और पहले सधे हुए रूप के ढाँचे में किसी भी अनुभव को उसके अपने आग्रहों की उपेक्षा करते हुए अँटाना छल है। ऐसा करने वाले के यहाँ रूप का वैविध्य और अन्तर्वस्तु के साथ उसकी विश्वसनीय संगति नहीं सम्भव है। केदारनाथ सिंह की प्रत्येक रचना के बारे में यह निस्संकोच कहा जाना चाहिए कि वहाँ अनुभव निजता और आकार में उपलब्ध है। पाठक कृतिगत अनुभव के साथ साझेदारी कर सकता है, उस पर भरोसा कर सकता है। यह रचना की सामाजिकता का निर्वाह करना है और उसे अब तक अनाविष्कृत क्षेत्रों तक विस्तृत करना भी।

केदारनाथ सिंह भारत के किसी गाँव-क़स्बे में रहने वाले साधारण नागरिक की तरह अपने अनुभव पर भरोसा करते हैं। इसलिए यथार्थ को समझने की उपलब्ध और प्रदत्त पद्धतियों की बजाय अपने अनुभवों से ही वह यथार्थ को जानते और जाँचते हैं। ये अनुभव अपनी प्रकृति में बेहद सहज और सामान्य हैं और इन्हीं के ज़रिये वह पाठकों के साथ एक आश्चर्यजनक साधारणीकरण सम्भव करते हैं। एक रचनाकार की चिन्ताओं का वैविध्य भी उसे दूसरे अन्दाज़ और भिन्नतर माध्यम में काम करने के लिए बाध्य करता है। निराला, मुक्तिबोध, शमशेर और रघुवीर सहाय की तरह केदार जी इसलिए गद्य में जाते हैं। उनकी कई कविताओं के रेशे लेखों में बिखरे हुए हैं और कई आगामी कविताओं के सूत्र-संकेत भी, हो सकता है वहाँ पर हों। कई कविताओं की जटिल आन्तरिक प्रक्रिया के कुछ गद्यात्मक सरलीकरण भी वहाँ होंगे जिनसे उनकी विश्वसनीय और प्रामाणिक पहचान का एक और आयाम हमें हासिल हो, लेकिन सबसे ज़रूरी है उस वक्तव्य की अद्वितीयता को देख पाना जो कविता में नहीं हो पाता इसलिए गद्य में कहा गया। उस गद्य की राजनीति को अपने लिए प्रासंगिक कर लेना उसके साथ हुई अन्त:क्रिया का एक सार्थक नतीजा होगा। गद्य उन सपाट, नामालूम और विवादित जगहों पर खरा वक्तव्य दे सकता है जहाँ कविता अपनी विशिष्ट रचनात्मक बुनावट के कारण शायद न जाना पसन्द करे। बक़ौल निराला,'गद्य जीवन-संग्राम की भाषा है।' 'क़ब्रिस्तान में पंचायत' नामक अविस्मरणीय किताब में यथार्थ के खुरदरे कोनों से मुख़ातिब होते हुए क़दम-क़दम पर ऐसे वक्तव्य हैं।

> नींद की गोलियों के ज़िक्र का आना चाहे जितना आकस्मिक रहा हो, उसका पूरे माहौल से कुछ न कुछ लेना-देना ज़रूर है, जिसमें आज की शिक्षा का ढाँचा तैयार किया गया है। मुझे यह भी लगता है कि इस ढीले-ढाले ढाँचे को तैयार करते समय जिस चीज़ की सबसे अधिक उपेक्षा हुई है, वह है बेसिक शिक्षा। आज़ादी से पहले उसका एक कामचलाऊ-सा ढाँचा था और आबादी का एक छोटा-सा हिस्सा उसमें अपने लिए जगह भी पा लेता था। काफ़ी दिनों तक वही ढाँचा, थोड़े-बहुत फेरबदल के साथ जैसे-तैसे घिसटता रहा। पर, पिछले एक-डेढ़ दशक के भीतर वह जर्जर ढाँचा भी लगभग ध्वस्त हो गया है। उससे उत्पन्न रिक्तता को भरने के लिए गाँव-देहात में बहुत-से छोटे-छोटे निजी स्कूल सामने आ गये हैं। उन्हें ठीक-ठीक स्कूल कहा जा सकता है या नहीं, इसको लेकर मेरे मन में सन्देह है।

मुक्तिबोध जिसे सभ्यता-समीक्षा कहते हैं, क्या यह सर्जनात्मक आचरण उससे भिन्न है? क्या ऐसे वक्तव्यों को वक्तव्यगत राजनीति से पृथक् मान कोई विश्लेषण सम्भव है? लेकिन समकालीन आलोचना के एक बड़े हलके में कुछ भी सम्भव है।

यह आलोचना फ़िलहाल अराजनीतिक होने में ही अपना भविष्य देख पा रही है। लेकिन रचना पर अपना राजनीति-विरोध अध्यारोपित करते हुए यह आलोचना इतने चालाक, शातिर और कभी-कभी ग़ैरज़िम्मेवार ढंग से पेश आती है कि हैरत के अलावा कुछ हासिल नहीं होता। यह आलोचना महत्त्वपूर्ण होने का दिखावा करती है और एक झूठी ऊँचाई से कुछ कहती है। लेकिन एक बड़ी रचना और इस तरह एक बड़े रचनाकार की पहचान यह भी होती है कि उस पर किये गये दावे रचना की संगति में अपने असल रूप में दिखते हैं और उन दावों का सच और झूठ हमारे सामने प्रत्यक्ष हो जाता है। प्रसंगवश, केदार जी के नवीनतम संग्रह और उनके कवि-व्यक्तित्त्व पर एक मशहूर आलोचक ने इस बीच यह वक्तव्य प्रकाशित किया है :

> केदारनाथ सिंह का संग्रह 'तालस्ताय और साइकिल' उनकी सर्वाधिक परिपक्व काव्य कृति है। इसमें उनके भाव-बोध का विस्तार तो हुआ ही है (कुछ लोग उन्हें रूपवादी मानते रहे हैं), कविता के भौगोलिक क्षेत्र का भी विस्तार हुआ है। इससे एक प्रकार की अन्तरराष्ट्रीयता आयी है,

जो एक विश्वव्यापी भावबोध का अंग बनकर आयी है। इसे 'कविता का वैश्वीकरण कह सकते हैं।

कविता के 'भौगोलिक विस्तार' को यह आलोचना कविता में आयी वस्तुओं, व्यक्तियों, जगहों और घटनाओं के नामोल्लेख में पहचानती है और 'अन्तरराष्ट्रीयता' और 'वैश्वीकरण' को एक काव्यमूल्य के तौर पर प्रस्तावित करती है। कवि के 'भावबोध' में आये 'विस्तार' को रेखांकित करते हुए पता नहीं क्यों कोष्ठक में यह बताना ज़रूरी समझा गया है कि 'कुछ लोग उन्हें रूपवादी मानते हैं।' समसामयिक भारतीय जीवन में अन्तरराष्ट्रीयता और वैश्वीकरण के नाम पर जिस तरह की दहशत फैलायी गयी है, उसके बाद इन शब्दों के सकारात्मक इस्तेमाल की क्या कोई गुंजाइश बाक़ी है? और इस आलोचना की राजनीति क्या है? ग़ौरतलब यह भी है कि ऐसी आलोचना हमारे समय की विरल विश्वसनीय आवाज़ के भीतर से कौन-से मूल्य हासिल कर रही है। इस आलोचना से कृति में दर्ज बयान की राजनीति को पहचानने की उम्मीद कैसे की जा सकती है? सवाल अन्तरराष्ट्रीयता या जनपदीयता का नहीं है, बल्कि यह कि कविता अपने ताने-बाने से कोई 'लोकेल' बना रही है कि नहीं? कविता के जनपद को ज़िले, प्रदेश, देश या विश्व के नक़्शे में खोजने की कोशिश में सारे परिवर्तनकामी सर्जनात्मक प्रयत्न यथार्थमूलक होने की बजाय यथास्थिति के कुएँ में गिर जायेंगे। यह बात सभी रचनात्मक कोशिशों के लिए सच है और यह भी लगातार कहा जाना चाहिए कि कोई भी साहित्य-रूप यथार्थ का भाषिक अनुवाद नहीं हो सकता, उसे यथार्थग्रस्त होने से बचना होगा। वह हमें यथार्थ की नयी समझ देता है और यथार्थ को समझने के नये उपकरण भी। एक सार्थक कृति मौजूद यथार्थ के बरअक्स अपनी संरचना से एक प्रतियथार्थ बनती है। केदार जी की अपनी रचनाओं से एक वृहत्तर 'लोकेल' बनती हैं। उसका एक बड़ा हिस्सा हिन्दी पट्टी में जीने की परिस्थितियों के निर्माण के लिए किये जा रहे संघर्ष के क्षेत्र की तरह विकसित होता है। यही समरक्षेत्र रचना का देश है। अपने देश की दिक़्क़त और ताक़त के बिन्दुओं की निर्भ्रान्त आत्मिक पहचान की शक्ति से वह एक सुविस्तृत परिप्रेक्ष्य हासिल करते हैं। मशहूर आलोचक द्वारा पूर्वोद्धृत 'अन्तरराष्ट्रीयता' के उत्स यदि कहीं हैं तो इसी निष्कलुष स्थानीयता में हैं। इस शक्ति के कई आयामों का साक्षात्कार उनके एक लेख 'मेरा गाँव सुन्दर है लेकिन उसे कुछ भी याद नहीं' के कुछ अंशों से होता है :

मेरा गाँव गंगा और सरयू (घाघरा) के बीच में है—दोनों से कोई तीन या चार किलोमीटर की दूरी पर। पहले जब बाढ़ आती थी तो दोनों नदियाँ मिल जाती थीं और बीच का सारा अन्तराल लगभग समुद्र बन जाता था। दोनों को मिलाने वाला एक बड़ा-सा नाला था (जो अब भी है, पर जलकुम्भियों ने उसे पूरी तरह ढक लिया है), जिसके बारे में मान्यता थी कि वह सूखे के दिनों में गंगा का सन्देश सरयू तक और सरयू का गंगा तक पहुँचाता है। प्रकृति का संचार-तन्त्र इसी तरह काम करता है।

गाँव अब घड़ियों से भरा है और घड़ियाँ—बेकार युवकों की निरन्तर बढ़ती संख्या के कारण लबालब समय से। जब बेकाम हाथों के पास इतना समय होगा कि काटे न कटे तो फिर उस पूरे परिवेश में वह सब भी होगा जो नहीं होना चाहिए।

सामूहिक जीवन के धागे जर्जर हो गये हैं और चुनाव से परिवर्तन आयेगा, यह स्वाधीनता आन्दोलन के ज़माने के बचे-खुचे लोगों का एक स्वप्न है, जो कब का खण्डित हो चुका है।

...आज भारतीय किसान वैश्वीकरण के अदृश्य पहलवान से लड़ने के लिए अखाड़े में तो खड़ा है, पर उसके पास कोई दाँव नहीं है।

जो तुरन्त और तात्कालिक है तथा जो निकट और स्थानीय है, गाँव का मन उसका अतिक्रमण कम ही कर पाता है।

मैं अपने गाँव को प्यार करता हूँ, पर सोचता हूँ कि यदि कोई उसका इतिहास लिखना चाहे तो उस ख़ालीपन का क्या करेगा, जो लोगों की स्मृति में यहाँ से वहाँ तक सपाट फैला है?

हमारे समय की सचाइयाँ इतनी अन्त:सम्बन्धित हैं कि उनका अलग-अलग बयान सम्भव नहीं है। उनकी संरचना अब इकहरी नहीं रही। वे हमेशा दूसरी सचाइयों के साथ हैं। केदार जी इस जटिल वस्तुस्थिति को सम्बोधित है। गाँव का दृश्य देखते हुए जीवन-सत्यों का अभूतपूर्व संश्लेष उन्हें वहाँ दीखता है। वे गाँव के नष्ट होते हुए प्रकृति-आधारित जीवन और गाँव के युवकों की रात-दिन बढ़ती हुई बेरोज़गारी और लोकतान्त्रिक मूल्यों की मृत्यु जैसे भिन्न सत्यों को एक बिलकुल वास्तविक संगति में सोच और लिख पाते हैं। केदार जी मितकथन में यक़ीन करते हैं यह एक जानी हुई बात है लेकिन गद्य उन्हें यथार्थ के आकस्मिक और अप्रत्याशित ब्योरों

में जाने की छूट देता है और अपनी ज़मीन की तकलीफ़देह बहुस्तरीय वास्तविकता के अपूर्व मौलिक विश्लेषक व्याख्याकार के रूप में इस तरह वह हमें उपलब्ध होते हैं।

केदारनाथ सिंह परम्परा को एक बड़े उद्देश्य के लिए प्रासंगिक करते हैं। एक बार उन्होंने मुझसे कहा था,'परम्परा तुम्हारे भीतर है; कभी तुम उसे जानते हो, कभी नहीं जानते।' एक अर्से तक यह वाक्य मुझमें चमकता रहा। मैंने इस सत्य का गौरवपूर्ण एहसास तब पाया था कि परम्परा मेरे भीतर है, मुझमें है, भले ही मैं उसे नहीं जानता होऊँ। यह परम्परा की उत्कट जिजीविषा से साक्षात्कार था। केदार जी के व्यक्तित्व और रचनाकार को जानते हुए कोई भी यह अनुभव कर सकता है कि वे परम्परा की आश्चर्यजनक आकृतियों को सामने रखकर हमारे संवेदन को अचानक बड़ा कर देते हैं और फ़िलहाल के जीवन के किसी अभाव या विसंगति को इस बीच उजागर भी कर देते हैं। बहुत पहले उन्होंने लिखा है :

> मेरा यह दृढ़ विश्वास है कि आधुनिक जीवन की जटिलताओं और अन्तर्विरोधों को व्यक्त करने के लिए लोक-साहित्य, धर्म, पुराण तथा इतिहास के खण्डहरों में बहुत से ऐसे अज्ञात प्रतीक और अदृष्ट बिम्ब पड़े हुए हैं जिनकी खोज के द्वारा नयी कविता की सम्भावना का पथ और भी प्रशस्त किया जा सकता है।

'नीम का पेड़ और वाक्यपदीयम' शीर्षक निबन्ध में परम्परा की संघर्षक्षमता को आधुनिक जीवन के परस्पर असम्बद्ध और एक हद तक विचित्र परिवेश के साथ रखकर वह कंट्रास्ट पैदा करते हैं—

> मैं सोचने लगा—यह जो वृद्ध व्यक्ति मेरे सामने—जो कचहरी के निरर्थक कोलाहल के बीच एक नीम के नीचे बैठकर 'वाक्यपदीयम' की एक कारिका से अपने निपट एकान्त में घण्टों से उलझ रहा है, उसे कैसे समझा जाये? क्या संगति है उस सारे ऊलजलूल की, उस गहन चिन्तक प्रक्रिया के साथ जो उस मस्तिष्क में चल रही है और फिर भी कान हैं कि जज साहब की पुकार की ओर लगे हैं।

मेरा मानना है कि एक बड़ा लेखक अपने पाठकों के समसामयिकता बोध को विस्तृत, संश्लिष्ट और दुरुस्त करता है। केदार जी आज के भारत पर टिप्पणी करते हुए अपनी स्मृति, कल्पना और कवि...।

कठिन का अखाड़ेबाज़

संगीत, रामलीला, रंचमंच और संस्कृति
पर एकाग्र निबन्ध

लीलामय

१

पानी में पाँच बतख़ तैर रहे थे। तट पर खड़ा आदमी मछली को खाना खिला रहा था। निषादराज भगवान की आरती कर रहे थे। भगवान जी उस पार जाना चाह रहे थे। बच्चे मुहल्ले वाले प्रजा लग रहे थे। कविता गायी जा रही थी। एक आदमी गाय को सानी-पानी दे रहा था। मेला लगा हुआ था। बच्चे को पानी-भगवान जी-मेले-बतख़-मछलियों-गायों में से हरेक बहुत अच्छा लग रहा था। उसे मालूम नहीं होगा या जो भी हो, वह उस पानी को नदी कहना चाहता था। मैं उससे कहना चाहता था कि 'नहीं' तो वह 'नहीं' सुनना नहीं चाहता था। वह पानी के बारे में कुछ पुराना सुनना चाहता था। मैं पानी के भविष्य को लेकर परेशान होना चाहता था। वह मुझी को लेकर परेशान होना चाहता था। यह कहने में कि 'भविष्य में पानी ख़त्म हो जायेगा', पानी की बड़ी बर्बादी थी। पानी के ख़त्म होने से पहले ही पानी के ख़त्म होने की उदासी में मैं एक अतीत था। पानी के पुराने को जानने में बच्चे की दिलचस्पी पानी का भविष्य थी। कभी-कभी चीज़ें उलटी दिखायी देती हैं। मैंने पानी को उलटा करके देखा तो पानी सीधा था। नदी को उलटा बहा देने से प्रदूषण की समस्या का क्या होगा सोचता हुआ मैं उलटी गंगा बहाने वाला मुहावरा हो गया था। शहर भर के सीवेज को उलटा बहा देने से क्या होगा? निपटना दूभर हो जायेगा और क्या? जिन शहरों के किनारे नदियाँ नहीं होतीं, जैसे बंगलौर, वहाँ के लोग क्या टट्टी-पेशाब नहीं करते? आप मान लीजिये कि आपके शहर से होकर

कोई नदी नहीं गुज़रती, बस, उसमें मत विसर्जित कीजिये अपनी अशुचि। यह मानते ही कि बनारस के किनारे से नहीं बहती गंगा, गंगा बनारस के किनारे बहने लगेगी। उसकी अनुपस्थिति का यक़ीन ही उसकी उपस्थिति की उम्मीद है। मैं स्मृति की गंगा में नहाकर मुमुक्षु हो जाता हूँ। तुम एक शब्द लिखो साफ़ काग़ज़ पर गंगा। सुबह पाओगे कि वह काग़ज़ फिर से पेड़ हुआ जाता है।

२

लीला शुरू हो गयी है। राम, लक्ष्मण और सीता वनवास के लिए जा रहे हैं। राजस्व सूखा पत्ता है। अब गिरा कि तब गिरा। अब श्रृंगवेरपुर दूर नहीं और नन्दीग्रामों की ऋतु क़रीब है। निकलने से ठीक पहले भगवान व्यास जी की ओर देखकर मुस्कराते हैं। व्यास जी भी।

वाक़ई लीला शुरू हो गयी है।

३

रामचन्द्र शुक्ल ने पता नहीं रामलीला का केवट प्रसंग देखा था कि नहीं। नहीं तो उनसे पूछा जाता कि भगवान को नाव पर बिठाने से पहले वह कबीर और रैदास के भजन क्यों गाता था?

४

मैं पेड़ का अभिनय करना चाहता रहा हूँ। पेड़ की तरह दिखना चाहना भी है मुझमें। लेकिन इतने थोड़े से समय में मैं किस-किस का अभिनय करता फिरूँ? ख़ुद का, नागरिक या दो बच्चों के पिता का, बेटे या दोस्त का। मैं एक लड़की के फूटे हुए माथे का अभिनय करता हूँ जिसकी वजह से उसकी शादी में दिक़्क़त आयेगी। एक टीबीग्रस्त फेफड़े का भी अभिनय किया है कुछ दिनों तक। उसमें साँस फूलने लगती है।

५

लीला में अभिनय नहीं है। अभिनय है टीवी सीरियलों में। यहाँ भगवान की, स्वरूपों की झाँकी है। रामलीला का तर्क यह है कि जो होते हैं वे अभिनय नहीं करते।

६

भरत बड़े भाई को मनाने आते हैं तो चौदह बरस के वियोग के बाद होने वाले भरतमिलाप के पहले एक बार और भरतमिलाप हो रहा है। अब दो भाई चौदह बरस बाद गले मिलेंगे यानी वन जाते ही मिलने का मुहूर्त चौदह वर्षों के लिए स्थगित।

७

ये भविष्य में होना था कि नहीं होना था। अभी तो होना था। उनकी चोटों और अपने सीने के साथ। लगातार और बेसबब। आदमी होने की ऊब थी। यानी आदमी पुनः अपने होने से ऊब गया।

८

लेकिन तुम्हारे सवाल किसी को बेगाने बनाते हुए न हों, जैसे वे अक्सर होते हैं। और अभी कोई ऐसा सवाल मत पूछना जिससे पता लगे कि तुम शामिल नहीं थे या उपस्थित नहीं थे। शामिल न होने का पश्चात्ताप मौन में है और कहीं से भी, किसी भी छूटे हुए बिन्दु से शामिल हो जाओ, तुम्हारे जवाब अपने आप, कभी न कभी, तुम पर छा जायेंगे और बरसकर तुम्हें भिगो देंगे। तुम्हारे ऊपर ज़ाहिर हो जायेंगे।

९

एक सज्जन हैं। अतिवृद्ध। रामलीला के दौरान उनके कन्धे पर मृदंग टँगा रहता है जिसे वह ख़ुद नहीं बजाते। उन्हें मृदंग बजाना आता भी नहीं। मृदंग के लिए उनका कन्धा ही प्रासंगिक है, हथेली और उँगलियाँ नहीं। जो लीलायें एक से अधिक जगहों पर या दो जगहों के दरम्यान चलते-चलते होती हैं वहाँ उनका कन्धा काम आता है। तब मृदंग उनके कन्धों पर टंगा रहता है और दूसरा आदमी उसे बजाता है। तब वह कन्धा एक चरित्र बन जाता है—एक मूर्तिमान स्वरूप। उसकी वजह से ध्वनि होती है। उसकी मेहनत से संगत सम्भव होती है। मानस की पंक्तियों के गान में उस कन्धे का आकार है। मैं उन सज्जन को क़रीब बीस साल से जानता हूँ, लेकिन उनके कन्धे को कितना जानता हूँ? कोई भी उस कन्धे को कितना जानता है? रामलीला के सुदूर विराट अतीत में उस कन्धे को हम कहाँ रखते हैं? और इन कन्धों के बग़ैर रामलीला का गुणगान कितना वाजिब होगा?

परम्परा अक्सर ऐसी ही मुश्किल है।

१०

लीला समय के ठीक बीच में घटती घटनाओं में नहीं, उनकी बग़ल में सम्पन्न होती रही है। इस तरह अनुमान लगाना आज कुछ विचित्र, कुछ काव्यात्मक लगता है कि कम से कम साढ़े चार सौ साल पुरानी यह लीला इतिहास के ज़रूरी मौक़ों पर, ख़ास जगहों पर क्या करती होगी? अँग्रेज़ों के बनारस समेत पूरे देश पर क़ब्ज़ा करते समय भी राम सूर्पणखा की नाक काट रहे होंगे, चन्द्रशेखर आज़ाद जब महात्मा गाँधी की जय-जयकार करते हुए अपनी पीठ पर कोड़े खा रहे थे, तब भी रावण सीता का अपहरण कर रहा होगा। १९४२ के भारत छोड़ो के वक़्त भी राम अयोध्या छोड़कर जा रहे होंगे। इसी तरह आज़ाद भारत की प्रमुख घटनाओं के मद्देनज़र भी लीला को सोचा जा सकता है। इस बीच लीला लगातार होती रही—भले ही कुछ दूरी पर, यानी जिन घटनाओं, लोगों, परिस्थितियों के ज़रिये इतिहास ख़ुद को घटित कर रहा था या कर रहा है, लीला उनके समानान्तर रहकर हो रही थी या हो रही है—शायद उनसे दूर रहकर ही

या उनसे दूर रहकर भी। जैसे इतिहास के यन्त्र से अलग एक छोटा, फ़ालतू-सा लेकिन लगातार चलता पुर्ज़ा। एक कुटीर उद्योग। धाराप्रवाह के बरअक्स एक मौन तटस्थता।

११

रामलीला ने स्वयं को वस्तुओं पर कम से कम निर्भर किया है। जो वस्तुयें वहाँ हैं, ठोस और पारम्परिक हैं। वे अनिवार्य भी हैं। उन्हें किसी दूसरी वस्तु या युक्ति से 'रिप्लेस' नहीं किया जा सकता। उन वस्तुओं की जड़ें लीला के समस्त सन्दर्भों, लीला से जुड़े लोगों, लीला से जुड़े मृतकों, लीला की स्मृति और समाज में लीला के व्यापक विस्मरण तक फैल गयी हैं। उन 'कम' वस्तुओं का, लीला की ही तरह, व्यक्तित्व है। ये वही वस्तुयें हैं जो थीं और हमेशा, लगभग हमेशा से हैं। ये वे वस्तुयें नहीं हैं जो पहले नहीं थीं और अब हो गयी हैं। मसलन, लीला में बैकड्राप नहीं है। एक बार किसी आधुनिक नाट्यविद ने इस लीला के संयोजकों से पूछा कि अगर आप लीला में पर्दों का इस्तेमाल नहीं करते तो एक दृश्य को दूसरे दृश्य से अलग कैसे करते हैं और रंगक्षेत्र (थियेट्रिकल स्पेस) को दूसरे आमफ़हम स्पेसेज़ से अलग कैसे करते हैं? जवाब में लीला संयोजकों ने अपने कामकाज जैसी सरल और बुनियादी बातें कहीं। उन्होंने कहा कि हमारी लीला में पर्दा तो है, बस थोड़ा बड़ा और थोड़ा दूर है। वह पर्दा दरअसल आकाश का पर्दा है और हमारा अलग से कोई स्पेस नहीं है जो ज़्यादा नैतिक या ज़्यादा पवित्र हो। समूची सृष्टि ही हमारे भगवान जी की लीला स्थली है—उनका अपना स्पेस। इसलिए हम स्पेस को स्याह-सफ़ेद में विभाजित करके देख नहीं पाते हैं। हम स्पेस को संक्षिप्त और विशिष्ट भी बना नहीं पाते।

१२

यह आश्चर्य है कि आधुनिक रंगप्रयत्नों ने रामलीला की पारम्परीणता से कुछ ख़ास नहीं सीखा, बल्कि कुछ भी नहीं सीखा। यह दुर्भाग्य भारतेन्दु की उपस्थिति के बावजूद घटित हुआ और बनारस में घटित हुआ। अगर

महाकाव्यात्मकता के मंचन की रामलीला जैसी उदार, भगीरथ कोशिश के साथ आधुनिकता की स्वस्थ अन्तर्क्रिया सम्भव हुई होती तो जयशंकर 'प्रसाद' के नाटकों को अनभिनेय इत्यादि बताकर टालने का पलायन भी न हुआ होता। तब आधुनिक रंगमंच इतना 'यथार्थवादी', इतना अभिनय-निर्भर, इतना पूर्वनियोजित, इतना पूर्वानुमेय न हुआ होता। तब रंगमंच में जादू, रहस्य, कल्पना और अप्रत्याशित के लिए ज़्यादा जगह होती। तब 'मानस' की तरह दूसरी कविताओं को भी नाटक माना जा सकता। तब नाटक में 'टेक्स्ट' की ज़रूरत कुछ कम होती। अगर हिन्दी आधुनिकतायें रामलीला से सीख पातीं तो आज की कविता कुछ ज़्यादा नाटक होती। और कुछ कम कविता।

१३

नयी जिज्ञासायें पूछती हैं कि आधुनिक थियेटर की तरह लीला एक ही जगह पर क्यों नहीं होती? वह इधर-उधर घूम-घूमकर, एक से दूसरी जगह जाकर, दो जगहों के बीच के सफ़र में भीड़, ट्रैफ़िक, शोर, साधारणता और अन्य दिक़्क़तों के धक्के खाकर क्यों होती है? इसका एक जवाब यह है कि मुग़ल काल और अँग्रेज़ों के ज़माने में औरतों पर जिस तरह की बन्दिशें थीं उनके भीतर रहकर वे किसी सार्वजनिक स्थल पर जाकर मेला-तमाशा नहीं देख सकती थीं। उनके लिए ही, उनके मनोरंजन की ख़ातिर ही ये लीलायें अपने स्थायित्व, अपनी रिहाइश में से किसी जुलूस की तरह, किसी प्रभातफेरी की तरह या बंजारों के किसी समूह की तरह निकलकर भटकने लगी होंगी। इसके बाद औरतें घरों, छतों, मुँडेरों और बरामदों से लीला के कुछ हिस्से, लीला की झाँकी देख सकती थीं। अपने घर अर्थात् मंच से लीला के निर्वासन का तर्क स्त्री की क़ैद को कुछ कम करने की कोशिश में भी है।

१४

सूर्पणखा की नाक काटने का प्रसंग सभी लीलाओं में जोर-शोर से मनाया जाता है। सूर्पणखा की भूमिका हिजड़ा निभाता है। एक कटोरी में हिजड़ा

औरतों के पाँव में लगने वाला महावर लिये खड़ा रहता है। जैसे ही लक्ष्मण अपने तीर का स्पर्श (स्पर्श भर) उसकी नाक से कराते हैं, नाक कट जाती है और कटोरी में रखा महावर ख़ून हो जाता है और सूर्पणखा उसे चीख़-पुकार, रोष और विलाप के साथ मिलाकर चारों ओर फेंकने लगती है। फिर बड़ा भारी जुलूस निकलता है—गाजे-बाजे और तामझाम के साथ। यह जुलूस कई किलोमीटर लम्बा होता है। बहुत से हाथी, ऊँट, घोड़े, रथ और काली का मुखौटा पहने तलवारबाज़ आगे-आगे चलते हैं। इनके भी आगे खर और दूषण के दैत्याकार पुतले। पीछे बैलगाड़ियों, ट्रालियों, ट्रैक्टरों और ट्रकों पर मिथकों, किंवदन्तियों, पुराकथाओं और समकालीन जीवन-समस्याओं पर आधारित झाँकियाँ। ये सैकड़ों होती हैं। अधिकतर झाँकियों में बच्चे ही भूमिकाओं में होते हैं। यह लीला आधी रात से शुरू होती है और सुबह तक चलती है। यह रतजगे की लीला है। लीला-क्षेत्र में पड़ने वाले घर इस रात मित्रों, रिश्तेदारों, ससुराल से पधारी बहनों, बेटियों और उनके बच्चों का उपनिवेश बन जाते हैं। कुछ लोग खिड़कियों और मुण्डेरों की सोहबत में नक्कटैया देखना पसन्द करते हैं और कुछ मेले में पैदल भटकते हुए। अरसे तक यह त्योहार प्रेमी-प्रेमिकाओं की आदर्श स्थली बना रहा। बाद में कुछ ज़्यादा ही उद्दाम और उत्तेजक अवसर प्रेम के पैदा हो गये तो इस मोर्चे पर भी नक्कटैया पीछे छूट गयी। जुलूस में शामिल झाँकियों में हास्य और व्यंग्य की केन्द्रीयता होती है। कुछ जानकार लोगों का कहना है कि पराधीनता के दौर में ब्रिटिश राज के अन्यायों की हँसी उड़ाने के लिए इन झाँकियों को लीला में जोड़ा गया। लीला के विराट में ये आधुनिक और विद्रोही प्रयत्न बहुत सहजता से खप गये हैं। इनकी वजह से लीला का एक भिन्न पाठ भी तैयार होता है।

१५

मित्र साथ था और भरतमिलाप की लीला हो रही थी। बनारस की सभ्यता की लोकप्रियता का स्मारक लक्खी मेला। जिन मेलों में अनिवार्यतः लाखों लोग आते हैं, स्थानीय परम्परा में उन्हें लक्खी मेला कहा जाता है। पन्द्रह मिनट की लीला स्थानीय पुलिस और प्रशासन की तैयारियों की परीक्षा लेती हुई सम्भव होती है। चौदह वर्ष के वियोग को पार कर भाई गले

मिले। लोगों ने 'बोल दे राजा रामचन्द्र की जय' और 'हर हर महादेव' का उद्घोष किया। लोगों ने 'जय श्रीराम' का उद्घोष नहीं किया। हज़ारों यादवों के कन्धे पर आरूढ़ होकर पुष्पक विमान नन्दीग्राम से अयोध्या की ओर उड़ता हुआ-सा चला। मित्र ने गर्वोक्ति के से लहज़े में कहा : "ओसामा बिन लादेन ने २०१५ तक पूरी दुनिया को मुसलमान बनाने की चुनौती दी है। क्या यह मुमकिन है?" सवाल वाहियात था और मज़ाक या डाँट में ही उत्तर दिया जा सकता था। मैंने मज़ाक़ किया - "हम सब लोग तो पहले से ही मुसलमान हैं। हमें कोई क्या बनायेगा?" बहरहाल, हम विमान के पीछे की विराट भीड़ का हिस्सा होकर आगे चले और मित्र के सवाल का उत्तर सामने आ गया। मुसलमानों की विपुल संख्या मेला देखकर निकल रही थी। चारों ओर टोपियाँ और लुंगियाँ। मित्र झेंपते हुए मुस्करा रहे थे। उनकी चिढ़ इस हिस्सेदारी के आगे झूठ हो रही थी।

१६

लीला और प्रकारान्तर से मानस के क़रीब होने में अद्वैत का आकर्षण है। अगुण और सगुण के बीच, ज्ञान और भक्ति के बीच, शंकर और राम के बीच, होने और होने के अभिनय के बीच।

१७

जानकारों को मानस-गान बेसुरा लग सकता है। वहाँ पर्याप्त रफनेस और पराक्रम है भी। कुछ चीख़ना, कुछ बहरों को सुना डालने की कशिश। तर्क के धरातल पर एक बेसुरापन कभी भी उसमें साबित किया जा सकता है। लेकिन अगर कानों में थोड़ी बहक हो और कुछ तर्कातीत सुनने का हुनर हो तो वहाँ ख़ज़ाना है। वहाँ निरे-वर्तमानकालिक सुरीलेपन के फ़ासिल्स हैं। एक आदिम आर्केस्ट्रा के जीवाश्म। और इस प्रकार बेसुरे होते जाने की प्रक्रियाएँ। बीच की धूल। रास्ते का शोर। दुर्घटनायें। इस संगीत से इश्क़ करना आसान नहीं है। यह किसी शुद्ध संगीत का अपभ्रंश है। उसे सुनना और सराहना मूल को खोजने की मेहनत है।

१८

लीला के संचालन में आने वाली दिक़्क़तें विचित्र हैं। पैसे और संसाधन इकट्ठा करना एक चैलेंज है। हिन्दू उच्च वर्गों में रामलीला के प्रति उपेक्षाभाव है। इसी समय होने वाली दुर्गापूजायें ज़्यादा चमकीली और उत्तेजक हैं। वे परम फ़ैशनेबल हैं और वक़्त के साथ चलने में माहिर। सत्ता-राजनीति और कॉरपोरेट सेक्टर ने उनके भीतर अपने अभेद्य लालची ठिकाने बना लिये हैं। उनके संगठन में माफिया का बोलबाला है। लोग उनसे डरते हैं और यह वक़्त ऐसा है जिसमें लोग जिस चीज़ से डरते हैं उसी को पसन्द करते घूमते हैं। दुर्गापूजायें, अजीब ट्रैजेडी है, कि बदनाम होकर प्रतिष्ठित हैं। रामलीला से उनका कोई प्रत्यक्ष टकराव नहीं है, लेकिन टकराव प्रत्यक्ष कहाँ होते हैं? लीला समितियाँ प्राचीन हैं। उन्हें राजाओं, रईसों और महाजनों से लीला करने के लिए भूखण्ड मिले हैं। उन्हें छीन लेने और उन पर क़ब्ज़ा कर लेने के षड्यन्त्र लगातार होते रहे हैं। लेकिन लीलायें ख़ुद को बचाना और बढ़ाना जानती हैं। सबसे प्राचीन और समृद्ध रामलीला समिति ने नगर के सर्वाधिक प्रतिष्ठित वकील को अपना सचिव बना लिया है।

यह भी एक लीला है।

१९

रामकथा में एक बदतमीज़ पक्षी है, जयन्त। राम उसकी आँखें फोड़ देते हैं। तुलसी के 'मर्यादित' टेक्स्ट में यह प्रसंग कुछ ऐसे घटित होता है कि वह पक्षी सीताजी के चरणों को अपनी चोंच के प्रहार से घायल कर देता है। वाल्मीकी के यहाँ पक्षी ज़्यादा उद्धत है। वह सीता के स्तनों को छलनी करता है। बहरहाल, यह लीला उस पक्षी की चंचलता की तरह घटित होती है। ढलती दोपहर में एक बड़े मैदान में लोग ख़ासकर नौजवान और किशोर—हाथों में पत्थर लेकर नेत्र-भंग की लीला होने का इन्तज़ार करते हैं। राम जयन्त के मुखौटे की आँखों में जैसे ही तीर का स्पर्श—स्पर्श-मात्र—कराते हैं, जनसमूह उस बदमाश पक्षी पर पत्थरों की बारिश करने लगता है। जयन्त का मुखौटा पहना आदमी अक्सर लहूलुहान हो जाता है।

कई बार वह जान बचाने के लिए भागता हुआ पुलिस थाने में छिप जाता है। इसी बीच वह पक्षी हेल्मेट पहनकर लीला में आने लगा है।

२०

प्रयोग 'एब्सोल्यूट' नहीं है। वह हमेशा परम्परा की सापेक्षिकता में घटित होता है। प्रयोग से जिस चीज़ पर सबसे ज़्यादा असर पड़ता है उसका भी नाम परम्परा है। रामलीला के भीतर न जाने कितने प्रयोग उपस्थित हैं और उतने ही ज़्यादा प्रयोगों की सम्भावनायें। हरेक आगामी स्पन्दन की जगह वहाँ है और उसके परिसर में पर्याप्त बड़प्पन है। वहाँ भीड़-भड़क्के और शोरगुल का आलम है और नये का स्वागत करने की वत्सल ललक। वह छोटे से छोटे नवाचार से आपादमस्तक थरथरा जाती है और झूमते हुए उसे ख़ुद में शामिल कर लेती है। उसके प्रकाण्ड अतीत के तथ्य देखकर लग सकता है कि वह कोई स्थिर और बन्द चीज़ है। लेकिन रामलीला के साक्ष्य से साबित होता है कि ऐसा है नहीं। 'इम्प्रोवाइजेशन' के लिए लीला के भीतर मनमानी जगहें हैं।

मसलन, एक शाम एक पिता अपनी दो साल की बच्ची के साथ लीला में पहुँचे। रावण का दरबार लगा हुआ था और कुछ ही देर में अंगद अपने पाँव जमाकर उसे हिला-भर देने की चुनौती वहाँ उपस्थित राक्षसों को देने वाला था। यह लीला उसी मैदान में होती है जहाँ राम-रावण युद्ध होता है।

बग़ल में युद्धस्थल निर्माण चल रहा था। मूँगफली, गुब्बारों और ग़रीब खिलौनों की दुकानें लगी हुई थीं। थोड़े सयाने बच्चों का मन इस ठहरी हुई दरबारी लीला में नहीं लग रहा होगा इसलिए वे दौड़धूप के खेल खेल रहे थे। रामायणियों का दल मानस की प्रसंगानुकूल पंक्तियाँ गा रहा था। पिता गोद की बच्ची के साथ रावण-दरबार के क़रीब पहुँचते गये। एक ही आसन पर तीन राक्षस विराजमान थे। बीच वाला भव्य है इसलिए वही रावण है।

तो सिर से कमर तक कपड़े का शानदार चेहरा पहने रावण की निगाहें बच्ची से मिलीं। छोटी बच्ची रावण की आँखों की चंचल बदमाशी को समझ नहीं सकी होगी। इसलिए उस पर कोई असर नहीं दिखा। वह

डिजिटल ज़माने की बच्ची—तमाम कार्टून चैनल्स पर इस ग़रीबतर रावण से न जाने कितने गुना बीभत्स डरावने आकार देखने की अभ्यस्त। लीला के रावण का किंचित् अपमान हुआ। वह धीरे से उठा। यह बड़ा एकान्त उठना था। जैसे सृष्टि में कहीं भी इसे नोटिस न किया गया हो। एक सर्वथा अलक्षित मानवीय क्रिया। सिर्फ़ एक पिता और एक बच्ची सरीखे दो ग़ैर ज़रूरी दर्शकों के सामने घटित होता रंगकर्म। मूल कथा से दूर, मूल कथा से भिन्न, कहानी की वयस्क केन्द्रीयता के विरुद्ध 'अनाख्यान' के पक्ष में एक किशोर उत्पात। बहरहाल, तलवारधारी रावण ने गोद की बच्ची को दौड़ा लिया। और इस बार बच्ची डर गयी। यह संवेदना का 'वर्चुअल टूर' नहीं था, जीवन-वास्तव था। यह कला-वास्तव था।

२१

धर्म के विभिन्न मतान्तर, परस्पर विरोधी जीवन-दृष्टियाँ और भाँति-भाँति के पक्ष-प्रतिपक्ष रामलीला नामक सांस्कृतिक अभियान में साथ-साथ सक्रिय हैं। यह महान् तथ्य सुस्थापित है लेकिन इसे अभिनव उदाहरणों के साथ बार-बार दुहराने की ज़रूरत है। मौनीबाबा की रामलीला में मेघनाद की भूमिका पाँचों वक़्त का नमाज़ी एक मुसलमान अदा करता है। साल भर 'राधे-राधे' जपने वाले बल्लभाचार्य सम्प्रदाय के अनुयायी, गोपाल जी के भक्त, नित्यप्रति गोपाल मन्दिर की परिक्रमा करने वाले और सम्भवतः वर्ष में एक बार भी विश्वनाथ जी की ओर रुख़ न करने वाले कट्टर पुष्टिमार्गी बाईस दिनों के लिए राम के हो जाते हैं। यों, ऐसे सारे परस्पर उलझे हुए सन्दर्भ रामलीला के साथ रहकर, लेकिन उसके समानान्तर, एक और लीलामय जीवनलीला सम्भव करते हैं।

याद के बग़ैर नहीं

१

बिस्मिल्ला ख़ाँ की लोकप्रियता दूर तक जाती है। संगीत सुनने वालों और संगीतकारों की तयशुदा बिरादरी के पार वह कला और संस्कृति से अविचलित रहते संसार में हलचल करती है। वह शहर, स्मृति, सम्बन्ध, राजनीति और मुख्यधारा की सतह के भीतर चली जाती है। एक उदासीन और लिप्त समाज में इस तरह वह एक चतुर्दिक स्वीकार्य हासिल करती है। वह यहाँ तक बताती है कि ज़िन्दगी और कला दो अलग-अलग चीज़ें नहीं, एक ही आदमी के दो नाम हैं।

लगातार नौ दशकों तक शहनाई को सिद्ध करने और उससे इस क़दर अभिन्न हो जाने के बाद, भारतीय संगीत के विलक्षण व्यक्तित्व उस्ताद बिस्मिल्ला ख़ाँ के बारे में यह हमेशा रोचक और बहस-तलब है कि उनकी शहनाई को सोचने पर एक नदी, एक मन्दिर, एक शहर, एक पस्त होती तहज़ीब और भारत का स्वतन्त्रता संघर्ष अनिवार्यत: मौजूद रहते हैं। उनकी कला को हमें उनकी सभ्यता के समूचे सन्दर्भ के साथ ही समझा जा सकेगा। जिस समाज को वह सम्बोधित है, दरअसल, उसी के भीतरी-बाहरी स्पन्दनों को ख़ुद में जज़्ब करके बनी है। वह कला समाज को उसी के राग, रंग, सुख, दुख, स्वप्न, संघर्ष और गतियाँ लौटाती रही हैं। हिन्दू नवविवाहितों में गंगापूजन के समय बजने वाली बधैया हो, गंगा की धारा

में जीवनयापन करने वाले नाविकों के गीत हों या चैती, कजरी, ठुमरी, सावनी जैसे अन्य उत्तर भारतीय लोकगानरूप—उस्ताद की कला की विश्वसनीयता इस बात में है कि इन गानरूपों के उनके बजाये संस्करण ही मूल और अविकल माने जाते हैं।

यहीं रुककर यह सोचा जाना चाहिए कि क्यों उस्ताद ने अलंकारों, तानों, आलापों और शास्त्रीय संगीत के दूसरे सम्भ्रान्त और यशस्वी आयामों में जाने की बजाय लोकधुनों को ही तराशने का एक देशज, अतिसाधारण और विपन्न रास्ता चुना? क्यों बार-बार साक्षात्कारों और बातचीत में अपने ख़ुदा से संगीत के ज्ञान या बारीक़ियों की नहीं, सुरों में तासीर की माँग की? क्यों रविशंकर या सितारा देवी की तरह वह बनारस छोड़कर चले नहीं गये? क्यों वह पहाड़ी और भैरवी जैसे सरल राग आजीवन बजाते रहे?

इन जैसे सभी सवालों के जवाब उस्ताद की ज़िन्दगी में मिल जायेंगे। शुरुआती लगभग बीस सालों तक जिस बालाजी मन्दिर में उन्होंने रियाज़ किया, वह ज़्यादा से ज़्यादा हिन्दू आस्था की परिधि पर है। विश्वनाथ या संकटमोचन मन्दिर की तरह वह शहर की धार्मिकता का केन्द्र नहीं है। उस्ताद के घर से उस उजड़े हुए बेनूर पुराने मन्दिर तक पहुँचने का रास्ता भी उनके जीवन-सफ़र की तरह जटिल, जनाकीर्ण और खुरदरा है। उनकी मृत्यु के बाद दुनिया भर के मीडिया ने आश्चर्य में भरकर इस तथ्य का प्रचार किया कि उस्ताद जीवन भर पैदल या रिक्शे पर चलते रहे, हालाँकि उनके शहर के लोगों के लिए यह निहायत परिचित बात थी। आकार में बड़े अपने परिवार के भरण-पोषण के लिए उन्होंने ख़ुलेआम सरकारों को पुकारा। इस निर्दोष हरकत का उनकी शहनाई की ऊँचाई से कोई सम्बन्ध नहीं था लेकिन वह अवमूल्यित हुए। जो लोग हारमोनियम पर एक सा तक नहीं बजा सकते, उन्होंने इस शख़्सियत को आघात पहुँचाये।

लेकिन उस्ताद के मन पर इन क्षुद्रताओं का कोई असर नहीं पड़ना था। उन्हें एक बार देख लेने भर से यह जाना जा सकता था कि वे जीवन के प्रति, ख़ुद के होने के प्रति अपार कृतज्ञता से भरे हुए थे। शहनाई की तरह उनकी जीवन-पद्धति भी नैतिकता और कला की नयी और अविचलित पेशकश है।

बिस्मिल्ला ख़ाँ के प्रभाव का मूल्यांकन आश्चर्य के अध्यायों में ही मुमकिन

है। जो शहनाई मन्दिर के बाहर बने नौबतख़ानों तक सीमित थी उसे यह कलाकार धर्मनिरपेक्षता, राष्ट्रीय आन्दोलन के मूल्यों और भारतीय संविधान की आत्मा के तौर पर विकसित करता है। यों ही, जो शहर हिन्दू धर्म-परम्पराओं की नाभि है, उसका आध्यात्मिक प्रतीक बनता है पाँचों वक़्त का नमाज़ी एक मुसलमान। जिस धर्म में संगीत लगभग वर्जित है वहीं यह बूढ़ा कलाकार आवाज़ लगाता है : संगीत मेरे लिए इबादत है, और कट्टरता के वकीलों को नाराज़ कर लेता है। उसी बूढ़े कलाकार से एक पत्रकार ने पूछा कि इस्लाम ने संगीत का दर्जा गिरा दिया है, आपका क्या कहना है, तो कलाकार ने कहा, अजी जब दर्जा गिराया हुआ है तब तो फैयाज़ ख़ाँ, अमीर ख़ाँ, विलायत ख़ाँ, अली अकबर ख़ाँ निकले हैं। ज़रा सोचिये, अगर उठाया होता तो क्या हुआ होता?

उस्ताद बिस्मिल्ला ख़ाँ ने बनारस को अर्जित किया है। बचपन के एक वर्ष में पूर्वी बिहार की डुमराव रियासत से अपने चाचा अली बख़्श के साथ वह शहर आ गये और पुरखों की दरबारी शहनाई को दुनिया की सबसे पुरानी जीवित सभ्यता की सड़कों और गलियों में बजाने लगे। शहर जन्मजात या प्रदत्त नहीं था, इसके पारा-पारा रूपों को उन्होंने हासिल किया और ज़ाहिर है कि शहर के साथ अपनी मौलिकता भी बनायी।

शास्त्रीय संगीत की दूसरी विधाओं की तरह शहनाई का कोई घराना या संस्थान नहीं है। प्रस्तुति के समय एक शहनाई एक साँस कम पड़ जाती है। कई शहनाइयों कई साँसों की ज़रूरत पड़ती है। उस्ताद आजीवन लगभग दर्जन भर शहनाइयों के साथ मंच पर आते थे। उनके बेटों और शागिर्दों के जीवन और हुनर का बड़ा हिस्सा उन्हीं के साथ संगत करते हुए खप गया। एक हद तक बेटे नैयर हुसैन को छोड़कर किसी की स्वायत्त पहचान नहीं बन पायी है। उनके बाद एक रिक्तता है। लेकिन क्या इस स्थिति पर शोक करना चाहिए।

बाज़ार की चंचलताओं और चालाक मार्केटिंग के ज़रिये भारतीय संगीत के कुछ मूर्धन्य अर्से से बिना कुछ रचनात्मक किये जब ख़ुद ही मठ बने बैठे हैं, और कुछ तो विदेशों से बाक़ायदा महत्त्वाकांक्षी प्रशिक्षण संस्थानों और वेबसाइटों आदि का नियमन कर रहे हैं, बिस्मिल्ला के बाद का ख़ालीपन उनके प्रतिकार की तरह है। यह एक जानी हुई बात है

कि उस्ताद हिसाब-किताब में कमज़ोर थे। म्यूज़िक कम्पनियों से निकले कैसेटों, सीडियों और उनसे होने वाली आय के बारे में कुछ भी क़ायदे से उन्हें नहीं मालूम था। उनके परिवार का जीवन औसत मध्यवर्गीय से एक दर्जा नीचे का जीवन रहा है और आजीविका के लिए उस्ताद ने कोई और कार्य कभी नहीं किया। पड़ोस के नागरिक कबीर ने साथ चलने वालों को अपने-अपने घर जला डालने की जो चुनौती बाज़ार में खड़े होकर दी थी, उसे बिस्मिल्ला ख़ाँ ने स्वीकार किया था, वह ज़िन्दगी भर बाज़ार में रहे और अपना घर जलाते हुए शहनाई बजाते रहे।

एक बड़ा हस्तक्षेप इतिहास में दाख़िल होकर उसे उलट-पुलट भी देता है। बिस्मिल्ला ख़ाँ का होना इसलिए मानीखेज़ है कि वह अपने समय के भूगोल में भी रह जाते हैं। बनारस की अनेक जगहों को उनकी याद के बग़ैर नहीं पहचाना जा सकता। मसलन, गंगा के पानी में उनका जल भी मिला हुआ है। आने वाली पीढ़ियों के पास यदि उस्ताद की याद की रोशनी नहीं होगी तो अनेक जगहें ख़ाली और अँधेरी दिखायी देंगी।

२

उस्ताद को एक लम्बा जीवन और विचित्र संक्रमणशील ऐतिहासिक समय सीखने के लिए मिला। इस तथ्य में उनकी कला के ज़रूरी रहस्य निहित हैं। १८ मार्च, १९१६ को डुमराव (बिहार) में जन्म के कुछ समय बाद वह मामू के पास २२ में बनारस आ गये। मामू ही उनके गुरु हुए। बाद में उस्ताद उनकी सम्पत्ति के भी वारिस हो गये। ४० में मामू और ५७ में बड़े पिताजी के इन्तकाल के बाद एक बड़े कुटुम्ब की सारी ज़िम्मेदारी उनके कन्धों पर थी। यह आन्दोलनकारी अग्रगामिता का युग था; हालाँकि राजाओं, महाराजाओं के यहाँ झूले भी पड़ रहे थे। दोनों जगहों का संगीत था। उस्ताद ने दोनों में अकुण्ठ हिस्सेदारी की। उन्होंने दम तोड़ती सामन्ती महफ़िलों में प्राण फूँके और लोकतन्त्र के नये दरबार में भी रोशनी बिखेरी।

यह बात आज कुछ शर्मिन्दा करती है कि बनारस और इर्द-गिर्द के छोटे-बड़े कई कथित राजाओं और लोकतन्त्र के नये दिग्गजों के वह लगभग अन्त तक, समय-समय पर दरबारी रहे। कमलापति त्रिपाठी, सम्पूर्णानन्द

और सुधाकर पाण्डेय जैसे प्रभावशाली कांग्रेसी नेताओं के सम्मुख उनके क्षुद्र घरेलू आयोजनों में उस्ताद ने एक दर्जा नीचे रहकर, ज़मीन पर बैठकर लेकिन उतनी ही निष्ठा के साथ बार-बार अपना बाजा बजाया। लेकिन वक़्त का इंसाफ़ देखिये—आज वे आयोजन और उनके प्रचण्ड आयोजक ज़्यादा से ज़्यादा इसलिए याद किये जाते हैं कि उनमें उस्ताद की शहनाई भी थी। इन विविध आयोजनों से उस्ताद ने बहुत कुछ सीखा। राजाओं की महफ़िल में उन्हें अपने शाश्वत संगीत-सहचर मिले। सिद्धेश्वरी और गिरिजा, बैजनाथ प्रसाद सारंगिये मिले, विलायत ख़ाँ और अनोखेलाल से मुलाक़ात हुई। ये सभी जुगलबन्दियाँ जीवनपर्यन्त और मृत्युपरान्त चलीं। वे अब भी जारी हैं और उनकी गूँज कभी भी सुनी जा सकती है।

वे सरकारी टेलीविज़न के सामने निर्वस्त्र होने से बचने के दिन थे। हम धीरे-धीरे शरमाना सीख रहे थे और डरते थे कि कहीं सलमा सुल्तान, शम्मी नारंग, मंजरी जोशी, वेद प्रकाश, जे.वी. रमण या निथि रविन्द्रन नंगा न देख लें। 'द वर्ल्ड दिस वीक' में डिज़िटल तरीक़े से रिकॉर्ड किये गये तबले ने बस अभी ही तड़तड़ाना शुरू किया था। उसी समय वहीं पहली बार उस्ताद से सामना हुआ। वे अपने विनोद से विनोद दुआ को निरुत्तर कर रहे थे। बातचीत के विवरणों की बजाय स्थानीय बनारसी भोजपुरी में बोले गये उनके कुछ वाक्य बाक़ी रह गये, जिनमें से एक था—" का रजा...? "

उस्ताद को तकलीफ़ और उम्मीद की शर्तों पर ही ढूँढ़ा जा सकता है, अन्यथा तो उन्हें गुज़रे चार कई हो चुके हैं। अरसा बाद उनके मुहल्ले की एक ऐसी पीढ़ी सड़क पार करना और स्कूल ड्रेस पहनना सीख रही है जो उस्ताद का नाम और पता पूछने पर बस मुस्करा देती है। यह पीढ़ी बड़ी होकर पाठ्यक्रमों के ज़रिये उन्हें जानेगी, उनके घर की दीवार छूकर नहीं। उस्ताद के घर से कुछ दूर पर बेनियाबाग मैदान है जहाँ उनके शरीर को लाखों लोगों के दर्शन के लिए रखा गया था—उनकी प्रिय जगह—यहाँ बैठकर उन्होंने स्थानीय फुटबाल टीमों के अनगिनत मैच देखे और फुटबालरों का संरक्षण किया।

बरसात की एक सुबह इस कीचड़ भरे मैदान में निरुद्देश्य अतर्कित बैठे रहना उन्हें खोजना है, लेकिन मैदान की दूसरी विडम्बनाओं पर निगाह चली जाती है। कभी यहीं अपने युवजन लड़ाकों के साथ मिलकर

राजनारायण ने विक्टोरिया की प्रस्तर-प्रतिमा का ध्वंस किया था। दशकों तक वह जगह ख़ाली थी—उस्ताद की ग़ैरमौजूदगी की तरह। बाद में जब मुलायम सिंह यादव जैसे समाजवाद के स्वयंभू वारिस दृश्य में आये तो उन्होंने बिलकुल विक्टोरिया वाली जगह पर राजनारायण की मूर्ति लगवा दी। प्रतिमा का विकल्प प्रतिमा। यह बरसात का ही असर होगा कि उस मूर्ति में राजनारायण मुलायम जैसे दिखते हैं।

एक और बनारसी दिग्गज उपन्यास-सम्राट प्रेमचन्द की तरह उस्ताद भी सिनेमा और मुम्बई से भागते रहे। वह प्रेमचन्द की तरह असफल नहीं हुए फिर भी भागे। उन्हें यहाँ के अलावा कहीं नहीं टिकना था। ४१ के आसपास उनका मुम्बई आना-जाना शुरू हुआ। वहाँ नौशाद और वसंत देसाई उनके दोस्त हुए। 'किनारा' नामक फ़िल्म में वह साइड हीरो की भूमिका में उतरे। फ़िल्म की नायिका गीता बाली थीं। पुराने लोग बताते हैं कि फ़िल्म बनारस में खेली (चली) भी थी। इस बीच कपूर परिवार से उनकी दोस्ती हो गयी और बदले में हमारी सभ्यता को एक विलक्षण म्यूज़िक पीस उपहार की तरह मिला जो 'आवारा' के प्रसिद्ध गीत 'घर आया मेरा परदेसी' में मुखड़े और अन्तरे के दरम्यान और दो अन्तरों के बीच बजता है।

वह धुन कालजयी उम्मीद और प्रेम की सिग्नेचर ट्यून के तौर पर जीवित रहेगी। 'बाबुल' में शमशाद बेगम के एक गाने के साथ भी उनकी शहनाई ने संगत की। यह सारा काम खेल-खेल में, लीलाभाव से किया गया है। ज़ाहिर है कि उस दौर में पैसा मुद्दा नहीं था। कुछ समय बाद, ५६ से कुछ पहले, निर्माता-निर्देशक-फाइनेंसर विजय भट्ट का भट्ठा बैठा हुआ था और वह संगीत को केन्द्र में रखकर फ़िल्म बनाना चाहते थे। वसंत देसाई के ज़रिये उन्होंने उस्ताद को पुकारा। उस्ताद को फिर लगभग मुफ़्त में बजाना था। उन्होंने वसंत को भरोसा दिया कि खरमास (वह महीना जिसमें शादी-ब्याह आदि मंगल कार्य नहीं होते और इसलिए उस्ताद और उन जैसे दूसरे शहनाई वादक इस समय ख़ाली रहते हैं।) बाद वह मुम्बई पहुँच जायेंगे।

इस फ़िल्म में उस्ताद ने बहुत कुछ बजाया। वह सब जो शादी में बजता है, जो दृश्य के कुछ और हरे हो जाने पर बजता है, जो दिल के टूट जाने पर बजता है। जब एक स्थानीय धुन उस्ताद की साँस में अनूदित होकर 'गूँज

उठी शहनाई' का प्रसिद्ध गीत बनी तो उसके शब्द 'दिल का खिलौना हाय टूट गया' और उन्हें स्वर देने वाली लता मंगेशकर की आवाज़ इतिहास बन गयी। यह इस फ़िल्म की एक क्षुद्र ख़ासियत थी कि इसने उस्ताद के मित्र हो गये विजय भट्ट को फिर से समृद्ध और स्थापित कर दिया।

बाद में बजती शहनाइयों में उस्ताद को ढूँढ़ने के प्रयत्न में गुम हो जाने का जोख़िम है। उनके स्वाभाविक वारिस और बेटे नैयर हुसैन भी अब दुनिया में नहीं हैं। नैयर के अलावा बेटे ज़ामिन और भांजे मुमताज हुसैन बेहतरीन शहनाई बजाते हैं। शिष्यों—शैलेश भागवत और क़ादिर दरवेश का देश-विदेश में बड़ा जलवा है। लेकिन जिस चीज़ को ये सभी शिष्य गुरु का आशीर्वाद और अपनी सबसे बड़ी ताक़त मानते हैं, दुर्भाग्य से वही उनकी सीमा है। इनमें से किसी को बजाते हुए अलग-अलग पहचाना नहीं जा सकता। अगर सुनने वाला आँख बन्द कर ले और चेले अपना सर्वोत्तम बजा रहे हों तो ये बिस्मिल्ला ख़ाँ से भिन्न कुछ भी नहीं है। उस्ताद की परछाईं भीतर तक घुस गयी है और कोई निदान नहीं है।

दरअसल, शहनाई साँस का बाजा है और मंच पर एक शहनाई एक साँस कम पड़ जाती है। उस्ताद अपने लगभग दर्जन भर शागिर्दों के साथ प्रस्तुति करते थे। इन सभी लोगों ने लम्बे दौर तक उनके साथ संगत की है। उनकी अधूरी और स्थगित साँस को पूरा किया है। इसका फ़ायदा बहुत हुआ होगा लेकिन नुक़सान यह हुआ कि इनकी छोटी-छोटी साँसें उस्ताद की बड़ी केन्द्रीय साँस में विलीन हो गयीं। ये सभी लोग उस्ताद की खण्ड-खण्ड अभिव्यक्ति या उपस्थिति हैं। इनकी कला उस्ताद के न होने का प्रमाण है।

तक़रीबन दो सौ लोगों का उस्ताद का कुनबा अपनी भौतिक स्थिति से सन्तुष्ट है लेकिन भीतर कहीं न कहीं दूसरे बिस्मिल्ला का बेसब्र इन्तज़ार भी चल रहा है। घर के कई पुरुष सदस्य शहनाई के साथ मेहनत कर रहे हैं तो ज़ाहिर है कि उनके लिए वह जीविकोपार्जन-मात्र नहीं है। इस सन्तोष और इस बेसब्र इन्तज़ार में बिस्मिल्ला ख़ाँ जीवित हैं। जब तक शहनाई बज रही है और ख़ुद को इस मुल्क की जनता के सुख और दुःख के साथ जोड़ रही है, उस्ताद जीवित हैं। हड़हासराय के अपने छोटे से पुश्तैनी मकान में वह बकरी को सानी-पानी दे रहे हैं या चारपाई पर अधलेटे होकर सिगरेट पी रहे हैं।

कठिन का अखाड़ेबाज़

१

अगर हर चीज़ का अन्त है तो मृत्यु का भी अन्त है। इस तर्क की ताक़त से मृत्यु के शोक के पार जाया जा सकता है। इसी तर्क की ताक़त से अन्त का भी अन्त मुमकिन है। अन्त के इसी अन्त के साथ विरल तबलानवाज़ और इन्सान किशन महाराज की ख़त्म हो चुकी ज़िन्दगी को शुरू किया जा सकता है और एक बार फिर उसमें शामिल हुआ जा सकता है, उससे हासिल किया जा सकता है।

२

कुछ लोग मृत्यु के बाद अनिवार्य हो जाते हैं। दरअसल, उनका मृत्यु पूर्व जीवन घटनाओं, व्यस्तताओं, जगहों, लोगों और अवान्तर प्रसंगों से इतना भरा हुआ होता है कि अक्सर उनका ख़ुद इस भीड़-भाड़ में गुम रहा आता है या इन्हीं भीड़ भरी शक्लों में ढल जाता है। वहाँ जीवन के दमदमाते हुए कार्यकलापों के सामने बातचीत या विश्लेषण या मूल्यांकन की नौबत नहीं आ पाती। किशन महाराज की ज़िन्दगी और कला को इस धारणा के उदाहरण की तरह इस्तेमाल किया जा सकता है। बहुत दिनों तक उनके व्यक्तित्व की भव्यताओं—मसलन धवल लहराते लम्बे सफ़ेद बालों, माथे पर के गोल लाल टीके, डिज़ाइनर क़िस्म की अधुनातन और

पारम्परीण पोशाकों, दबंग और डपटते हुए जीवन-व्यवहार; उनकी ही ऊँचाई और वज़न के दूसरे कलाकारों की उपस्थिति, और बिलावजह हीनतर और लाभ-हानिपरक कामों में गाफ़िल रहने की हमारी चालाकियों और लापरवाहियों ने उनके कलात्मक अवदान के स्वीकार का रास्ता रोके रखा। इसीलिए उन पर क़ायदे से बात नहीं हो पायी। जिस हद तक उनका व्यक्तित्व उनका तबला बिक्री और उपभोग के उपलब्ध तन्त्र के भीतर समा सकता है उस हद तक वह हमारे बीच बाकी तो हैं ही, जैसे अपने ही किसी यादगार प्रदर्शन की ऑडियो कैसेट की कवर फ़ोटो में—तबला बजाते हुए, सजे-धजे, लगभग खिलखिलाते हुए। लेकिन सभ्यता का काम एकाध सुन्दर क़िस्म की तस्वीरों से नहीं चलता। उसे सम्पूर्ण और व्यापक चित्रमाला चाहिए। उसे सब लोग और ठोस स्मृतियाँ मिलकर बनाते हैं। इसी तरह गँवा दिये गये ख़ज़ाने और स्वाहा हो चुके इन्सानों को हम फिर से अर्जित कर लेते हैं। इसी तरह किशन महाराज जैसे लोग कभी मरते नहीं, हालाँकि उन्हें दुबारा पा लेने के सिलसिले में एक समाज को अपनी ज़िन्दगी के दौरान हज़ार बार मरना पड़ता है।

३

संगीतशास्त्री और बड़े संगीतकार उनके तबले का गुणगान करेंगे, या वे ऐसा नहीं भी कर सकते हैं। बहुत सी बारीक़ और तकनीकी बातें पोथियों में बन्द कर दी जायेंगी। हम लेकिन प्रभाव में नहीं बह जाना चाहते बल्कि अपने भविष्य के लिए किशन महाराज के जीवन और उनकी कला को प्रासंगिक कर लेना चाहते हैं। यही उनके काम का असल अभिनन्दन होगा। और तब प्रलाप या भक्ति के लिए विवश भी नहीं होना पड़ेगा।

४

उनका तबला लगातार जनपदीयता के अविराम हो-हल्ले के बीच बजता रहा। उनके घर उनकी बैठक उनके छोटे से बग़ीचे में रियाज़ के दौरान बजते पुत्रों-पौत्रों-रिश्तेदारों-शिष्यों के तबलों के अलावा कोई एक तबला शहर-

शहर करता हुआ भी बजता आया है। जब आप शहर में डूब जाते हैं, ख़ुद उसी में गुम हो जाते हैं तो शहर भी अपनी राग-रागिनियाँ, लयें, अपने समस्त स्पन्दन किसी अदृश्य और गोपन पद्धति से आपको सौंप देता है। कलाकार के लिए इससे बड़ा वरदान कुछ नहीं है। किशन महाराज अपने पुरखों के पिछले तीन सौ सालों में अपनी ज़िन्दगी जोड़ते हुए इस बुज़ुर्ग शहर में रहे और शहर ने अपनी विभूतियाँ उनके कानों में फुसफुसा दीं। अपने पड़ोस अपने मुहल्ले के भूगोल में वह पेड़ धूप, बारिश और लोगों की तरह शामिल थे। किसी ने उन्हें अपने से भिन्न या ऊँचा नहीं पाया। जला हुआ ट्रान्सफार्मर बदलवाने वाले, नलों में पानी न आने पर जलसंस्थान के आला अधिकारी को फ़ोन पर धमकाने वाले, मुहल्ले के आवारों को पुलिस से छुड़वाने वाले, भाई-भाई, सास-बहू, बाप-बेटों के झगड़े सलटाने वाले किशन महाराज, हैरत है कि वहीं हैं जिनके बारे में विश्वविख्यात सितार वादक रविशंकर ने अपनी आत्मकथा में लिखा है कि वह 'संसार के श्रेष्ठतम संगतकार' हैं। उस्ताद बिस्मिल्ला ख़ाँ की सादगी के दूसरे सिरे पर किशन महाराज की रईसी और शौक़ीन तबीयत को रखना होगा। लेकिन उनका अभिजात्य भी जनसाधारण से विलग, धन-सम्पदा की लाठी पर टिकने वाला आभिजात्य नहीं था, बल्कि अर्थशास्त्र के शब्दों में कहा जाय तो एक निम्न मध्यवर्गीय, या अधिक से अधिक, एक मध्यवर्गीय औदात्य था। या उनके अकूत आत्मिक वैभव का रंग—जो उनके आसपास की वस्तुओं, जगहों और व्यक्तियों पर अहर्निश बिखरता रहता था। उनकी सक्रियताओं में हमारे सामूहिक चेतन और अवचेतन पर दस्तक दे रहे विकराल बेसुरेपन के प्रतिकार की आवाज़ हमेशा सुनी जा सकती है। शहर के एक नामी-गिरामी अँग्रेज़ी माध्यम प्राइवेट स्कूल के सांस्कृतिक कार्यक्रम के मौक़े पर तबले, वायलिन आदि दूसरे वाद्यों को क़ायदे से मिलाया नहीं गया था तो मुख्य अतिथि किशन महाराज को विपत्ति की तरह टूट पड़ना पड़ा। वे बोले थे कि आपका सारा तामझाम बेकार है, अगर आपके साज़ बेसुरे बज रहे हैं।

५

जब समग्र अस्तित्व के साथ, पूरी भाव और बुद्धि ऊर्जा के साथ जीवन में शामिल हुआ जाय तो स्मृति कोई बाहरी वस्तु नहीं रह जाती। पचास

साल पुरानी और पुरखों से सुनी हुई सौ-दो सौ साल पुरानी किसी बात को वह कल हुई घटना की तरह बताते थे। उन्हें इस राष्ट्र के अतीत के कई स्वर्णिम अध्याय अपनी सादा, निरलंकार और लगभग ग़लत भाषा में अनायास याद थे। उन्हें विस्मृत गायक और गुमशुदा नर्तकियाँ याद थीं। उन्हें बनारस के कोठे और कोठों की संस्कृति याद थी। उन्हें बनारस के नववयस्कों द्वारा इन कोठों पर सीखी जा रही तहज़ीब के क़िस्से याद थे। उन्हें 'समाज सुधार' के जोश में इन कोठों में आज़ाद भारत की सरकारों का किया गया विध्वंस याद था जो एक अर्थ में उपशास्त्रीय संगीत के 'संस्थान' का ध्वंस था। यह मानने के पर्याप्त कारण हैं कि ये तथ्य सिर्फ़ उन्हीं की याद में बाक़ी थे। इस तरह, उनकी मृत्यु के साथ ही इन विरल सांस्कृतिक सूचनाओं की भी अन्तिम तौर पर मौत हो गयी है। तबले और ज़िन्दगी को लेकर किये गये एक इण्टरव्यू के दौरान यह पूछने पर कि तबला बजाने के दौरान उन्हें क्या-क्या याद आता है, उन्होंने कहा था कि अपने पुरखे भैरव सहाय की दाढ़ी उनकी निगाहों में लहराने लगती है। इस अभिराम विज़ुअल को पढ़ लेने के बाद कइयों की चेतना में वह झब्बा लहराने लगा होगा।

६

किशन महाराज एक लोक शिक्षक थे। उन्होंने कुमारबोस, संदीपदास, सुखविन्दर सिंह नामधारी और शुभशंकर सरीखे सामर्थ्यवान तबलावादकों की कई पीढ़ियाँ तैयार कीं। यूरोप और दक्षिण एशिया के अनेक छात्र वर्षों उनके सान्निध्य में रहकर दूसरे वाद्य भी सीखते आये हैं। इसके अलावा मुहल्ले के लड़कों को डपटकर अभ्यास करवाने का काम उन्होंने दशकों तक किया। विख्यात शास्त्रीय गायक राजन-साजन मिश्र बताते हैं कि गली में महाराज जी को आता देखकर वह लोग पलटकर भाग जाते थे और कहीं छिप जाते थे। संदीपदास और सुखविन्दर नामधारी सरीखे पटु शिष्यों के पास गुरुजी की सख़्ती के अनगिन संस्मरण हैं। इस कड़क अध्यापक का असर वृहत्तर तबला-संसार पर इतना ज़्यादा है कि देश-दुनिया में फैले लगभग सभी तबलावादक दायें तबले पर चार उँगलियों की फटकार से 'ता' बजाने लगे हैं जो उनके पहले तक सिर्फ़ तर्जनी के ज़ोर से बजता

आया था। यानी प्रत्येक तबलावादन में किशन महाराज की ईज़ाद और उनका अन्दाज़ भी बज रहा है। मशहूर नर्तकी सितारा देवी का मानना है कि जाकिर हुसैन की शैली में भी किशन महाराज के प्रभाव पहचाने जा सकते हैं। अर्थात् इस रोदन की कोई गुंजाइश नहीं है कि उनके बाद उनकी परम्परा का क्या होगा। उनकी परम्परा अन्यान्य वर्तमानों और भविष्यों में पहले ही ढल गयी है।

७

आधुनिकता के पैमाने किशन महाराज नाम के आदमी और कलाकार को समझने में असहाय साबित होंगे। उनके चारों ओर मिथकों का जो आभामण्डल है उसे पार करते हुए ही उनकी कला के मर्म तक पहुँचा जा सकता है। अन्यथा भटकन और अँधेरा ही मिलेगा। एक पिटा हुआ तरीक़ा यह भी हो सकता है कि मूल्यांकन ठप कर दिया जाय, और पुष्प, धूप, नैवेद्य आदि के साथ उनकी आरती पर उतारू हो जाया जाय। यह सब बनारस से शुरू हो भी चुका है जो क्रमशः ज़ोर पकड़ेगा। लोग फ़लाँ चौराहे पर उनकी प्रतिमा लगाने के लिए हाहाकार करेंगे, फिर प्रतिमा की उपेक्षा पर हाहाकार करेंगे। कृतित्व को संगमरमर में क़ैद कर दिया जायेगा। भक्त उस विराट को नहीं सँभाल सकते जिसे ज्ञान कहा जाता है। इसलिए बिलकुल अभी से श्रद्धा से उलटी दिशा में यात्रा शुरू हो जानी चाहिए। बड़ा कलाकार बहुत से सवाल छोड़ जाता है और जैसा शुरू में कहा गया, उन सवालों के जवाब ढूँढ़ने के लिए ज़िद्दी अनुसन्धित्सुओं की ज़रूरत है। सवाल ज़ाहिर है कि कई हैं। क्यों उन्हें जीन्स-टी शर्ट जैसी अधुनातन पोशाकें तक पहनने का शौक़ था? क्यों वह नगर के अधिकतर आयोजनों के स्थायी अध्यक्ष या मुख्य अतिथि थे? उन्होंने जादू और पहलवानी जैसे ऑफ़ बीट चीज़ें क्यों सीखी थीं। सितारा देवी, गिरिजा देवी, राजन-साजन मिश्र की राह पर चलकर उन्होंने किसी बड़े शहर में आसन क्यों नहीं जमाया? वह इतने स्वयं सम्पूर्ण थे तो हल्की-फुल्की तुकबन्दियाँ करने और उन्हीं के दम पर स्वयं को कवि कहने-कहलवाने का शौक़ उन्हें कैसे पड़ा?

८

ऐसे सवालों के जवाब उनके तबले में निहित हैं। उनके तबले को कभी न कभी उत्कृष्टतम लगाव के साथ रेशा-रेशा करना ही होगा। यह बात हमेशा याद रखने की है कि अगर किशन महाराज और उन जैसे कुछ और स्वतन्त्रचेता दिमाग़ न होते तबला कमर में बँधा हुआ, इस देश की सड़कों और गलियों में घूम-भटक कर बज रहा होता और शास्त्रीय संगीत के मंच पर होने पर भी वह एक हीनतर वाद्य, संगत का एक बाजा होता। वह मुख्य कलाकार के चरणों में लिपटा हुआ बजता रहता। बहुत हद तक किशन महाराज ने उसे एक स्वायत्त व्यक्तित्व, एक तिर्यक भंगिमा सौंपी है। इसके बाद सोलो वादन और संगत के तबले में जो भी परिवर्तन घटित हुए हैं, उनमें किशन जी की भी आभा है। यह जानना बेहद दिलचस्प है कि जिस दौर में अनोखेलाल और सामता प्रसाद जैसे उनके दिग्गज समकालीन उपलब्ध, हिट और समसंख्या वाले आसान तालों को, उनके क़ायदों-पलटों-पेशकारों और तिहाइयों को विलक्षण परिष्कार के साथ साधते जा रहे थे, किशन महाराज विषम मात्रा वाले, विस्मृत, दुर्वह और अटपटे तालों, ऊबड़-खाबड़ परनों, कटुता की सीमा तक पहुँची दबंग चक्करदार तिहाइयों और उद्धत लेकिन विश्वसनीय लयकारी की ओर गये। इन चीज़ों में एक कलाकार का दर्प बजता था। यह 'कठिन' की अखाड़ेबाजी थी। यह अकेला और अलोकप्रिय होना था। यह मधुरता के विमर्श का तिरस्कार था। यह अद्बितीय रचनाकार जयशंकर प्रसाद की कहानी 'गुण्डा' के नायक नन्हकू सिंह की गुण्डई का एक और संस्करण था। यह मुख्यधारा-प्रवाह में अड़ जाने वाला हस्तक्षेप था। कुछ दिनों पहले हुए गंगा महोत्सव में शीर्ष संतूर वादक शिवकुमार शर्मा के साथ जुगलबन्दी के दौरान उन्होंने संगत के सारे तरीक़ों को दरकिनार करते हुए एक लगभग आपत्तिजनक लेकिन बेहद दिलचस्प हरकत की। सोलह मात्रा, यानी तीन ताल में निबद्ध एक बन्दिश शिवकुमार जी बजा रहे थे। अपनी बारी आने पर किशन जी हर बार भिन्न मात्रा की कोई ताल कभी चौदह मात्राओं का धमार, कभी दस मात्राओं का झपताल, कभी छः मात्राओं का दादरा, कभी आठ मात्राओं का कहरवा बजा देते। इससे सुनने में भयानक अड़चन हो रही थी हालाँकि लयविज्ञ प्रसन्न भी हो रहे होंगे। इतना तय था कि सुनने का प्रचलित आनन्द समाप्त हो गया था और

एक अदृश्य तनातनी शुरू हो गयी थी। अपनी सीमित निगाह से मैंने संतूर-सिरमौर को किंचित् अवसन्न भी पाया था। ऐसी घटना को भूलना अक्षम्य है जिसमें हाशिया गरज-गरज कर कलानुभूति के परिप्रेक्ष्य को संशोधित, प्रासंगिक और राजनीतिक बना रहा है।

९

शहर सभ्यताओं के आईने हैं। शहर में रहने वाले लोग भी शहर होते हैं। शहर की ख़ासियतें, उसकी तकलीफ़ें, उसका पिछड़ापन, उसके नागरिक में छन जाती हैं। किशन महाराज प्रमाण हैं। वे दूसरे लोगों से, दूसरे कलाकारों से भिन्न नज़र आते हैं। दबंग और गपबाज़ और परवाह न करने वाले। लेकिन क्या इसलिए उन्हें ख़ारिज कर देना चाहिए। उन्हें स्कूली शिक्षा नहीं मिली थी और भाषाओं की बुनियादी तालीम घर पर ही दिला दी गयी थी। उनके व्यक्तित्व में आधुनिकताजन्य आकर्षण कम से कम थे। इसलिए भी उनसे प्रभावित लोगों की संख्या दूसरे लोगों की अपेक्षा कहीं कम है। पत्रकारों और दूसरे प्रश्नकर्ताओं के लिए वह क़तई कोमल नहीं थे। एक इण्टरव्यू के पहले मुझे डपटते हुए उन्होंने कहा था कि पहले के साक्षात्कारों में पूछा गया कोई सवाल मत पूछना, नहीं तो यह बातचीत वहीं ख़त्म हो जायेगी। ऐसे व्यक्ति को बहुत दूर तक अनुकूलित नहीं किया जा सकता। जिस 'विनम्रता' या 'सौजन्य' की उम्मीद प्रतिष्ठानों को कलाकारों से रहती है, वह उनमें नदारद थी। इसी वजह से उन पर प्रहार किये गये। तब के मानव संसाधन मंत्री मुरली मनोहर जोशी की अध्यक्षता में हुई एक स्थानीय गोष्ठी में उन्होंने केवल इतना कहा था कि सरकारों को राजकीय सम्मानों के लिए कलाकारों का चयन करते समय अनुभव और वरिष्ठता का आदर करना चाहिए। सनसनीख़ेज़ पत्रकारिता की मर्मशून्य ख़बरों में इस तथ्य को इस तरह पेश किया गया मानो किशन महाराज अपने लिए 'भारतरत्न' की माँग कर रहे हों, और जैसा कि ऐसे प्रसंगों में होता है, कुछ सच्चरित्र लोग उनकी इस 'माँग' की भर्त्सना करने लगे। कुछ ही दिनों में प्रचार माध्यमों का यह झूठ विकराल हो गया और पढ़े-लिखे लोग चपेट में आ गये। निर्दोष कलाकार को बेवजह अवमूल्यित होना पड़ा।

१०

दरअसल, किशन महाराज जैसे लोगों को पहचानने के लिए सभ्यता को समझने की एक महत्त्वाकांक्षी बौद्धिक परियोजना दरकार है। इतनी लीला करने वाले व्यक्ति को ऊपर से और आसानी से नहीं जाना जा सकता। उन्होंने बहुत से भ्रम खड़े कर दिये थे। उनके कपड़े-लत्ते अगर फ़ैशन के मुताबिक़ थे तो उन कपड़ों के भीतर का शरीर एक पहलवान का था और दिमाग़ एक ख़ालिस स्थानीय का। वह दूर तक सोचने वाले आदमी नहीं थे और भीतर के किसी तत्काल की ताक़त पर चलते थे। वह स्वयं को कभी गम्भीरता से नहीं लेते थे और ऐसा करने वालों को नक़ली मानते थे। वह एक थकी हुई तहज़ीब के प्रतिनिधि चरित्र थे। किशन महाराज की मृत्यु यह मान लेने का सही अवसर है कि जातीयता के वास्तविक स्रोतों की ईमानदार पहचान और उस पहचान की सैद्धान्तिकी के निर्माण के बग़ैर उनके जैसा आदमी और कलाकार अन्ततः अपरिचित रह जायेगा।

लमही वतन है

१

लमही वतन है। दूसरी जगहें गाँव-घर-मुहल्ला-गली-शहर या जन्मस्थल होती हैं, लमही वतन हो जाती है और लेखक को अपने वतन लौटते रहना चाहिए। लेखक को दूसरे लेखकों के वतन भी लौटना चाहिए। जाँच-परख या टीका-टिप्पणी करने नहीं, रहने के लिए। जितनी देर तक वहाँ ठहरिये, रह जाइये। वतन जाकर रहने से कम कोई काम क्या करना?

२

लेकिन किसी लेखक के पैदा होने या रहने लगने से कोई जगह वतन नहीं हो जाती। चतुर्दिक फैले हुए कर्म और मानवीय सम्बन्ध उसे वतन बनाते हैं। माला में मोती पिरोने, अनवरत खाँसने और किसी कम ज़रूरी काम में लगे रहने से, आधी रात में जागकर ट्यूबवेल चलाने और ग्राम प्रधान के देर रात तक सुरा और सम्भोग में व्यस्त रहने जैसी अनन्त वजहों से कोई जगह वतन बन जाती है। ऐसी ही वजहों से कोई गाँव लेखक का गाँव बन जाता है, कोई जगह वतन बन आती है और प्राइमरी स्कूल का एक मुदर्रिस उपन्यास-सम्राट बन जाता है।

३

जबकि हमारे यहाँ वजहों को भूलकर या कुछ नक़ली किताबी वजहें खोजकर लोगों को और चीज़ों को समझने-समझाने की कोशिश की जाती है। ये कोशिशें दूर से गुज़र जाती हैं और असर पैदा नहीं कर पातीं। कई बार ये वस्तुस्थिति को बीमार बनाने का काम करती हैं। ये नयी समस्यायें पैदा कर देती हैं। लमही उदाहरण है। यहाँ मुंशी प्रेमचन्द के अमरत्व को उनके रोज़मर्रा मरण से अलग कर दिया गया है। कुछ सरकारी और अकादेमिक क़िस्म के विभाग बन गये हैं जहाँ एक विभाग में प्रेमचन्द सुबह पैदा होकर शाम को मर जाते हैं और पड़ोस के विभाग में वह १९३६ से आज तक एक नुमाइशी ज़िन्दगी जी रहे हैं। लमही में प्रेमचन्द के जन्म, जीवनयापन और महानता को वहाँ के लोगों के जीवन-संघर्ष से अलग किसी संसार की तरह बसाने के प्रयत्न अब तक होते आये हैं और राजनीतिक पैंतरेबाज़ी ने रचनाकार को स्थानीय आत्मसम्मान का मुद्दा नहीं बनने दिया है। यह बात हमेशा कही जानी चाहिए कि किसी स्थान के साथ लेखक के सम्बन्धों की पद्धतियाँ तय करना सत्ताओं के बस की बात नहीं है। ये सम्बन्ध वृहत्तर जनता की कोख से निकलते हैं और वहीं से नियमित होते हैं। इसलिए, आदर्श स्थिति तो यही है कि कोई कमबख़्त, लेखक और जनता के बीच में न आये।

४

अब तक की बातों से साफ़ हो गया होगा कि सत्ता के विभिन्न संस्करणों में लमही का 'उद्धार' कर डालने की कितनी होड़ रही है। बीते साठ सालों से लगातार चलती इस प्रतियोगिता में भाग लेने वाली चार प्रमुख टीमें इस प्रकार हैं–(१) केन्द्र सरकार, (२) राज्य सरकार, (३) नागरी प्रचारिणी सभा और (४) प्रगतिशील लेखक संघ। इन टीमों ने वहाँ प्रतियोगिता के सभी क़ायदों का जुलूस निकाल दिया है और श्रेय लेने की जगहें लगातार ढूँढ़ती रही हैं। प्रेमचन्द के वंशजों ने पैतृक सम्पत्ति सरकार को दान देकर ख़ुद को दौड़ से बाहर कर लिया है। वे कभी-कभार अतिथि की तरह वहाँ पधारते हैं और उनमें से आलोक राय और सारा राय जैसी छवियाँ गाँव

के धूल-पसीनामग्न माहौल में ख़ासी सिनेमाई लगती हैं। नागरी प्रचारिणी सभा का संगठन जर्जर और मृतप्राय होकर किनारे लग गया है और सिर्फ़ ३१ जुलाई को होने वाले वार्षिक कर्मकाण्ड में हिस्सा लेने योग्य बचा है। उसने प्रेमचन्द के मकान के ठीक सामने अपने छोटे से किन्तु ऐतिहासिक महत्व के 'कम्पाउण्ड' को ज़िले के प्रशासन को दान में दे दिया। यह छोटी सुन्दर सम्पदा 'सभा' को अरसा पहले प्रेमचन्द के परिवार द्वारा ही दान में मिली थी। दान में मिली वस्तु को दान कर डालने की यह अद्भुत घटना, ऐसा लगता है कि बनारस की ही किसी संस्था द्वारा अंजाम दी जा सकती थी जहाँ शायद दान के कोई पारलौकिक आशय नहीं बचे हैं। बहरहाल, इसी परिसर में पहले राष्ट्रपति डॉ. राजेन्द्र प्रसाद ने मुंशी प्रेमचन्द स्मारक का शिलान्यास किया था और शिलान्यास का शिलापट्ट यहाँ से ग़ायब है। स्थानीय मीडिया के लिए यह बात लमही के दुर्भाग्य की स्थायी ख़बर है। बनारस रहकर जवान होते हुए इस बात को प्रतिवर्ष कम से कम दो बार अख़बारों में पढ़कर मनहूस हुआ जा सकता है। उसी परिसर में लगी प्रेमचन्द की पत्थर की मूर्ति की आँखें या तो टूट-फूट गयी हैं या गाँव के शरारती बच्चों ने निकाल ली हैं। यह दृश्य न्यूज़ चैनल्स के काम का है। दृश्य की विकृति देखने-दिखाने वालों के लिए है। चार साल पहले ३१ जुलाई के आसपास लमही में घूमते हुए इन पंक्तियों के लेखक ने देखा कि 'स्टार न्यूज़' के उत्साही फ़ोटोग्राफ़र दौड़-दौड़कर गाँव के भीतर से कपड़े धोते बच्चों को मूर्ति के क़रीब ला रहे हैं और उनसे वहीं बैठाकर कपड़ा धुलवा रहे हैं। कमाल का दृश्य था। बग़ैर साफ़ पानी के, सिर्फ़ साबुन के झाग से कपड़ा धुल रहा था क्योंकि बच्चे पानी की बाल्टी लेकर नहीं आये थे। वाशिंग पाउडर निर्माता कम्पनियों को तत्काल स्टार न्यूज़ से सम्पर्क करना चाहिए।

५

फ़िलहाल सरकार की सरपरस्ती में यह छोटा-सा परिसर पहले से अच्छी हालत में है। दीवारों से लगी व्यवस्थित हरियाली और प्रेमचन्द की कहानियों, जीवन-प्रसंगों और दूसरे रचनाकारों के प्रसिद्ध वाक्यों पर आधारित पोस्टर्स हमें भटका देते हैं। हमारा ध्यान बदनसीबी से हट जाता

है। इस परिसर का रखरखाव निहायत स्वयंभू तरीक़े से प्रेमचन्द-साहित्य के एक स्थानीय मुरीद 'दूबे जी' कर रहे हैं। वे पड़ोस के गाँव से साइकिल चलाकर रोज़ सुबह-शाम लमही आते हैं, पेड़-पौधों की सेवा करते हैं, प्रतिमा और चबूतरे को पानी से धोते हैं। परिसर में स्थित दो कमरों और लम्बे बरामदे को उन्होंने प्रेमचन्द की किताबों, प्रेमचन्द के बारे में लिखी गयी किताबों, डाक टिकटों और प्रेमचन्द के कथासाहित्य की नुमाइन्दगी करने वाली अमर वस्तुओं—चिमटा, चरखा, हुक्का, गिल्ली-डण्डा आदि से सजा दिया है। उन्होंने बताया कि ये पुस्तकें आसपास के गाँवों के बच्चों और अन्य लोगों को पढ़ने के लिए दी जाती हैं। इन्हीं में से एक कमरे में उन्होंने अपना एक दफ़्तर जमा लिया है और वहाँ कुर्सी-मेज़ पर बैठकर वह कुछ और आत्मविश्वास के साथ प्रेमचन्द के बारे में पिटी-पिटायी बातें करते हैं, हालाँकि उनकी इस निःस्वार्थ और ग़ैरकानूनी कोशिश में सेवा और कर्तव्य के असली तत्त्वों की झलक है। उनसे मिलकर ऐसा लगता है कि एक दिन नागरिक किसी न किसी तरीक़े से सरकार को पीछे करके सुधार के काम अपने हाथ में ले लेगा—अपनी सारी सीमाओं और सरकार की सारी शक्तियों के बावजूद। ऐसे व्यक्ति लमही, गढ़ाकोला और अगोना (बस्ती) जैसी जगहों में पहली-पहली बार दिखना शुरू हुए हैं। यह सुखद अभिनव विकास है। तंग आकर जनता कुछ ऐसे ही हिस्सेदारी करने लगती है।

६

प्रेमचन्द के पुश्तैनी मकान को राज्य सरकार ने पर्याप्त पैसा ख़र्च करके नया बना दिया है; उसके मूल रूप को यथावत् रखने की विफल और सतही कोशिश भी इस निर्णय में हुई है। लेकिन इतना तय है कि दुर्दशा पर सालाना आँसू बहाने वाले लोग अचानक बेरोज़गार हो गये हैं कि अब किस बात पर अफ़सोस किया जाय। बड़े मकान की सुरक्षा और रखरखाव का स्थायी इन्तज़ाम नहीं है और स्वयंसेवी ग्रामवासी सोत्साह 'गाइड' की भूमिका निभाने लगते हैं। खिड़कियों से धूल और उजाला लगातार भीतर आता रहता है। दरवाज़े भी हमेशा हर किसी के लिए खुले हैं। मधुमक्खी के बड़े-बड़े छत्ते हैं और सफ़ेद दीवारों पर आशिकों और

दिलजलों ने अपने नाम और मोबाइल नम्बर ख़ून के रंग में लिख डाले हैं। पूरे मकान में बिजली की वायरिंग की गयी है लेकिन बल्ब और पंखों वग़ैरह का कहीं पता नहीं है।

७

गाँव में–हालाँकि लमही को गाँव मानना मुश्किल है; वह बनारस का एक बिगड़ा हुआ मुहल्ला ज़्यादा लगता है–मुख्य रूप से तीन जातियाँ हैं–गोड़, कुनबी और कायस्थ। प्रायः सभी कायस्थ ख़ुद को प्रेमचन्द का दूर या नज़दीक का रिश्तेदार बताते हैं। समृद्धि और भोग के मामलों में पटेल (कुनबी) समुदाय के लोगों ने सबको पीछे छोड़ दिया है। वे दरअसल प्रदेश की सबसे ताक़तवर जातियों में से एक हैं। प्रेमचन्द के मकान के ठीक बाहर एक शिव मन्दिर है। उसके निर्माण की दास्तान तथाकथित रूप से १५० साल और वास्तव में ५ साल में फैली हुई है। लगभग ५ साल पहले ३१ जुलाई के आसपास वहाँ एक शिवलिंग खुले में रखा हुआ था। एक साल बाद वहाँ पहुँचने पर इन पंक्तियों के लेखक ने देखा कि वहाँ दरोदीवार का इन्तज़ाम हो गया था। दीवार पर मोटे-मोटे हर्फ़ों में लिखा हुआ था–'१५० साल पुराना मन्दिर–प्रेमचन्देश्वर महादेव।' एक शराबी ने झूमते हुए बताया कि यह महान् मन्दिर मुंशी प्रेमचन्द द्वारा स्थापित है। हमने शराबी से नाम पूछा तो उसने कहा कि 'प्रेमचन्द'। हालाँकि इस बीच वहाँ जाने पर देखा गया है कि 'प्रेमचन्देश्वर महादेव' के ऊपर पुताई करा दी गयी है और लिख दिया गया है–'बाबा भोलेनाथ मन्दिर, लमही', और कम से कम दर्जन भर शिवलिंग और स्थापित कर दिये गये हैं।

८

प्रेमचन्द और शिवरानी देवी के प्रकाशन-समूहों में काम कर चुके कुल दो बुज़ुर्ग अभी जीवित हैं। दोनों सज्जन मृत्युशय्या पर हैं। पत्रिका आदि के लोकार्पण के लिए ये दो लोग उपयुक्त सर्वहारा मुख्य अतिथि और अध्यक्ष रहे हैं। हालाँकि दोनों को काफ़ी ऊँचा सुनायी देता है और याद

रखने लायक सभी बातें ये बहुत पहले भूल चुके हैं। उनके चेहरों और जीर्ण जीवन को कोशिश करके बिकाऊ बनाया गया है। लेकिन ख़रीदने वाली ताक़तें आशंकाओं से ज़्यादा चंचल और कंजूस साबित हुई हैं।

९

लेकिन अन्दरूनी तब्दीलियाँ बेसँभाल ढंग से घटित हो रही हैं। समझदार लोग अन्दाज़ा नहीं लगा पा रहे हैं या उलझना नहीं चाहते, इसलिए वे सूत्र कम से कम उपलब्ध हैं। दरअसल, नेतृत्व बदल गया है। इसे ३१ जुलाई को शिद्दत से महसूस किया जा सकता है, लेकिन शायद उस दिन लोग उत्सव में गाफ़िल रहते होंगे। आयोजन की सूची बड़े ज़ोरदार ढंग से घोर साहित्येतर लोगों के हाथ में जा रही हैं, बल्कि चली गयी हैं, ये लोग राजनीति या समाज के दूसरे मंचों के उजले लोग नहीं, दिलजले हैं—चिढ़े हुए, शॉर्ट टेम्पर्ड और अत्यन्त निराशावादी। लेकिन यह तय है कि ये अपना, प्रेमचन्द और लमही का सबसे बड़ा दुश्मन वहाँ आकर भाषण देने वालों को मानते हैं। बीती ३१ जुलाई को इन्होंने पर्याप्त सांस्कृतिक उपद्रव किया। वहाँ इस बार प्रगतिशील परम्परा के घुटे हुए भाषणबाज़ वहाँ किनारे कर दिये गये थे और उत्तर भारत के बड़े बिरहा गायक मंच की शोभा बढ़ा रहे थे। दसियों हज़ार लोगों की भीड़ के सामने शहरी साहित्यकारों की हवा गुम होने को थी। बग़ल के एक विद्यालय में भण्डारा चल रहा था, यहाँ अज्ञात लोग इन्तज़ाम में लगे हुए थे और लेखकनुमा लोगों को आदर सहित बुलाकर बाटी-चोखा खिला रहे थे। मेरे ख़याल से यह निरादर की हद है और अकर्मण्यता का सच्चा पारिश्रमिक। अब लेखक मेहमान हैं या दामाद हैं व्यापक समाज के।

१०

बनारस की ख़ास अपनी दिक़्क़तें अलग भूमिकायें निभाती रहती हैं। विराट अतीत प्रायः विपत्ति है। अकेले प्रेमचन्द ही शोभा नहीं हैं, प्रसाद हैं, भारतेन्दु हैं, और पीछे जाइये तो कबीर, तुलसी, रैदास, रामानन्द। नागरी

प्रचारिणी, शुक्ल और द्विवेदी; हिन्दी विभागों की अपनी ऐतिहासिकता को छोड़कर भागना आसान नहीं है। आधुनिक काल के अपने संकट हैं। सबके प्रति आभारी होना, या दिखना हिन्दी वाले का कर्तव्य है। धूमिल, त्रिलोचन, गिन्सबर्ग, शिवप्रसाद सिंह–सबके अपने-अपने प्रकोष्ठ हैं। पार पाना आसान नहीं, गंगा एक आग का दरिया है और उसमें सिर्फ़ डूबके नहीं, मर के जाना है, तभी मुक्ति है। इसलिए अभिनवता के मोर्चे कभी खुल ही नहीं पाते और रचनाकार स्वप्न देखता रह जाता है।

मसलन, कवि अपनी कविता में लिखता है :

> छोटे से आँगन में माँ ने लगाये हैं तुलसी के बिरवे दो
> पिता ने उगाया है बरगद छतनार
> मैं अपना नन्हा गुलाब कहाँ रोप दूँ?

—केदारनाथ सिंह

११

कभी-कभी लगता है, हम काम के भीतर से राह निकालना भूल गये हैं। हम विचारमग्न या चिन्तित होना चाहते लोग हो गये और हमें पता ही नहीं चला। यह हार थी। कुछ संकल्प होते ही ऐसे हैं कि उन्हें बैठकर दिमाग़ी ताक़त से साधा नहीं जा सकता। लेकिन कौन याद दिलाये किसे? ऐसे मुद्दों पर हमारा शरीर सोचता है, वह आवाहन करता है दिमाग़ का, तब तानाशाही चलना बन्द होती है, लेकिन ऐसा कभी-कभी होता है।

१२

प्रेमचन्द की कहानी सिर्फ़ गाँव की कहानी नहीं है, वह शहर में भी फैली हुई है, उनसे जुड़ी हुई चीज़ों और जगहों को सँभालने और पहचानने का काम शर्म और आलस्य से भर गया है। उनकी ग़रीबी को मिथक के वज़न पर प्रचारित किया गया, जबकि यह अकाट्य है कि एकाध मौक़ों को छोड़कर प्रेमचन्द ज़िन्दगी में कभी विपन्न नहीं रहे। पता नहीं इस झूठ से किसी को क्या फ़ायदा हुआ होगा, लेकिन यह चेतना के बॉलीवुडीकरण

का प्राचीन प्रमाण है। ऐसे लोग अभी जीवित और सक्रिय हैं मसलन जिनके मकान में रहकर प्रेमचन्द ने 'निर्मला' की रचना की थी, उनका वह कमरा अभी भी वैसा ही है। उन्होंने अपने पिता के हवाले से लगभग शरमाते हुए बताया कि मुंशी जी समय से किराया नहीं देते थे और इस मुद्दे पर झकझक होती रहती थी। बनारस में जिस जगह उनका निधन हुआ वहाँ एक शिलापट्ट तक नहीं है।

कुछ-कुछ सीखना और बहुत कुछ न सीख पाना

(अपनी रंगयात्रा पर कुछ प्रतिक्रियाएँ)

कुछ-कुछ सीखना और बहुत कुछ न सीख पाना

कभी-कभी अपनी जाँच ख़ुद करनी होती है। दूसरों के मुँह से अपनी और अपने कामकाज की तारीफ़ और बुराई सुनने के अभ्यस्त आदमी के लिए यह कुछ मनहूस बात है। इसमें धोखा हो सकता है। लेकिन धोखा तो कहीं भी हो सकता है। यानी, ऐसी कोशिश में कोई हर्ज़ भी नहीं है।

मैं बनारस में पैदा हुआ। यहीं जवान हुआ और यहीं चुपचाप बूढ़ा हो रहा हूँ। मरुँगा भी यहीं। इस चीज़ का नाम है संस्थापन। एक ही जगह रहने की पस्ती। यह विस्थापन का सौतेला भाई है। बुद्धि के बाज़ार में विस्थापन की क़ीमत बहुत ज़्यादा है और संस्थापन मिट्टी के मोल मिलता है। मैं भी बेमोल हूँ, लेकिन चिर संस्थापित हूँ।

इस कमबख़्त संस्थापन ने मेरा सब कुछ बिगाड़ दिया और बदले में दिया एक-दो कौड़ी का हौसला—कि मैं एक महान् सभ्यता का प्रतिनिधि हूँ और मेरे किये-धरे को उसी की रौशनी में देखा जाय। ध्यान दें, यह हौसला मेरी कमाई नहीं है। प्रतिभा और मेहनत से मैंने इसे हासिल नहीं किया है। यह बस यहाँ रहते-रहते मुझे मिल गया है। जैसे किसी भाग्यशाली को पुश्तैनी सम्पत्ति विरासत में मिल जाती है।

वज़नदार अतीत बहुत बड़ा झमेला है। मशहूर संस्कृतिकर्मी, कवि-आलोचक अशोक वाजपेयी ने आईएएस की अपनी नौकरी में यूपी कैडर इसीलिए नहीं लिया कि इस प्रदेश के विगत वैभव में अपनी क्षमता से

कुछ नया जोड़ पाना उन्हें असम्भव लगा था। यहाँ रहकर आप जो भी करेंगे, वह पहले ही हो चुका होगा। यह स्लेट इबारतों से भरी हुई है। उस पर खड़ी पाई के बराबर ज़मीन भी ख़ाली नहीं है। कबीरचौरा मुहल्ले की एक गली में थोक के भाव पद्म पुरस्कार-प्राप्त कलाकारों का घर है। सिद्धेश्वरी देवी, सितारा देवी, गोपीकृष्ण, किशन महाराज, सामता प्रसाद और राजन-साजन मिश्र पड़ोसी हैं। थोड़ी दूर रविशंकर, बिस्मिल्ला ख़ाँ और छन्नूलाल मिश्र की रिहाइश है। पुलिस थाने के पीछे जयशंकर 'प्रसाद' की सुँघनी की दुकान है। बग़ल में, बर्तन और साड़ी के बाज़ार में भारतेन्दु हरिश्चन्द्र की हवेली है। पड़ोस में महाश्मशान है। कहीं आगा हश्र का जन्म हुआ है, कहीं प्रेमचन्द की मौत हुई है। ग़नीमत है कि मेरी नज़र सौ-दो सौ साल पीछे तक ही जा रही है, लेकिन सोलहवीं सदी के छज्जे पर खड़े होकर कबीर, तुलसी और रैदास नीचे, इधर ही झाँक रहे हैं।

इस महान् भूगोल के बादल मुझ पर हमेशा घिरे ही रहते हैं। लेकिन सभ्यता में महज़ शिखर ही नहीं होते, गहरी खाइयाँ भी होती हैं और होते हैं दूर-दूर तक फैले समतल मैदान। मेरा जीवन मैदान का जीवन है और मेरे जैसे लोग इस सभ्यता का खाद-पानी हैं, लेकिन ग़ौर कीजिये, खाद-पानी भी जितना बनारस में है, उतना कहीं और मिलना मुश्किल है। मसलन, ठीक है कि एक किशन महाराज, तबले जैसे साज़ में, सौ साल में एक पैदा होते हैं, लेकिन ठीक-ठाक तबला बजाने वाले औसत तबलावादक जितनी बड़ी संख्या में आपको बनारस में मिलेंगे, देश के किसी और शहर में नहीं। यही हाल कथक नृत्य, सितारवादन, अभिनय और चित्रकला—यहाँ तक कि लेखन का भी है। मझोले कलाकार और औसत क़िस्म की अभिव्यक्तियाँ यहाँ ख़ूब हैं। इसी बात से माहौल बनता है। बहुत से लोग माहौल के दबाव से कलाकार बन जाते हैं। अगर आसपास के दस घरों में अलस्सुबह वैदिक उच्चारण हो रहा है, तो आप अपनी नींद के टूटने से झल्ला-झल्ला कर भी वेदज्ञ बन जायेंगे। अगर किसी का बड़ा भाई गायक है, तो झख मारकर वह तानपूरा और तबला मिलाना सीख जायेगा। दूसरी सभ्यता में जो उपलब्धि है, बनारस में वह मजबूरी है। ख़ुद मुझे दुर्गा सप्तशती कब कण्ठस्थ हुई, तबला बजाना कब आया, नहीं याद। ज़ाहिर है, इसमें मेरी कोई भूमिका भी नहीं।

यों, मैंने यहीं रहकर कुछ-कुछ सीखा और बहुत कुछ नहीं सीख पाया।

हवा और पानी बहुत बड़े शिक्षक होते हैं। वे सीखने वाले की नसों में घुल जाते हैं। यहाँ विद्या, प्रतिभा, अभ्यास, व्युत्पत्ति, आत्मविश्वास, विनय और औद्धत्य के जल एक-दूसरे में हिले-मिले हैं और इस शहर का ख़मीर सदियों की साधना से तैयार हुआ है।

बनारस में रहना ही अनन्त और सनातन का कीर्तन है और कोई भी कला इन दो तत्त्वों के बिना प्रबल नहीं बनती। इन चीज़ों के बग़ैर वह निरी समकालीन होकर रह जाती है। उसकी साँस बहुत छोटी हो जाती है और उसकी आवाज़ अतीत के गुम्बदों से टकराती नहीं। बिना शाश्वत को पैमाना बनाये कला में क्षणिक सनसनी या तत्काल का विमर्श तो सम्भव है, आनन्द मुमकिन नहीं है और कला में आनन्द नहीं है तो है क्या?

लेकिन यही आनन्द विद्वानों की राह का रोड़ा है। समझदार आदमी इस ज़मीन पर पैर रखते हिचकिचाते हैं, लेकिन मैं बेवक़ूफ़ों की तरह इस फ़र्श पर दौड़ा। मैं समझता भले ही कम हूँ, आनन्द की इस ज़मीन को चाहता बहुत हूँ।

इसी बुख़ार में जेएनयू छोड़कर वापस आ गया। जिन कवियों को, जिन कविताओं को, आलोक धन्वा, पाश और चेराबंडा राजू को, मैं बहुत प्यार करता था, अब भी करता हूँ, ताउम्र करता रहूँगा, उन्हीं कविताओं और उन्हीं कवियों को प्यार करने की तमीज़ मुझे वहाँ के माहौल ने सिखाने की कोशिश की। एक जैसे पोस्टर्स, एक जैसी वालराइटिंग, एक जैसे झोले और एक जैसे चश्मे और एक जैसी विश्वदृष्टि। मैं सात वार और नौ त्योहार वाली सभ्यता का चिर संस्थापित नागरिक और वहाँ साँस भी एक लय में लेनी थी।

वापस आकर कुछ बरस राजनीतिक-सांस्कृतिक सक्रियता, समकालीन हिन्दी कविता और काशी हिन्दू विश्वविद्यालय के हिन्दी विभाग की तिकड़म और उठापटक में मौज़ लेकर बिताने के बाद मेरे मन में थियेटर का पुराना भूत फिर से जी उठा।

मैं बचपन से ही थियेटर के समुद्र में तैर रहा था। शहर की प्रतिष्ठित अन्तर्विद्यालयीय नाट्य प्रतियोगिता में दो बार सर्वोत्तम अभिनेता का पुरस्कार पाकर दस साल की उम्र में मैं दिग्गज था। लेकिन पढ़ाई आदि की वजह से वह रास्ता बीच में ही रुक गया। २०११ में, बचपन बीत जाने

के पन्द्रह साल बाद, एक मन्द्र अर्जेन्सी बिलकुल सामने आकर खड़ी हो गयी और हमउम्र अभिनेता दोस्तों के साथ हमने 'आषाढ़ का एक दिन' खेलने का फ़ैसला किया।

राष्ट्रीय नाट्य विद्यालय की एक कार्यशाला में हमने इस नाटक के कुछ महत्त्वपूर्ण मंचनों की वीडियो रिकॉर्डिंग्स देखी थी। कृति के कालजयित्व से कभी कोई इनकार नहीं है, लेकिन उस पर मोहन राकेश, यहाँ तक कि कालिदास के भी क्रियेटिव और रोमैन्टिक पर्सोना की अत्यन्त गहरी छाप पड़ी हुई है। रही-सही कसर ओम शिवपुरी के अभिनय के मिथक ने पूरी कर दी। इससे समझ का विचित्र स्टीरियोटाइप तैयार हुआ और बड़े सवाल पीछे हो गये। एक लेखक का सत्ता-प्रतिष्ठान से क्या सम्बन्ध होता है और कहाँ तक जाने के बाद तन्त्र उसे एप्रोप्रियेट कर लेता है? क्या तन्त्र का हिस्सा बन जाना अच्छे लेखक की मजबूरी है? उसकी नियति? क्या तन्त्र की मीमांसा तन्त्र के बाहर रहकर नहीं की जा सकती? ऐसे सवाल इस नाटक के निर्देशकों ने उठाये नहीं। अगर प्रयोग करने की कोशिश हुई भी, तो टेक्स्ट के बाहर जाना पड़ा। टेक्स्ट को अपराजेय मान लिया गया और उस पर अभिनय और डिज़ाइन के फूल चढ़ाये जाने लगे।

यह बात बहुत बेचैन करती थी। वह नाटक पढ़ते हुए मेरे मन में श्रीकान्त वर्मा जैसे बहुत से समकालीन कवि आते थे, जो सत्ता-प्रतिष्ठान से एक आलोचनात्मक दूरी को लम्बे समय तक बरत नहीं सके और व्यवस्था ने उन्हें हजम कर लिया। उनकी जीवन-कथाओं के विवरण इस महान् नाटक में दाख़िल होना चाहते थे। दूसरी ओर, राजसत्ता के भीतर अधिग्रहण का जो चरित्र छिपा हुआ है, उसको देखने और दिखाने का भी मन था। प्रतिकार की नयी क़िस्म भी एक पुराने नाटक के ज़रिये खुले, यह भी कामना थी।

तो हमने नाटक के कालिदास को मज़दूर नेता बना दिया। वह जीन्स और कुरता पहनता था, लेकिन संवाद बिलकुल राकेशीय तत्सम हिन्दी में बोलता था। संघर्ष और समकालीनता के रूपक का निर्वाह करने के लिए बहुत सी चीज़ें बदलनी पड़ीं। कई बार वे किसी जादू की तरह अपने आप भी बदल गयीं। असल नाटक में जो आहत हिरन शावक है, हमारी प्रस्तुति में वह छात्रों और मज़दूरों का एक समूह है। मूल नाटक में उस घायल हिरन के बच्चे को उठाकर कालिदास अपनी प्रिया मल्लिका के घर जाता

है। राजपुरुष वहाँ पहुँचते हैं और उससे वह हिरण शावक ले लेने की कोशिश करते हैं, क्योंकि वह हिरन शावक राजकुमार के तीर से छलनी हुआ है। कवि कालिदास हिरन का बच्चा देने से इनकार कर देता है और आमने-सामने की नौबत आ जाती है।

हमारी प्रस्तुति में हिरन तो था नहीं, उसकी बजाय छात्रों और मज़दूरों का जत्था था, क्योंकि हमें भूमि अधिग्रहण और ग़रीब किसान के विस्थापन से इस दृश्य को जोड़ना था। एक पूरा समूह ही मेरे लिए हिरण शावक था। घायल और बेघर-बार होकर मानो वह एक आन्दोलनकारी हिन्दी कवि के साथ-साथ उसकी प्रिया के घर जान बचाने चला आया था। यह पूरा समूह भयाक्रान्त होकर कालिदास से बिलकुल चिपका हुआ था। एक आदमी से चिपके हुए एक दर्जन आदमी। ऐसा अतियथार्थवादी कोई दृश्य मोहन राकेश के इस महान नाटक में नहीं है, लेकिन ऐसी अनगिन दृश्यावलियाँ इस महाजीवन में रोज़ बन-बिगड़ रही हैं। क्यों नहीं इसे किसी नाटक में होना चाहिए? इस दृश्य के ईर्द-गिर्द संघर्ष और विस्थापन की दूसरी कहानी, उपन्यास या नाटक रच डालने से बात बहुत सपाट और स्थूल हो जायेगी। बहुत प्रभावशून्य पैटर्न पर ऐसा हमारे यहाँ हुआ भी है। दरअसल, यह बात ही अपने आप में इतनी लाउड है कि इसे बहुत सूक्ष्म और कलात्मक छन्द में नाटक में आना चाहिए। 'आषाढ़ का एक दिन' में ऐसी सम्भावना थी। ठीक है कि मैंने नाटक को अतिरिक्त ढंग से पढ़ लिया था और बाद में बनारस में उस पर पर्याप्त विवाद भी हुआ, लेकिन अतिपाठ भी तो अन्ततः एक पाठ ही है।

इसके बाद, राजपुरुषों के आ जाने पर जो आमना-सामना मूल नाटक में कालिदास और उनके बीच हुआ है, हमारे नाटक में एक जनसमूह और सत्ता में होता दीखता है। इससे प्रस्तुति के विज़ुअल में एक समकालीन उत्तेजना आ गयी और मुझे भी काम में मन लगाने का बहाना मिला। जब कालिदास उज्जयिनी के शासन के क़रीब जाकर अपनी ज़मीन और प्रिया से दूर हो जाते हैं और उनका व्यक्तित्व एक राजपुरुष में अवमूल्यित हो जाता है तो मैंने उन्हें पारम्परिक वेशभूषा में दिखाया। यों, परम्परा राजसत्ता और समकालीनता जनभावना का प्रतीक बन गयी और असल ज़िन्दगी का कन्फ्रंटेशन एक प्रेमकथा के भीतर सम्भव हो पाया। बाद में एक विशद थीसिस में अग्रणी रंगनिर्देशक देवेन्द्र राज अंकुर ने इस प्रस्तुति की

सराहना की और इसे 'आषाढ़ का एक दिन' की सर्वोत्तम प्रस्तुतियों में शामिल किया।

लेकिन यह प्रस्तुति आगे नहीं जा सकी। हममें कमियाँ थीं। मैं एक समूह को रंगमण्डल की तरह विकसित नहीं कर पाया। हमउम्र अभिनेता दोस्तों से अपनी सही-ग़लत हर बात मनवा पाना मुश्किल था और मुझे ऐसा ही अनुशासन चाहिए था। भावोच्छ्वास से मेरा काम न चलना था। मुझे मेरी शर्तों पर चलने वाला एक फ़िदायीन दस्ता चाहिए था, जिसे नाटक करने के अलावा संसार का कोई और काम न करना हो।

यह खोज आने वाले दो सालों में पूरी हुई। मुझे एक विद्यालय में नाटक सिखाने का मौक़ा मिला और मिले दर्जन-भर किशोर-किशोरियाँ। उस विद्यालय की प्रधानाध्यापिका मेरी माँ थीं। उन्होंने मंचन के बाद हाईस्कूल और इण्टर की कक्षाओं में हिन्दी और अँग्रेज़ी पढ़ाने का मौक़ा भी मुझे दे दिया। इस अवसर का इस्तेमाल मैंने उस समूह के मन में अच्छी कविता की समझ और प्यार पैदा करने के लिए किया।

वह समय नशे में गुज़र गया। हमने सरहपा से लेकर गीत चतुर्वेदी तक की कविता से मुहब्बत की। एक घण्टे की क्लास तीन घण्टे तक चलती। वर्तनी की एक भी ग़लती आत्मघात के बराबर थी। हर विद्यार्थी क्लास में बोलने लायक़ बनने की कोशिश करता। हर छात्र सुलेख लिखने का प्रयत्न करता। सब मेरी आँखों में झाँकते हुए न जाने कौन सी व्यंजना की तलाश करते। कभी हम सब प्रसाद जी के उजाड़ घर चले जाते, कभी भारतेन्दु की ड्योढ़ी की धूल माथे पर लगाते। थियेटर दूर-दूर तक नहीं था तो ज़ाहिर है हम पर किसी प्रतिस्पर्धा का दबाव भी नहीं था। यह अपनी पूर्वज कविता को, चाहे जैसे, सेलिब्रेट करने का युग था। रंगकर्म उसका एक औज़ार बना। १९३६ में कामायनी की रचना हुई थी और २०११ में उसके पचहत्तर साल पूरे हुए थे। इस कविता के माहात्म्य पर बहुत दिनों से नज़र थी।

यह सच है कि इस बीच कामायनी को दूर से देखा गया। वह बातचीत, आदत और अभिव्यक्ति में नहीं है। यह समकालीनता की हद है। हम लोग क़दम-क़दम पर भारी मुआवज़ा देते हुए आगे निकले और उत्तराधिकार खण्डित हो गया। सवाल रचना के विराट को पूरा-पूरा धारण कर लेने का

नहीं था—वह सम्भव नहीं है, ज़रूरी भी नहीं है—उसके लिए कोई और ही मौसम, दूसरी ही धातु चाहिए—लेकिन उसे आरम्भ, हमसफ़र, चुनौती या दायित्व मानने में क्या हर्ज़ है? घबराने की भी कोई बात हमारे लिए नहीं थी। अन्ततः प्रसाद पड़ोसी हैं। बनारस में उनका घर, अवदान और सन्ततियाँ बर्बाद और अभिशप्त हैं। कॉपीराइट ख़त्म हो गया है तो पुस्तकें एक-एक करके पेशेवर प्रकाशकों के पास जा रही हैं और क़ीमती भौतिक सम्पदा भू-माफियाओं के पास कभी भी पहुँच सकती है। कामायनी सहित सभी कृतियों का कोई 'क्रिटिकल एडिशन' अब तक तैयार नहीं हुआ। विभिन्न संस्करणों के पाठ में अनेकानेक अन्तर हैं। कई जगहों पर पूरी-पूरी पंक्तियाँ बदली हुई हैं। छात्र संस्करण कुछ और कहता है, भारती भण्डार वाला हस्तलिपि संस्करण कुछ और। कविपुत्र रत्नशंकर प्रसाद ने यथाशक्ति एक प्रामाणिक पाठ तैयार किया, लेकिन उसे अन्तिम मान लेना ठीक नहीं है। जन्मशती के मौक़े पर प्रकाशित रचनावली अनुपलब्ध है। महान् रचनाकार के घर से कुछ दूर स्थित दुकान तक आने-जाने के रास्ते पर आबादी का क़ब्ज़ा है। पुश्तैनी ज़र्दे का कारोबार ठप है। शहर में दूसरी चीज़ों का हल्ला है और शालीन नागरिकता चुप रहती आयी है। वह दृश्य में है और नहीं दिख रही है। तब भी नहीं दिख रही थी। ऐसे अभाग्य के साथ शुरुआत कुछ कम मुश्किल हो गयी। यहाँ से शोक की बजाय उत्सव का वरण भी मुमकिन था। एक अवसर बन रहा था और हम इसी में प्रसाद का स्पर्श करना चाहते थे—हम नौजवानी की ओर से रचनाकार का अभिषेक करना चाहते थे, इसलिए कामायनी के मंचन का फ़ैसला हुआ। हमारा ख़याल था कि ऐसी कोशिशों से भौतिक दिक़्क़तों को टाला या भूला जा सकता था। इसी राह पर चलकर उलझनों को अपदस्थ भी किया जा सकता है। अब भी हम इस नज़रिये पर कायम हैं।

जो पंक्तियाँ कामायनी के काव्य में निहित कहानी को ज़ाहिर करती थीं, अपने नाट्यालेख में हमने सिर्फ़ उन्हीं को लिया। यह चालाकी थी और विवशता, लेकिन एक अनुभवहीन आत्मविश्वास भी कहीं काम कर रहा था कि कामायनी की कहानी जिन पंक्तियों से बनती है महज़ उनसे भी महाकाव्य में शामिल बड़ी दार्शनिक समस्याओं की झाँकी मिल जायेगी। बाक़ी कविता भी अनिवार्य है और हमारे चयन में वह आलोकित ही होती है। ऐसे ही, पंक्तियों के क्रम में भी कहीं-कहीं कुछ उलटफेर हमने किया।

प्रसाद जी ने मनोविकारों के आधार पर सर्गों की रचना की है। हमने कहीं उन मनोविकारों को स्वाधीन चरित्रों की तरह विकसित किया—कहीं वे दूसरे चरित्रों में घुल गये और कहीं उन्हें पूरा छोड़ भी दिया गया। यों, हमारा नाट्यालेख भले ही मूल कविता-पंक्तियों के स्तम्भ पर खड़ा हुआ, उससे पूरी तरह स्वायत्त भी बना रहा और पढ़ने की मेज़ की जगह रिहर्सल के फ्लोर पर—मंचन के लिहाज़ से तैयार हुआ।

इस आलेख को नृत्य और संगीत में विन्यस्त होना था। मैं बनारस घराने के शास्त्रीय संगीत को थियेटर के बीच में ले आना चाहता था। दरअसल, हम संगीत के ज़रिये अपने रंगकर्म में कुछ और परिष्कार और बारीक़ी भी पा लेना चाहते रहे हैं। दृश्य में जो रंगसंगीत 'लाइव कण्टेण्ट' की तरह मौजूद है, ज़्यादातर लोकसंगीत है और उसका मज़ा इसी बात में है कि वह तत्काल उपजे। वह शास्त्रीय संगीत का अपभ्रंश है। हमारा काम इससे न चलता। हमने अपने बहुत से महीने और साल अपनी एक-एक प्रस्तुति का संगीत तैयार करने में स्वाहा किये हैं। हमारे संगीत का काम सर्वोत्तम संगीतकारों के बिना भी नहीं चलता और सर्वोत्तम संगीतकार रोज़ की रिहर्सल्स और मनमानी तारीख़ों पर शो के लिए न मिलते। इसके अलावा अभिनेताओं के बीच रिकॉर्डेड म्यूज़िक के साथ काम करते हुए आप लयगति और 'इमोशनल बिहेवियर' की लगातार खोज में बहुत गहरे जा सकते हैं। मिसाल के लिए, तबले पर एक छोटी सी चक्करदार तिहाई आप पचास बार बजाकर अभिनेता के साथ पसीना बहायें। अगर तबलावादक साक्षात् सामने बैठा हुआ है तो उससे एक ही तिहाई पचास बार बजवाने की कल्पना भी असम्भव है। तब परिष्कार के साथ समझौता करना होगा।

कविता अपनी अभिव्यक्ति के लिए एक ख़ास क़िस्म की कोरियोग्राफी की माँग करती है। वह यथार्थवादी अभिनय-रूपों में सँभल नहीं पाती। यथार्थ का ग़ैरज़रूरी दबाव उनके अमूर्तनों को समतल करने लगता है और सबसे कोमल अन्तर्ध्वनियाँ गुम या अवमूल्यित हो जाती हैं।

कामायनी की शास्त्रीयता के अलग से भी कुछ आह्वान थे। हमने अपनी प्रस्तुति में तीन नृत्यरूपों—छऊ, भरतनाट्यम और कथक के संश्लेषण से एक आधुनिकतर देहभाषा की खोज की कोशिश की। इस तरीक़े से असहमत और भिन्न भी हुआ जा सकता है। इस कृति में शिल्प

की, अभिव्यक्ति के अलग-अलग मॉडल्स की, व्याख्या और बहस के अन्तरालों की खोज की अशेष सम्भावनायें हमेशा हैं। ऐसी अनेकान्त चीज़ ही हमारी फेवरिट हो सकती थी। शुरुआत में बचकानी और अपरिपक्व कुछेक प्रस्तुतियों के साथ हमारा काम हिचकोले खाता हुआ आगे बढ़ा।

हमें बहुत दूर तक सन्देह और सम्भावना का लाभ मिला है। इसीलिए हिन्दी के साहित्य और संस्कृति-संसार के बारे में एक राय मेरी यह भी है कि यह चाहे जैसा हो, हमें तुरन्त मान्यता दे देता है। हमें पहचान और मौक़े मिलने लगे, जबकि हमारे कलाकार किशोर और अप्रशिक्षित थे, ख़ुद मैं एक कवि के रूप में पर्याप्त प्रशंसित और पुरस्कृत था, लेकिन रंगमंच तो दूसरी ही बला थी। आज यह तय करना मुश्किल है कि पहले से कवि होने के तथ्य ने मेरे रंगकर्म का फ़ायदा ज़्यादा किया या नुक़सान। मेरी कविता के बहुत से प्रशंसकों को यह लगने लगा कि नाटक-नौटंकी आदि के चक्कर में पड़कर मैं अपने लेखकीय व्यक्तित्व को चोट पहुँचा रहा हूँ, लेकिन यहाँ तो धुन सवार थी। हम देश-भर में घूम-घूम कर प्रदर्शन कर रहे थे, जबकि ईमान की बात यह है कि मुझे अपनी रिहर्सल्स से ज़्यादा ख़ुशी किसी चीज़ में नहीं मिल रही थी। हम उस मोर्चे पर अन्धाधुन्ध मेहनत कर भी रहे थे।

कामायनी के वज़न की ही एक और कृति 'राम की शक्तिपूजा' के मंचन का समय आया। शक्तिपूजा का मंचन मेरी माँ डॉक्टर शकुन्तला शुक्ल का स्वप्न था। उन्होंने इस प्रोजेक्ट में अपनी सीमाओं के पार जाकर हमारे समूह की मदद की। अपनी ही शर्तों पर हमने इस प्रस्तुति का भी पार्श्व संगीत तैयार किया। यह सारा काम बहुत महँगा था। इसका बोझ भी महसूस होता था। अब अतीत की यात्रा करने की बारी थी। शक्तिपूजा अपनी अन्तर्वस्तु में एक आधुनिक रचना है, लेकिन उसके शिल्प में तुलसीदास की रामलीलाओं तक चले जाने की क्षमता भी है। मुझे यह बात थोड़ी-बहुत इसलिए समझ आ गयी कि बनारस की संसार-प्रसिद्ध मौनीबाबा रामलीला में मैं बचपन में राम बन चुका था। मैंने लीला की कई सुन्दरताओं को अपने इस नाटक में शामिल कर लिया। कविता की पिछली पढ़ाई अब हमारे अभिनेता-अभिनेत्रियों के काम आ रही थी। वे इस कठिन कृति में रम पा रहे थे। एक बार फिर कुछ नालायक़ मंचनों के साथ यह यात्रा भी शुरू हुई। हम लोग कछुए की चाल से आगे बढ़े।

शक्तिपूजा के पास रामलीला के वैभव का समर्थन था, इसलिए भी यह प्रस्तुति ज़्यादा सफल हुई। हम एक ओर नृत्य और संगीत के समारोहों में शिरकत कर रहे थे तो दूसरी तरफ़ थियेटर फेस्टिवल्स में भी जा रहे थे, लेकिन दोनों ही संसारों ने हमें अपनाया नहीं। हमसे दूरी बरती गयी। हमारे नाटक में संवाद नहीं थे। सब कुछ प्रीरिकॉर्डेड था। उसकी वजह की ओर इशारा हम पहले ही कर आये हैं। वहीं, नृत्यरूप भी तीन थे। हम विशुद्ध नाटक और विशुद्ध नृत्य की शुद्धतावादी अवधारणा के शिकार हुए। हमारा काम मिलावटी था। अब भी है। शायद आगे भी रहे। इसलिए हमें अपनाया नहीं गया। यह बात हमारे पक्ष में ही गयी। हम सबसे अलग हैं, यह साबित हो गया। वैसे भी, हमारा प्रिय कवि कहकर गया है–'मैं अलक्षित हूँ।'

बुद्धिशून्य सर्कस में अपसरण

१

जीवन विचित्र है। इक्कीसवीं सदी का जीवन तो और भी। इन दिनों, इस जीवन का नाटक काफ़ी बढ़ा-चढ़ा हुआ है। मशहूर आलोचक एजाज़ अहमद के मुताबिक़, तीसरी दुनिया के बच्चों के नब्बे फ़ीसद जेस्चर्स हूबहू अमेरिकी बच्चों जैसे हो गये हैं। बेचैनी, निराशा, ऊब, इन्तज़ार और क्रोध—सब—बहुत बढ़े हुए हैं। घटनायें जल्दी-जल्दी घट रही हैं। इसलिए, जब भी नाटक पर बात होती है तो जीवन का नाटक भी सामने आकर खड़ा हो जाता है। नाटक को जीवन से जुदा एक कलात्मक अभिव्यक्ति-भर मानना नामुमकिन होता जा रहा है।

इन वजहों से सिर्फ़ नाटक पर बात करना मुश्किल हो गया है। इन्हीं कारणों से नाटक की स्क्रिप्ट भी पुरानी और नाकाफ़ी हो गयी है। स्क्रिप्ट वाला नाटक ज़िन्दगी के ड्रामा से पीछे छूट रहा है। इसीलिए समूचा भारतीय रंगमंच लोकप्रियता और गम्भीरता के दो अँधेरे छोरों के बीच संकटापन्न और बेसँभाल, लेकिन अपनी ही शर्तों पर जीवन्त और प्रकाशमान है।

हम लोग हिन्दी में नाटक करते हैं और हिन्दी दर्शक को फ़िल्मों, टीवी-वेब धारावाहिकों और आभासी माध्यमों के ज़्यादा चमकदार दृश्यालेख से प्यार है। यों, समाज में ख़ुद को व्यक्त करने की विकलता ख़ूब है, लेकिन इसे कलात्मक अभिव्यक्ति में नहीं बदला जा पा रहा है। मुख्यधारा रंगमंच का परिसर तंग है। महानगरों और ड्रामा स्कूल्स में प्रयोग के तौर पर कुछ न कुछ होता ही रहा है, लेकिन वह बड़े सपने, बड़े बदलाव,

बड़ी समायी, नये और अप्रत्याशित को सम्बोधित नहीं है। हिन्दी रंगमंच टुकड़ा-टुकड़ा सुन्दरता, सचाई, शिल्प और भाषा से काम चला ले रहा है। उसकी नैतिकता ख़ुद समेत पूरे दृश्य को नकार देने के लिए तैयार नहीं है।

आज़ाद भारत के सत्तर बरस में हमारे रंगमंच ने हैरतअंगेज़ ऊँचाई हासिल की है, लेकिन हम लोग थियेटर की समवेत बौद्धिकता का निर्माण करने में विफल हो गये। कई बार कोई चीज़ लहर या फ़ैशन की तरह आयी और उसने बहुत सी जगह घेर ली। लोग बावले होकर उस चीज़ के पीछे भागे। धीरे-धीरे वह चीज़ बासी हो गयी। बीच-बीच में उसने अपने सौ क्लोन ऊपर से तैयार कर दिये। उस शिल्प को विचार, बहस और जाँच के दायरे में नहीं ले आया जा सका। रंगमंच के तत्त्व का डॉक्युमेंटेशन नहीं हो पाया। सरकार सामने नहीं आयी और संस्कृतिपुरुष भी दुबक गये। स्किल्ड और पेशेवर प्रजाति के दबदबे ने मौलिक और साहसी कोशिशों पर भी बादल छा दिये।

एक उदाहरण से बात साफ़ होगी। भारत के सबसे पुराने जीवित और सक्रिय रंगसमूहों में से एक है लिटिल बैले ट्रुप। कठपुतलियों के-से आंगिक में तैयार रामायण और पंचतन्त्र पर एकाग्र उस समूह के नाटकों ने पिछले सत्तर-अस्सी साल के सफ़र में पूरी दुनिया के लगभग सभी देशों में अपनी कीर्ति का परचम लहराया है। महान् नर्तक उदयशंकर, शान्तिवर्धन, प्रभात कुमार गांगुली और गुलवर्धन जैसे कालजयी कलाकारों की सामूहिक रचनाशीलता से तैयार यह प्रस्तुतियाँ आज के दर्शक को भी अपनी ताज़गी और नयेपन से हैरत में डाल देती हैं। पूरी पीढ़ी बदल गयी, मूल नाटक का साउण्डट्रैक, वेशभूषा और अप्रतिम देहभाषा यथावत् है। यह रंगसमूह भोपाल में है। आज की तारीख़ में नाटक की दुनिया में क़दम रखने वाले नौजवान को इस समूह के बारे में क्या पता है? उस समूह ने जो चीज़ खोजी और पूरे विश्व को दी, उसके बारे में हमें क्या मालूम है? एक दिन यह समूह और उसके अनोखे नाटक नहीं रहेंगे। हिन्दी पट्टी का अभिषेक करने वाले इन नाटकों के साथ ख़ुद हिन्दी पट्टी ही क्या मूर्खों और कृतघ्नों की तरह पेश नहीं आ रही है? अमूर्त सांस्कृतिक धरोहरों का ज़िक्र बहुत होता है। लिटिल बैले का रामायण और क्या है? क्या इस महान् कृति पर एक बढ़िया किताब नहीं लिखी जानी चाहिए थी? आख़िर, लिटिल बैले ने गुरबत के उस दौर में भारतीय स्वाभिमान की झाँकी दुनिया

को दिखलायी है, जब स्वयं भारत सरकार के पास इस समूह को देने के लिए न पैसे थे, न संसाधन।

कुडियट्टम् और भास के संस्कृत नाटकों के संश्लेषण से एक अनोखा तत्त्व केरल के मूर्धन्य रंगनिर्देशक कावलम नारायण पणिक्कर ने खोजा है, सौभाग्य से, उदयन वाजपेयी के गद्य के माध्यम से उस कलाकर्म को समकक्ष आलोचना भी हासिल हुई। लेकिन ऐसे उदाहरण ज़्यादा नहीं हैं। हिन्दीभाषी रंगकर्म की बड़ी उपलब्धियाँ किसी विमर्श का हिस्सा नहीं हैं। हमारे पास सौ-सौ बरस पुराने प्रेक्षागृह हैं। पचास साल से चलते चले आ रहे नाटकों के उत्सव हैं। शैलियाँ हैं। विचित्र लोककलायें हैं जो हमारे थियेटर के बाहर लाइन लगाकर भीतर आने की बाट जोह रही हैं। सब पर अलग-अलग और साथ-साथ बात की जा सकती है, लेकिन हमारे पास कोई कैनन नहीं है। हम बेहतरीन नाटकों को ढंग की सराहना भी नहीं लौटा पा रहे हैं। ठीक जिस बिन्दु से मूल्यों का जन्म होता है, हमारी बौद्धिकता वहाँ पहुँचने के पहले ही क्षीण हो जाती है।

इसलिए एक आशंका यह भी उठती है कि यह पूरी मेहनत एक विचारहीन सर्कस न बन जाय, या पैण्ट-शर्ट पहनकर अँग्रेज़ी ढंग पर हिन्दी का वाग्विलास। संवाद और कहानी के नाम पर रूखे, नीरस और कमतर गद्य का रेगिस्तान।

आलोचना नहीं होती तो कोशिशों में भी कई तरह के बिगाड़ पैदा हो जाते हैं। लोगों को जब दिखायी नहीं पड़ता कि जाना किधर है, तो वे ग़लत दिशा में क़दम बढ़ाने लगते हैं। हिन्दी थियेटर में भी कुछ लोग लोकप्रिय हो जाना चाहते हैं तो कुछ विवादास्पद। वे दर्शकों की बुद्धि का सरलीकरण कर देना चाहते लोग हैं, ताकि यथास्थिति और धोखे का वर्चस्व बन जाये। दर्शक की चापलूसी करना या उस पर काँटे उछालना एक ही बात है। कुशाग्र लोगों को अपना हिस्सा चाहिए। हिन्दी थियेटर में फ़िलहाल इतनी ताब नहीं है कि वह आपको अपनी प्रतिभा की एवज़ में कुछ दे सके। पुरस्कार, सैलरी और प्रोडक्शन ग्राण्ट्स आदि फ़ौरी रहते हैं और दयनीय भी हैं। इसलिए कुण्ठा का भी कुटीर उद्योग जारी है।

रंगकर्म का स्वभाव है लोकल होना, जबकि होड़ है ग्लोबल होने की। आज के हिन्दी रंगमंच में इलाक़ाई रंगतों की कोई ख़ास इज़्ज़त नहीं है।

मध्य प्रदेश का ड्रामा स्कूल दिल्ली के ड्रामा स्कूल जैसा नाटक करता है, दिल्ली का ड्रामा स्कूल ब्रॉडवे सरीखा नाटक करने की कोशिश करता है। भोपाल के नाटक में मध्य प्रदेश का आदिवास नहीं है, लखनऊ के नाटक में अवध की तहज़ीब और कथक की पदचाप नहीं है, बनारस के नाटक में रामलीला नहीं है। जो हाशिये राजनीति ने ख़ाली छोड़े थे, उन पर मुख्यधारा के रंगकर्म की भी निगाह नहीं पड़ी है।

डर यह है कि कोई मानक रंगकर्म ही हमारी पहचान न बन जाये। तब हमारे वैविध्य का क्या होगा? उस वैविध्य को निभाने वाले अलग-अलग अंचलों में फैले कलाकारों का क्या होगा? मसलन, भिखारी ठाकुर का क्या होगा? बिदेसिया, नौटंकी, तमाशा का क्या होगा? बहुलता और अनेकता पर उपदेश देना आसान है, लेकिन अपने व्यवहार में उसे चरितार्थ करना मुश्किल। सरकार इस सूरत में एक बड़ा हस्तक्षेप कर सकती थी। वह अपने ड्रामा स्कूल्स और विश्वविद्यालयों के रंगमंच विभागों के ज़रिये स्थानीय कलारूपों और कलाकारों को मुख्यधारा में एंगेज कर लेती तो भोपाल का नाट्य विद्यालय भोपाल जैसा और बनारस का नाट्य विद्यालय बनारस जैसा होता।

पचास करोड़ लोगों का हिन्दीभाषी समाज अपनी रेंज जानने के लिए तैयार नहीं है। राजनीति और पॉपुलर कल्चर ने बहुत ज़्यादा जगह घेर ली। ज़ाहिर है, कला भी इनके साये में है। अस्मिता की राजनीति करने वाले अस्मिता के थियेटर तक नहीं जा पाते। एक मानक, अनुकरणमूलक, स्वीकृत और सुविधाजनक शिल्प वाला नाटक जल्दी से उत्तीर्ण हो जाता है, लेकिन जल्दी से बुझ भी जाता है। इसीलिए, जब एक ओर देश में थियेटर के छोटे-बड़े, सरकारी-ग़ैरसरकारी समारोहों की बाढ़ आयी है, ऐसे नाटक मुश्किल से हो रहे हैं, जो हमें अलग से याद रह जायें।

देश के अव्वल संस्थानों में आर्ट एडमिनिस्ट्रेशन, रंगसमीक्षा और नाटक लिखने का पाठ्यक्रम नहीं है। रोज़गार की तलाश में नौजवान ट्रेनिंग पूरा होते ही फ़िल्मोद्योग का रुख़ करता है, यह एक जानी हुई बात है। समय-समय पर इसकी वजह से बहुत हाहाकार मचा है। थियेटर का एक स्नातक तैयार करने में जितना पैसा लगता है, उतने में तीस रंगसमूह खड़े हो सकते हैं। ये बात तड़प की तरह उठती है और गिर जाती है। युवा प्रतिभाओं की पहचान के अवसर कम हैं। जब मौक़ा आता भी है तो निर्णायक के

लिए अपने संस्थान से प्रशिक्षित व्यक्ति को चुनना मजबूरी है, अन्यथा वह नवयुवक दस जगहों पर जाकर प्रशिक्षण की विफलता का ढोल पीट सकता है। संस्थान की नाक बचाने के चक्कर में वहीं का स्नातक पुरस्कृत होकर भारत के रंगमंच का प्रतिनिधि चेहरा बनता जाता है। एक दुर्भाग्यपूर्ण मुहावरा याद कीजिये–मजबूरी का नाम महात्मा गाँधी।

हमारे रंगमंच की कोई इकोनॉमिक्स नहीं है। है भी तो उस पर बात नहीं हुई है। किसी एक सांस्कृतिक समारोह को सोचें। जैसे बनारस का संकटमोचन संगीत समारोह। वह सौ साल पुराना है। देश के सबसे प्रतिष्ठित संगीत समारोहों में से एक। जनश्रुति यह है कि कोई भी कलाकार वहाँ फीस नहीं लेता। बस आने-जाने का किराया और रुकने का इन्तज़ाम। लेकिन ऐसा हुआ कैसे? क्यों दुनिया के बड़े-बड़े कलाकार एक पाँव पर खड़े रहकर वहाँ आने का इन्तज़ार करते हैं। और ऐसे अनोखे समारोह का टार्गेट यूज़र—उसका दर्शक कौन है? यह महानगरों के सम्भ्रान्त संगीत उत्सवों में हज़ार-दो हज़ार के टिकट ख़रीदकर कार से कार्यक्रम-स्थल पर पहुँचने वाला दर्शक नहीं है। वह बनारस के आसपास का देहाती रसिक है, जिसके लिए हनुमानजी की भक्ति और शास्त्रीय संगीत और नृत्य का अवगाहन—एक ही बात है। यह दर्शक इतना विद्वान और धाकड़ है कि इससे बार-बार इन्डोर्स होने की तमन्ना छोटे-बड़े सभी संगीतकारों में है। यह समारोह, इस प्रकार, ग़रीबों का संगीत समारोह है। इसका अर्थशास्त्र गुरबत, आस्था, धर्म, पारखी रसिक और एक अप्रतिम ठोस कैनन मिलकर सम्भव करते हैं। अगर यह आयोजन सरकार के हवाले होता तो दो-चार मूर्धन्यों के साथ-साथ भर्ती के प्रभूत कलाकार इसकी सूची में समा गये होते और यह अपनी विश्वसनीयता और प्रासंगिकता खो देता।

लेकिन इस शानदार आयोजन का कोई अभिलेख आपको नहीं मिलेगा। इस आयोजन को लेकर प्रशंसा और निन्दा के पार कोई गम्भीर अकादेमिक अध्ययन नहीं होगा, क्योंकि प्रदर्शनकारी कलाओं का प्रशिक्षण देने वाले संस्थान अहर्निश परफॉर्मर तैयार करने को ही एकमात्र कर्तव्य मानते हैं। सवाल है कि विवेक की क़ीमत पर कैसा रंगकर्मी बनेगा? वह क्यों नहीं मुम्बई भागेगा?

लेकिन, यहाँ अन्त नहीं है। कुछ लोगों ने यहीं से शुरुआत की है। दर्शक

कम हुआ है तो जोख़िम-भरे प्रयोग करने का आसमान भी उभरा है। आप जब स्वान्तः सुखाय ही नाटक करते हैं तो मनमानी छूट लीजिये, और नये की जगह बनाइये। ध्यान दीजिये, हिन्दी पट्टी के रंगकर्म को महज़ नया ख़ून ही नहीं, नया मूल्य भी चाहिए। इस तर्ज पर बहुत सी कोशिशें हो रही हैं। उन कोशिशों की बौद्धिकता का निर्माण भी ज़रूरी है। नहीं तो हमारा पूरा श्रम एक बुद्धिशून्य सर्कस में अपसरित हो जा सकता है।

२

आधी सदी पहले हिन्दी के एक शहीद कवि ने कहा था कि अब अभिव्यक्ति के ख़तरे उठाने ही होंगे। आज वे ख़तरे कवियों से ज़्यादा छोटे शहरों, क़स्बों और देहात के रंगकर्मी उठा रहे हैं। वे ख़ुद ख़तरे में हैं लेकिन ख़तरनाक और दिलचस्प अभिव्यक्तियाँ कर रहे हैं। ठीक है कि माहौल उनके अनुकूल नहीं है—मुख्यधारा का रंगकर्म उन जैसों को पहचानता नहीं, सरकार और संस्थानों की निगाह उनके कामकाज पर नहीं है और उनकी लगन के वज़न की आलोचना भी उन्हें नसीब नहीं है। लेकिन इन ख़राबियों से उन्हें कोई मतलब नहीं है। उनका काम है नाटक करना और वे यह कर रहे हैं। ऑडिटोरियम हो, न हो, दर्शक हों, न हों, पैसा हो, न हो, भविष्य हो, न हो—अपने जुनून में वे एक नया रंगमंच बना रहे हैं। इन लोगों ने सामने खड़ी चुनौतियों से आँख मिला ली है और अपनी कमज़ोरियों को ही ताक़त में बदल रहे हैं।

हिन्दीपट्टी के रंगमंच के सामने कई दिक़्क़तें हैं। समय-समय पर उन पर बात होती रहती है। ज़्यादातर शहरों और क़स्बों में ऑडिटोरियम हैं नहीं, हैं भी तो बहुत महँगे। दर्शक के पास मनोरंजन के एक से बढ़कर एक उत्तेजक उपकरण हैं। वह नाटक क्यों देखे? नये नाटक प्रायः नहीं लिखे जा रहे हैं। हिन्दी प्रदेश में राजनीतिक और सामाजिक बदलाव का कोई बड़ा विचार ज़मीन पर मौजूद नहीं है, जिससे हर तरह की सर्जनात्मक गतिविधि को बौद्धिक ख़ुराक मिलती। दूसरी ओर, आम आदमी के रोज़ाना जीवन में ड्रामा का लेवल असाधारण ढंग से बढ़ा हुआ है। राजनीति अतिनाटकीय है, प्रेम, मानव-सम्बन्ध, प्रकृति और

स्मृति–सब कुछ–विचित्र तरीक़े से नाटकीय हो उठे हैं। हाशिये गरज-गरज कर केन्द्र को चुनौती दे रहे हैं। सोशल नेटवर्क ने समाज के एक बहुत बड़े तबके को अभिव्यक्ति की अब तक न पायी गयी ऐसी जगह दिला दी है, जहाँ पहुँचकर वह संवैधानिक सदिच्छा से बढ़कर एक बड़ी वास्तविकता बन गयी है।

छोटे शहरों और क़स्बों में इन जटिलताओं ने एक हरावल रंगकर्म को जन्म दिया है। पारम्परिक ऑडिटोरियम अब ज़रूरी नहीं रहे और नाटक उच्च मध्यवर्ग के ड्राइंग रूम में दाख़िल हो गया। कम चरित्रों वाले, कम साज़ोसामान वाले, ज़्यादा यथार्थपरक नाटक ही मध्यवर्ग की छोटी सी बैठक में घुस सकते थे। वही हुआ। जो लोग नाटक देखने नहीं आ रहे थे, नाटक उनके दरवाज़ों पर दस्तक देने लगा। इस नयी विधा को रूम थियेटर कहा गया। इसके पहले हम दास्तानगोई को ही सुन और समझ रहे थे। बनारस जैसे शहरों में गंगा-किनारे घाट पर, सारनाथ के भव्य बौद्ध खण्डहरों में नाटक के मंचन भी इस बीच हुए। महान् हिन्दी कवि निराला की कविता पर आधारित यहीं के एक नाटक 'राम की शक्तिपूजा' के अनेक मंचन मन्दिरों और मुक्ताकाशीय मंचों पर लगातार होते आ रहे हैं। इस नाटक ने अभिनय के साथ-साथ बनारस घराने के संगीत और नृत्य को भी अपनी प्रस्तुति में शामिल किया है तो उसका टारगेट ऑडियंस भी अलग क़िस्म का है।

बनारस में एक कहावत ख़ूब चलती है : बिना मरे मोक्ष नहीं मिलता। नाटक की उपलब्ध दुनिया के लिए ये नौजवान मर गये। इन्होंने मरना चुना। तभी विकल्प का एक प्रतिसंसार बनता हुआ दिखायी दे रहा है। यही कहानी दूसरे शहरों की भी है। आज़मगढ़ में युवा रंगनिर्देशक अभिषेक पण्डित ने अपनी अभिनेत्री पत्नी ममता पण्डित के साथ मिलकर एक बन्द सिनेमा हॉल को रंगक्षेत्र में बदल दिया है। वहाँ उनके समूह के पूर्वाभ्यास और प्रदर्शनों के अलावा एक अखिल भारतीय समारोह भी हर साल आयोजित होने लगा है। मध्य प्रदेश के सुदूर सीधी अंचल में युवा रंगकर्मी नीरज कुंदेर ने आदिवासी अभिव्यक्तियों को मुख्यधारा के सामने ले आने का अभियान छेड़ रखा है। ऐसे अनेक नौजवान हैं जो बुनियाद की ओर लौटकर काम कर रहे हैं। उनके साथ जुगलबन्दी कर रही है एक बिलकुल ताज़ा पीढ़ी—लड़के-लड़कियों की ऐसी जमात—

जिसके मन में नाटक की कोई रूढ़ समझ नहीं है, जिसने नाट्यशास्त्र की विधिवत् पढ़ाई नहीं की है, जिसका परिवार उनके नाटक में काम करने से चिन्तित नहीं है, बल्कि वह इस दुनिया में अप्रत्याशित सम्भावनायें देख रहा है। वेब सीरीज़, स्थानीय बोलियों में बनने वाले टीवी सीरियलों, फ़िल्मों वग़ैरह ने उनकी हसरतों को धधकाया ही है। वहीं विश्वविद्यालयों के यूथ क्लब्स में भी एक तरह की तुरन्ता अभिव्यक्ति के लिए बहुत सा अनौपचारिक स्पेस बन गया है। ख़र्च कम करने के लिए पूरे देश के नाटक समारोहों में एक पात्र या दो पात्रों वाले नाटकों की ख़ूब माँग है। अगर ऐसे आयोजनों की कमान योग्य लोगों के हाथ में होती है तो युवा अभिनेता और निर्देशक ही आमन्त्रित किये जाते हैं। यों, एक शहर से अगर एक अभिनेता और एक निर्देशक को बाहर बुलाया जाता है तो दस दूसरे क़ाबिल नवयुवक उसी नुक़्ते पर काम करके उसी अन्दाज़ में आगे आने के लिए मेहनत करते हैं। बहुत से शहर और कस्बे इन दिनों ऐसी प्रतिस्पर्धा के चश्मदीद बन रहे हैं।

इन अनोखी कोशिशों ने माहौल में नयी सरगर्मी पैदा कर दी है। मुख्यधारा के रंगमंच ने परम्परा की जिन अनुगूँजों को कोई तवज्जो अपने काम में नहीं दी थी, इस नये थियेटर ने उनका अभिषेक किया। रामलीला को न जाने क्यों, देसी मूर्धन्यों ने छोड़े रखा, जबकि महान् रंगचिन्तक रिचर्ड एफ. शेखनर ने बनारस की रामनगर रामलीला से बहुत से तत्त्व चुनकर थियेटर ऑफ़ इनवायरमेण्ट के नाम से एक नया पन्थ ही बना दिया। हालाँकि वह प्रयोग बहुत क़ामयाब नहीं हुआ था।

लेकिन यह भी तय है कि रंगकर्म को सिर्फ़ उत्साह या यौवन के भरोसे छोड़ा नहीं जा सकता। वह अन्ततः ज्ञान और कला का ही एक रूप है। जब तक एक अनुशासन में उसे साधा नहीं जायेगा तब तक दूरगामी और टिकाऊ नतीजे नहीं निकलेंगे, पर इसी बिन्दु पर आकर हमारा इण्डिया मात खा जाता है। मिसाल के लिए, इसी बरस राष्ट्रीय नाट्य विद्यालय ने बनारस में शास्त्रीय रंगमंच में एक साल का डिप्लोमा कोर्स शुरू किया है, लेकिन वहाँ नौटंकी की प्रस्तुति तैयार करायी गयी। सब लोग जानते हैं, नौटंकी एक जाना-माना लोककला रूप है। तब उसे शास्त्र के हिस्से में क्यों खतियाया जा रहा है? वैसे भी, शास्त्रीय रंगमंच होता क्या है? क्या शास्त्रीय नृत्यों और शास्त्रीय संगीत की तरह वह कोई स्थापित चीज़ है?

अगर नहीं है तो शास्त्रीय रंगमंच का स्वरूप क्या है?

नाटक की अकादेमिक दुनिया अगर ऐसे ही उलझी रही तो दुख है कि तमाम शुभकामना के बावजूद वह भविष्य की उन आहटों को सुनने में नाकाम रह जाने वाली है, जिन्होंने तब्दीली के बड़े एजेण्डे का बोझ अपने दिल और दिमाग़ पर चढ़ा रखा है।

अर्थग्रहण से पहले बिम्बग्रहण

(मशहूर रंगनिर्देशक रतन थियाम के नाटक 'उरूभंगम' पर कुछ प्रतिक्रियाएँ)

अर्थग्रहण से पहले बिम्बग्रहण

(मशहूर रंगनिर्देशक रतन थियाम के नाटक 'उरूभंगम' पर कुछ प्रतिक्रियाएँ)

१

विष्णु खरे ने देशज और वैश्विक को मिलाकर एक शब्द गढ़ा है - 'दैश्विक'। इसका अँग्रेज़ी प्रतिशब्द—'ग्लोकल' ख़ासा लोकप्रिय है। यह शब्द रतन थियाम के नाटक पर पूरा-पूरा घटित हो जाता है। उनके काम में स्थानीय को सार्वभौम और क्लैसिक को समकालीन बनाने की मेहनत गूँजती है। मणिपुर के लोकजीवन से उन्होंने भारतीय रंगमंच का अभिषेक किया है।

२

उनके शिल्प पर रीझा नहीं जा सकता। नाटक के दरम्यान, हम उत्तर भारतीय शहरी मध्यवर्गीय लोगों का मन जिस जगह ताली बजाने या वाह-वाह करने को तैयार है, वहाँ तय जानिये, रतन थियाम की स्थानीयता झिलमिलाने वाली है। उनके यथार्थ को अक्सर हम उनकी कला समझ लेते हैं, जिसमें ज़्यादा हर्ज़ भी नहीं है।

३

'उरूभंगम' में ऐसे कई मौक़े आते हैं। बिलकुल शुरुआत में पूर्वरंग के तौर पर सफ़ेद कपड़ों और सफ़ेद पगड़ी में मंच पर आने वाले लगभग एक दर्जन बुज़ुर्ग छोटे मुँह के मृदंगनुमा ढोल और ख़ूबसूरत वैष्णव मजीरों के साथ जो सुदीर्घ गान करते हैं, वह दरअसल श्राद्ध के अवसर पर, मौत के तेरहवें दिन किया जाने वाला एक मणिपुरी अनुष्ठान है। रतन थियाम नाट्यशास्त्रोक्त मंगल गान को इस अमंगल क्रिया से 'रिप्लेस' करते हैं। यों, वह परम्परा का भी कैसा बारीक़ और कल्पनाशील उल्लंघन करते हैं। यह आगे आने वाली दुर्योधन की मृत्यु का माहौल है—मणिपुरी और सार्वभौम—साथ-साथ।

४

ऐसे ही मृत्यु के क्षण के बिलकुल क़रीब, दुर्योधन के निकट खड़े उसके पुत्र बालक दुर्जय के ऊपर सफ़ेद रंग का एक चँदोवा, चार अभिनेता, चार स्तम्भों की मदद से तान देते हैं। ऐसा चँदोवा मणिपुर के ही एक समुदाय में दाह-संस्कार के समय मृतक के ऊपर लगाया जाता है।

५

एक बात और तय है : रतन थियाम भी, तुलसी बाबा की ही तरह, 'स्वान्तःसुखाय' ही नाटक करते हैं—लोगों की समझ में आने के लिए नहीं। ये लोग हैं—जिन्होंने ख़ुद को उस नाटक के लिए तैयार किया। उसके लायक़ बने और उसे प्यार किया।

६

रतन थियाम का नाटक उरूभंगम देखते हुए ख़याल आया कि तेज़ गति, घटनाओं के बेसँभाल प्रवाह और असल ज़िन्दगी के स्टंट के ख़िलाफ़

धीमेपन—मंथरता को कलात्मक प्रतिकार के औज़ार की तरह बरता जा सकता है। एक दृश्य देर तक जारी रहे। एक संगीत बार-बार, एक ही तरीक़े से, अनेक आवर्तनों में लौट-लौट कर आता रहे। जिस विनाश को, अभाग्यवश, जीवन में रोज़ देखने के लिए हम अभिशप्त हैं—उसे सिर्फ़ सुना दिया जाय। नाटक में उसका लाइव टेलीकास्ट न किया जाय। ख़ून, मांस, अस्थि-मज्जा और भग्नावशेषों का अमूर्तन किया जाय। यथार्थ की तफ़सील की बजाय उसके सारतत्त्व को कहने की कोशिश में ही शान्त शक्ति की उस भाषा की खोज हुई है जो लिखी-पढ़ी-सुनी-समझी-बोली जाने वाली भाषा से कहीं आगे की चीज़ है। समीक्षक उसे रंगभाषा कहते हैं।

७

कुछ दर्शक भाषा की सीढ़ी चढ़कर नाटक की छत पर खड़े हो जाना चाहते हैं। वे सब कुछ भाषा के ज़रिये समझ लेना चाहते हैं। कल रतन थियाम के नाटक की मणिपुरी ने उन्हें निराश किया होगा। उनके लिए, आचार्य रामचन्द्र शुक्ल का यह वाक्य : 'अर्थग्रहण से पहले बिम्बग्रहण अपेक्षित है।'

८

रतन थियाम के नाटक में वाचिक की कितनी तहें हैं। भारत समेत पूरे दक्षिण एशिया की मनुष्यता के बोलने की आदतों का मेला, उनके यहाँ लगा हुआ है। आप जायें और खो जायें। कई बार यह बोलना गाने में चरितार्थ होता है। तब भी, उस संगीत की ताज़गी और उसका अप्रत्याशित चकित करता रहता है। मनुष्य कितने तरीक़ों से बोलता है, उतने ही तरीक़ों से मैं भी बोल सकता हूँ, मैं कितना भाग्यवान हूँ कि मेरे गले में इतनी तरह की आवाज़ें हैं—यह एहसास—यह हौसला—उनके नाटक को सुनते हुए आज हुआ। यों नाटक देखने के बाद मैं कुछ और मनुष्य होकर घर आया।

९

महाकवि भास के कई नाटकों की शुरुआत में मंगलगान के ठीक बाद जिस अन्दाज़ में कृष्ण की स्तुति है, कमाल है। नाटक में आने वाले सभी चरित्रों को उपमा का उपकरण बनाकर वह कृष्ण का गुणगान करते हैं। यह गुणगान आगे आने वाली कहानी से बिलकुल जुड़ा हुआ होता है। उनके मशहूर नाटक 'उरूभंगम' में कृष्ण के स्तवन का हिन्दी अनुवाद आप भी देखें। भीष्म और द्रोण जिसके दो किनारे हैं, जयद्रथ जिसका पानी है, गांधार-राज शकुनि जिसके दह हैं, कर्ण, अश्वत्थामा और कृपाचार्य जिसमें क्रमशः तरंग, घड़ियाल और मगरमच्छ हैं, दुर्योधन जिसका महान् प्रवाह है, तीर और तलवार जिसमें बालू हैं, ऐसी शत्रुरूपी नदी को अर्जुन ने जिस श्रीकृष्णरूपी नौका के सहारे पार किया, वही भगवान श्रीकृष्ण शत्रुओं को पार करने में आप लोगों के लिए भी नौका बनें।

१०

तो दर्शक महोदय ! सावधान हो जाइये। रतन थियाम के नाटक को देखना तो है ही, भारतीय सभ्यता की एक जीती-जागती, असमाप्त किताब की तरह पढ़ना भी है।

लोकप्रिय और गम्भीर के बीच

(जाने-माने रंगनिर्देशक वामन केन्द्रे के नाटक 'मोहे पिया' पर कुछ प्रतिक्रियाएँ)

लोकप्रिय और गम्भीर के बीच

१

वामन केन्द्रे उस दरार को पहचानते और सोचते हैं जो लोकप्रिय और गम्भीर के बीच है। अपने काम से वह उस दरार को झूठ भी करते जाते हैं। वह थियेटर के दर्शक से चिढ़ते नहीं, लेकिन उसकी चापलूसी भी नहीं करते। कुछ, वह उसकी वाली बात करते हैं, कुछ अपनी वाली। इसी ज़िद से उनका अन्दाज़ तैयार होता है। उनका नाटक अलग-अलग दर्शक से अलग-अलग तरीक़ों से बात करता है।

२

वामन केन्द्रे का हिन्दी नाटक 'मोहे पिया', महाकवि भास के 'मध्यम व्यायोग' पर आधारित है। इसमें भारतीयता की परछाई होनी ही चाहिए। है भी, लेकिन आप उसे किसी एक शिल्प के नाम से पुकार नहीं सकते। तब, वह क्या है जिसकी वजह से वामन केन्द्रे का नाटक, एक भारतीय नाटक है? कोई एक कलारूप नहीं, लेकिन कई कलारूपों की खिचड़ी भी नहीं। किसी एक परम्परा का अनुकरण नहीं, लेकिन कई परम्पराओं की सुगन्ध। किसी महान् पुरखे की छाया नहीं, ख़ास अपना मौलिक-

विशेष। मज़ा यह है कि उनका अपना मौलिक-विशेष भी नाटक में इतना निराकार और ओझल है कि आप उसका अनुभव तो करते हैं, कह नहीं पाते।

३

प्रसन्नता वामन केन्द्रे के नाटक की बुनियादी चीज़ है। वह नाटक की कहानी, चरित्रों के आपसी हँसी-मज़ाक़ या विचित्र हरक़तों पर निर्भर नहीं है। उनका मशहूर नाटक 'जानेमन'। इन्सानी ज़िन्दगी की ट्रैजिक सचाई पर एकाग्र उस नाटक में भी ख़ुशी—पानी के सोते की तरह—पूरी रचना में अन्तःसलिल है। ख़ुशी को वह एक उदार मानवीय मूल्य की तरह प्रस्तावित करते हैं और उसे तत्काल का क्षुद्र अनुषंग—एक सतही गुदगुदी नहीं बनाते। यों, वह ग़म की कहानी भी मज़े लेकर कहते हैं ।

४

'मोहे पिया' में वामन केन्द्रे 'मध्यम व्यायोग' से एक क़दम बाहर निकल आते हैं। वह स्त्री और आदिवासी जीवन की ओर से मनुष्य को भूलने—उसकी उपेक्षा, अपमान और शोषण करने वाले सत्ता तन्त्र के ख़िलाफ़ मुक़द्दमा लड़ते हैं। 'मोहे पिया' में हिडिम्बा भीम से नाराज़ है। 'मध्यम व्यायोग' में ऐसा नहीं था। भीम पत्नी और बेटे को भूल गये थे। सालों तक उन्होंने इन दोनों की कोई ख़बर नहीं ली। अब अचानक वह हिडिम्बा और घटोत्कच से मुखातिब हैं। अब वह घटोत्कच के बल-पराक्रम का कौरवों के ख़िलाफ़ युद्ध में इस्तेमाल कर लेना चाहते हैं। वह उससे साथ चलने के लिए कह रहे हैं। यह बात हिडिम्बा को नागवार गुज़री है। ग़ुस्से में वह इस नाटक का सबसे सुन्दर वाक्य, सबसे सुन्दर तरीक़े से कहती है : 'भूलना तुम्हारी प्रवृत्ति है, याद रखना हमारी संस्कृति।'

एक मराठी निर्देशक संस्कृत के एक नाटक को हिन्दी में पेश करता है, अपनी रौ में मूल कहानी के बाहर निकल जाता है और वहाँ उसकी एक

अभिनेत्री मंच पर जब यह डायलॉग बोलती है तो दर्शक झूमकर ताली बजाते हैं।

५

वामन केन्द्रे दर्शक के ऊपर सरल का तीर चलाते हैं। वह समझ में आने वाली लय और पदगति की मदद से कहानी सुनाते हैं। नाटक की शुरुआत में पूर्वरंग के तौर पर जो गाना गाया जाता है, उसे सुनते हुए आप महाराष्ट्र के गणेशोत्सव में पहुँच जायेंगे। वह कथा की सबसे नीरस और खुरदरी जगह पर संगीत और नृत्य का नखलिस्तान खोज सकते हैं। ध्यानाकर्षण के लिए वह कभी भी कोई अतिरिक्त कोशिश नहीं करते। उनका शिल्प थियेटर के हठयोगियों के ऊपर एक कोमल और विनीत टिप्पणी भी है।

६

भीम और घटोत्कच के युद्ध में अतिप्राकृतिक, अतिरंजित घटनाओं का बयान वह कितनी तसल्ली और आत्मविश्वास के साथ करते हैं। मंच पर पहाड़, पेड़, गदा, हाथों और पैरों के इस्तेमाल से युद्ध लड़ा जा रहा है और आप इस लड़ाई पर यक़ीन कर लेते हैं। माइम का निर्दोष प्रयोग, सरल स्टेपिंग्स, विभिन्न अभिनेताओं के आपसी सम्बन्ध का अन्तिम पल तक टिके रहना और पूरी प्रस्तुति में व्यक्ति की बजाय समूह की केन्द्रीयता—ये वामन के औज़ार हैं। वह नाटक के टेक्स्ट की बग़ल में कलाकारों की विचित्र पाठेतर अभिव्यक्तियों के लिए एक चोर गली खोज लेते हैं। कहानी मंच पर भी है और उस चोरगली में भी और वहाँ जो हो रहा है, कहीं दिलचस्प है।

एक बार फिर यह शहर बसाया जा सकेगा

(जेम्स प्रिंसेप के कृतित्व पर कुछ प्रतिक्रियाएँ)

एक बार फिर यह शहर बसाया जा सकेगा

१

जेम्स प्रिंसेप के स्केच वस्तुसत्य के साथ कलात्मक अभिव्यक्ति के सम्बन्ध की एक अभिनव पद्धति का प्रस्ताव है। उन स्केचेज़ की वजह से कई उलझाने वाली जिज्ञासायें पैदा होती हैं; मसलन, क्या वे वस्तुस्थिति का, दृश्य का, हूबहू अंकन हैं–जो कि वे हैं–और अगर वे यही हैं तो दृश्य और उसी दृश्य पर निर्भर कला को अलग-अलग क्यों माना जाय और कैसे माना जाय? उन्हें यथार्थ माना जाय या कल्पना, या क्या उन चित्रों के प्रसंग में यथार्थ और कल्पना के फ़र्क़ मुमकिन हैं? यहाँ यह संशय भी निहित है कि क्या 'यथार्थ' नामक शब्द 'कल्पना' के विपरीतार्थ को, कल्पनाहीनता को, वहन कर पा रहा है? और तब यह संशय भी कि क्या ऐसी कोई कल्पनाहीनता सम्भव है? चूँकि हर वस्तु की अनुपस्थिति का उस वस्तु की ही तरह अस्तित्व है, इसलिए, कल्पना की ही तरह, कल्पना की अनुपस्थिति का भी वजूद होगा, ऐसा मानकर चलने से प्रिंसेप के चित्रों से परिचय की शुरुआत की जा सकती है। यह भी कहा जाना चाहिए कि इन सभी प्रश्नों के भीतर कई प्रतिप्रश्न हैं और ये सब मिलकर प्रिंसेप के कृतित्व पर बातचीत को जटिल और अनिवार्य बनाते हुए आते हैं।

२

दृश्य की उपस्थिति का अभिषेक प्रिंसेप के स्केचों की केन्द्रीय ख़ासियत है। वे दृश्य की वर्तमानता के, दृश्य के होने के कायल हैं और उसी को प्रतिष्ठित करते हैं। वे जो हैं, उसी की सम्भव छवियों के निर्माता हैं। जो था की स्मृति और जो होगा की उम्मीद—कल्पना—जैसे प्रत्ययों को उन्होंने अपनी कला की वर्तमानता से स्थगित और अदृश्य कर लिया है। जैसे वर्तमानता उनकी कला की प्रतिज्ञा हो। वह सम्भावनाओं को ज़्यादा भूमिका निबाहने नहीं देते और जीवन-दृश्यों के विकल्प के तौर पर उनके पास उन्हीं जीवन-दृश्यों के अलावा कुछ नहीं है।

३

सन् १८३१ और १८३३ में क्रमशः पहली और दूसरी बार 'बनारस इलस्ट्रेटेड इन ए सीरीज़ ऑफ़ ड्रॉइंग' शीर्षक से प्रकाशित उनके स्केच-संग्रह के निर्माण की प्रक्रिया दरअसल १८२० में उनके बनारस आगमन और बाद के वर्षों में यहीं निरन्तर प्रवास के साथ शुरू हो जाती है। उनके बहुआयामी व्यक्तित्व ने इस बीच, इसके बाद और पहले, ऐतिहासिक महत्त्व के कई कार्य सम्पन्न किये। पेशे से इंजीनियर प्रिंसेप ने उन्हीं कामों की परस्पर उलझी हुई समान्तरताओं के बीच में से इन स्केचों की ज़रूरत के तर्क हासिल किये होंगे। यहाँ प्रिंसेप के जीवन से सम्बन्धित सामग्री पर एक नज़र डालने से उनकी रचनावली से एक ठोस और सन्दर्भ-सम्पन्न रिश्ता बनाया जा सकता है। प्रिंसेप का जन्म २० अगस्त, १७९९ को चेलसा में हुआ था और अपने स्कूल के दिनों से ही वह सबसे होनहार और प्रतिभाशाली विद्यार्थी थे। शुरुआत में जेम्स एक आर्किटेक्ट बनना चाहते थे लेकिन मिनट ड्राइंग की बारीकियों में खपकर उनकी आँखें ख़राब हो गयी। आँखें तो ख़ैर धीरे-धीरे ठीक हो गयीं लेकिन उन्हें अपना काम बदलना पड़ा। उन्होंने सेना में नौकरी करने से इनकार कर दिया। अन्ततः १५ सितम्बर, १८१९ को जेम्स अपने भाई के साथ हुगली के तट पर पहुँचे और १८२० में बनारस टकसाल में एस्से मास्टर के पद पर उनकी नियुक्ति हो गयी। २६ नवम्बर, १८२० को बनारस पहुँचने के बाद

से शहर उनके ऊपर छाता चला गया। साल भर के भीतर ही उन्होंने शहर को उसके समस्त वर्णनों के साथ आत्मसात् कर लिया। उन्होंने शहर के सर्वेक्षण किये, प्रमुख इमारतों के नक़्शे तैयार किये और इन उपलब्धियों की मदद से शहर का पहला मानचित्र बनाया, एक भव्य वेधशाला का निर्माण कराया और भारत के किसी भी शहर के मुक़ाबले बनारस-सम्बन्धी सम्पूर्णतम सांख्यिकीय आँकड़े जुटाये और मकानों, सम्पत्तियों, लोगों, परिवारों और व्यवसायों का पूरा हिसाब तैयार कर दिया। उन्होंने निहायत निजी साधनों से एक छापाख़ाना खोला जिसमें स्थानीय महत्त्व के मुद्दों को सम्बोधित पत्र और उन्हीं द्वारा स्थापित लिटरेरी सोसायटी की सक्रियताओं के समाचार छपा करते थे। इस छापेख़ाने की देखरेख वह स्वयं करते थे और इसके प्रकाशन का स्तर असाधारण रूप से उन्नत था। महज़ अट्ठाइस साल की उम्र में उन्हें एशियाटिक सोसायटी का फेलो घोषित किया गया। इसी दौर में उन्होंने बनारस की औरंगजेब मस्जिद की ध्वस्त मीनारों का जीर्णोद्धार किया। लेकिन प्रिंसेप का निर्माण-क्षेत्र में सबसे बड़ा अवदान है शहर के लिए भूमिगत सीवेज व्यवस्था की स्थापना। उन्होंने बरसात के दिनों में डूबने के जोख़िम में फँसी सभ्यता को निर्माण की ताक़त से उबार लिया। शहर को दर्ज करने के अभियान में उन्होंने हरेक मुहल्ले की अलग सूची तैयार की, मकानों के भिन्न-भिन्न प्रकारों को रेखांकित किया, तालाबों-बाग़ीचों-मस्जिदों और शिवालयों की फ़ेहरिस्त बनायी, जाति और पेशे के आधार पर समुदायों की सूचियाँ बनायीं, प्रतिवर्ष खाद्यान्न-खपत के आँकड़े तैयार किये। पर्वों, त्योहारों और नहानों (स्नानपर्वों) के मौक़ों में शामिल होने वाले लोगों की संख्या की गिनती करवायी। अपनी इस अदम्य अभियानात्मकता की वजह से प्रिंसेप शहर के प्राणतत्त्व के, शहर के पण्डितों के, ज्ञान की प्रकाण्ड धाराओं के निकट सम्पर्क में आ गये।

४

यह सब कभी भी कहीं भी शहर के साथ एक असम्भव प्यार के बग़ैर मुमकिन नहीं है। ज़ाहिर है कि उनकी सभी उपलब्धियाँ, उनके स्केचों की ही तरह, सभ्यता से, उसकी सुदीर्घ जीवन्तताओं से प्रेम कर सकने की

परिणतियाँ हैं। मुद्रा-निर्माण और इतिहास के क्षेत्रों में भी उनके योगदान अनूठे हैं। प्राचीन भारत के प्रमुखतम मौर्य युग के समय को स्थिर करने में उन्होंने भूमिका निभायी। एशियाटिक सोसाइटी के चिरनागरिक प्रिंसेप इस प्रकार भारतीय इतिहास के प्रत्येक विद्यार्थी के लिए भी अनिवार्य हैं।

५

प्रिंसेप के स्केच उनके और शहर के जीवन-कोलाहल के बीच की जगहों में से निकले हैं। उनकी ज़िन्दगी के तथ्य इस धारणा का प्रमाण हैं। किसी भिन्न सभ्यता के स्पन्दनों को किस हद तक आभ्यन्तरीकृत किया जा सकता है, प्रिंसेप का जीवन-व्यवहार और उनके स्केच इसका एक नामुमकिन आदर्श हमारे सामने पेश करते हैं। स्केचेज़ के विषयों के तौर पर जिन दृश्यों, स्थितियों और अवसरों का चयन उन्होंने किया है वे कितने भी भौतिक क्यों न हों, उनमें से एक अलौकिकता की गन्ध हमेशा आती रहती है। ये स्केचेज़ दरअसल बनारस के बाह्य को—उसके आकार, रूप, रंग वग़ैरह को प्रकट करते हुए एक ख़ास तरह की आन्तरिक यात्रा करते हैं। यह, मसलन, शरीर से आत्मा, इहलोक से परलोक, स्थूल से सूक्ष्म, स्थावर से जङ्गम की ओर जाने जैसा है। इस पूरी प्रक्रिया में ईमान, परिष्कार, वस्तु-संसार से गहन संसक्ति और ऑब्ज़र्वेशन की शक्ति जैसे आयामों ने अन्त तक कलाकार का साथ निभाया है। वह बनारस की उपस्थिति को नहीं, उसके ख़याल को व्यक्त करने के लिए दृश्यों का सहारा लेते हैं। पुराणों के अनुसार कलिकाल में वास्तविक काशी अदृश्य हो जाती है। राजनीतिक और सामाजिक अन्यायों के वर्तमान कलियुग में अगर काशी अपने जर्जर और नष्टप्राय लैण्डस्केप के साथ अदृश्य हो गयी है तो प्रिंसेप के चित्रों में वह उपस्थित और जाग्रत है।

६

प्रिंसेप के चित्रों को कला के नमूनों की तरह प्राय: नहीं देखा गया है। कुछ तो इसका कारण उस वक़्त में है जिसमें ये पहली बार प्रकाशित

हुए। उन्नीसवीं सदी के उस तीसरे दशक में तब मुग़ल शैलियों का वर्चस्व था। तब के शैलीकारों और कला-पारखियों को इनसे असुविधा हुई होगी। प्रिंसेप की अन्य सामाजिक और निर्माता सक्रियताओं के विराट में ये चित्र अन्तर्निहित हो गये लगते हैं। प्रदत्त प्रतिमानों में ये स्केचेज़ वैसे भी नहीं अँट सकते थे। उन्हें वास्तु विज्ञान और इंजीनियरिंग की सम्पदा मानकर देखने का विवेक आज भी बदस्तूर है। लेकिन स्थानीयता का जितना विरल सम्मान उनकी रचनावली में है उसका विकल्प हमारे पास नहीं है। उन चित्रों में वर्णित दृश्य भी अपनी वास्तविकता में अनेक स्केचों का स्थानापन्न नहीं हो सकते। समय ने उन दृश्यों को क्षतिग्रस्त, विकृत या अनुपस्थित कर दिया है।

७

प्रिंसेप के यहाँ सार्वजनिकता का मेला लगा हुआ है। उनके चित्रों में लोगों और समूहों का दबाव लगातार बना रहता है। वह शहर की नदी, नदी किनारे की रिहाइश, घाटों के स्थापत्य, मन्दिरों-मस्जिदों, पर्वों और त्योहारों से उसमें शामिल लोगों को अलग करके नहीं देख पाते। वे स्थापत्यों को भी लोगों की तरह प्रस्तुत करते हैं। उन निर्जीव और स्थिर भूदृश्यों के साँस लेने और गति करने की जगहें भी हम तक चुपचाप अपने संकेत पहुँचाती रहती हैं।

८

प्रिंसेप पूरब के सांस्कृतिक-सामाजिक वैशिष्ट्य को उसकी अपनी शर्तों पर देखने के हिमायती थे और इसे पश्चिम के रंगों में रँगने वालों से असन्तुष्ट और नाराज़ रहा करते थे। बनारस को स्केचों में जीवित करते हुए वह उसे पश्चिम की व्याख्याओं से उबार भी रहे थे। बनारस-सम्बन्धी कुछ स्केचों के साथ उन पर विश्लेषणपरक गद्य भी इसीलिए प्रिंसेप ने लिखा है जो स्थानीय परम्पराओं की अद्वितीयता के गुणगान में भी चरितार्थ होता है। 'बुढ़वा मंगल,' 'गाज़ी मियाँ की बारात' और 'भरत मिलाप'

सरीख़े उत्सवों को इसी वजह से उन्होंने चित्रों के अलावा शब्दों में भी सिद्ध किया है। इन समारोहों के जितने सघन और आत्मीय ब्योरे प्रिंसेप की टीपों में उपलब्ध हैं, उनसे क़दम-क़दम पर यह प्रमाणित होता रहता है कि वह हमारी सभ्यता के एक सशक्त इनसाइडर हैं—और एक प्रबल पैरोकार भी। वह अतीत के स्मरण और भविष्य की सम्भावनाओं की अदालत में अहर्निश वर्तमान का मुक़दमा लड़ते हैं। प्रिंसेप हमेशा एक ऐसे वर्तमान के नागरिक हैं जिसमें परम्परा है, उत्सव है, लोगों की आवाजाही है और एक लगातार मेला लगा हुआ है और समय को कला के ज़रिये स्थिर कर लिया गया है। वहाँ समय बीत नहीं रहा है, एक ऐतिहासिक क्षण में अपनी सम्पूर्ण गतिमानता के साथ स्थिर और अन्तर्भूत हो गया है। जैसे गति का स्टिल फ़ोटोग्राफ़।

९

प्रिंसेप की कला विभाजनों में यक़ीन नहीं करती—वह दृश्यों और जीवन-स्थितियों के मेल से एक अनोखी शक्ति का आविष्कार करती है। उनके सभी चित्रों में भी एक श्रृंखलाबद्धता है। यह कलाकार की शैली से पैदा हुआ साम्य नहीं है। सरोकारों और चिन्ताओं के एकत्व से निःसृत श्रृंखलाबद्धता इसे भले ही मान लिया जाय।

१०

प्रिंसेप की सैलानी तबीयत और असाधारण एकाग्रता के साक्ष्यों की तरह भी यह चित्र देखे जा सकते हैं। भटकनों से चित्र-श्रृंखला की 'रेंज' मुमकिन होती है और दृश्य के प्रति तन्मयता से विश्वसनीयता का निर्माण होता है। ठठेरी बाज़ार की विश्वविख्यात गली से होकर ताज़िये दफ़नाने की पवित्र रस्म तक और सूर्यग्रहण के अवसर पर जनसंकुल के गंगास्नान से शुरू होकर काश्मीरीमल की विराट हवेली के ऊपरी बरामदे तक—प्रिंसेप के स्केचों की व्याप्ति से स्थानीय जीवन में उनके आश्चर्यजनक दख़ल का अनुमान होता है। उनकी कला के वैभव में उनकी ज़िन्दगी का

वज़न है, इसलिए जिस चीज़ को अन्तर्वस्तु कहा जाता है उसका प्रिंसेप के यहाँ आधिक्य है; बल्कि वह अन्तर्वस्तु के भीतरी संयोजनों को ही शिल्प के उपकरणों की तरह इस्तेमाल कर लेते हैं। इसलिए उनके यहाँ कथ्य और शिल्प के प्रचलित द्वैत भी नहीं हैं।

११

प्रिंसेप के पास प्रकृति को दर्ज करने वाली वैज्ञानिक संवेदना है। वह एक नगर सभ्यता को चित्रित करते हुए प्रकृति के साथ उसके रिश्तों का परिप्रेक्ष्य भी रखते जाते हैं। उन्होंने पेड़ों पर बहुत ग़ौर किया है—पेड़ भी उनके यहाँ मनुष्यता के साथ बेहद प्राकृतिक सामरस्य का आह्वान करते हुए उपस्थित हैं। आश्चर्य यही है कि उनके यहाँ गंगा नदी की उपस्थिति कम से कम है। वह आती भी है तो घाटों का, घाट-किनारे की संस्कृति का अनुषंग बनकर !

१२

प्रिंसेप का कृतित्व देखते हुए यह दीवाना ख़याल हर बार उमड़ता है कि अगर रोम के बाद सृष्टि की सबसे पुरानी यह नगर-संस्कृति कभी समाप्त हो गयी तो इन चित्रों की मदद से उसे दुबारा उपलब्ध कर लिया जायेगा; एक बार फिर यह शहर बसाया जा सकेगा। यों, प्रिंसेप की कला में जीवित शहर हमारे अपने शहर की तरह हमारा साथ निभाता है।

१३

प्रिंसेप के स्केचों में दृश्य के वर्णन दृश्य के सन्देश को व्यक्त करते हैं। वहाँ वर्णन बयान में तब्दील हो जाते हैं। अगर दृश्य शरीर है दृश्य के विवरण उस शरीर की आत्मा। उनमें इतनी सूक्ष्मता और सघनता है कि उनके रूपायन की प्रक्रिया की मुश्किलों और असम्भवता का अनुमान

लगाने भर में ही हमारे स्नायुतन्त्रों को अप्रत्याशित तनाव का सामना करना पड़ता है। मन्दिरों के शिखर, मस्ज़िदों की मीनारों, स्तम्भों की पच्चीकारी के अंकन में प्रिंसेप की निष्ठा और मेहनत का अन्दाज़ करना भी किसी आत्मसंघर्ष से कम नहीं है।

१४

एक कलाकार वस्तुओं, सम्बन्धों और घटनाओं के विपर्यय को भी वैसी ही दक्षता और मासूमियत से अपनी संवेदना में शामिल कर लेता है। प्रिंसेप सार्वजनिकता के जितने सिद्धहस्त चितेरे हैं, उतने ही असंदिग्ध व्याख्याकार वह व्यक्ति के एकान्त के भी हैं। अन्नपूर्णा मन्दिर की बालकनी में बैठकर पुराण बाँचता ब्राह्मण हो, एक रईस की छत पर नृत्य प्रस्तुत करती महिला हो, भोर का राग गाते-बजाते चार संगीतकार हों या विश्वनाथ मन्दिर के बाहर एक चबूतरे पर अनायास विराजमान, किसी चुप दिशा को देखता एक इनसान—जो साधू-सन्त-फ़कीर-भिखारी भक्त या भगवान, कोई भी हो सकता है—ये सभी चरित्र अपने-अपने एकान्त के ज़रिये जैसे हमारे नष्टप्राय एकान्त को पुकारते हैं। उसे बनाते और बढ़ाते हैं।

१५

इन चित्रों को लोकवार्तायें मान लेने में कोई हर्ज नहीं है। बल्कि यह शब्द उनकी भीतरी नैसर्गिक बुनावट के काफ़ी क़रीब है। शहर के खनिज को अपनी इन्द्रियों में घँघोल लेने की कलाकार की ताक़त इन चित्रों को एक प्रकाशमान सभ्यता-समीक्षा में बदल देती है। किसी भी क़िस्म की महत्त्वाकांक्षा को, यहाँ तक कि अपने व्यक्तित्व को भी, उन्होंने इस रचनावली के रेशों-रेशों में अनुपस्थित और अन्त:सलिल कर लिया है। वह शहर के रहस्यों में गुम हो गये हैं और उन्हें खोजने की कोशिश में सिर्फ़ शहर ही हाथ आता है। सभ्यता के अभिनन्दन का यह भी एक अंदाज़ है।

आभार

इस पुस्तक में शामिल आलेख हिन्दी की प्रतिष्ठित पत्र-पत्रिकाओं–पहल, समास, तद्भव, कला भारती, नया ज्ञानोदय, पूर्वग्रह, सदानीरा, समकालीन जनमत, संगना, रंगप्रसंग और मशहूर वेब-पत्रिकाओं–सबद, जानकीपुल और प्रतिलिपि–में प्रकाशित हुए हैं। इसके साथ-साथ, इनमें से कई आलेख, प्रकाशन के पहले या बाद, रज़ा फ़ाउण्डेशन, साहित्य अकादेमी, भारत भवन, हिन्दी अकादेमी, राष्ट्रीय नाट्य विद्यालय, देवीशंकर अवस्थी सम्मान समारोह और अंकुर मिश्र पुरस्कार समारोह द्वारा आयोजित संगोष्ठियों में वक्तव्य के रूप में भी प्रस्तुत किये गये हैं।

लेखक इन सभी पत्र-पत्रिकाओं और संस्थाओं का शुक्रगुज़ार है।